本书受延安大学博士科研启动项目"嘉庆朝白莲教起义中清军粮饷供给问题研究"(YDBK2023-52)经费支持

嘉庆朝战时粮饷供给研究

方超 著

中国社会科学出版社

图书在版编目(CIP)数据

嘉庆朝战时粮饷供给研究 / 方超著. -- 北京 : 中国社会科学出版社, 2025. 7. -- ISBN 978-7-5227-4874-0

Ⅰ. E294.9

中国国家版本馆 CIP 数据核字第 2025EW9237 号

出 版 人	季为民
责任编辑	刘　芳
责任校对	王　潇
责任印制	李寡寡

出　　版	中国社会科学出版社
社　　址	北京鼓楼西大街甲 158 号
邮　　编	100720
网　　址	http://www.csspw.cn
发 行 部	010-84083685
门 市 部	010-84029450
经　　销	新华书店及其他书店
印　　刷	北京明恒达印务有限公司
装　　订	廊坊市广阳区广增装订厂
版　　次	2025 年 7 月第 1 版
印　　次	2025 年 7 月第 1 次印刷
开　　本	710×1000　1/16
印　　张	17.25
字　　数	266 千字
定　　价	99.00 元

凡购买中国社会科学出版社图书,如有质量问题请与本社营销中心联系调换
电话:010-84083683
版权所有　侵权必究

序

嘉庆年间的白莲教起义是清代历史上的一件大事。明清时期的农民起义及各类民变，在地理空间上有一个特点，即往往肇始于数省交界之处，然后向更大空间蔓延。对于陷入困窘而心存不满的农民来说，虽出于无奈，但也不失为一种策略，因为数省交界之地经济固然落后，但王朝政府的政治控制力也比较弱。在当时官员眼中，此类所谓"边防"之地，治安管理往往鞭长莫及。[①] 白莲教众于中部山区的聚集本是一个不断发展的过程，其情其事，清廷并非不知，但起初却不予重视。待到事起，一时声势颇大，遂与清军于鄂、豫、陕、川、甘诸省交界之地交战连年。其酿成的原因及其后果，皆曾得到学界关注，并试图从中探求颇为强大的清廷统治在一个并不甚长的时间中，之所以明显地呈现出衰败之势的深层根由。

按白莲教众虽主要以信佛自居，然实为多种民间信仰的混杂，人数不少，但并无严密的组织性可言。以此兴兵，如何能成气候？然战事延绵九年，其中必有特殊之处。白莲教起义的地域主要在川、陕、鄂三省交界之秦巴山地"老林"，其地自清前期以来，有为数甚多的外省流民迁入，经济特别是农业垦殖因而稍见起色。更为重要的是，由于流民多

[①] 清代严如熤就秦巴山区治安问题，撰《三省山内风土杂识》及《三省边防备览》，皆持此种政治空间思维。

来自湖广甚至更远之处,其散处于山岭之中,有不少人本身即教众。时有地方官员称"五方杂处,无族姓之联缀,无礼教之防维"①,遂形成与其他地方不太一样的社会基层组织形态。既无族姓联缀,又无礼教防维,而基于民间信仰的白莲教很容易便成为将民众联系起来的纽带,于是白莲教之彼伏此起也就具有了重要的社会基础与条件。

而这一点,却是清廷的劣势所在。不能说清廷缺少组织化力量。但是在应对此类民变时,朝廷的制度安排存在着严重的缺陷。清代秦巴山区一直驻有绿营军队。绿营之弊不止一端,然以"饷绌"为第一。以清代国家财政整体论,虽然军费支出占有甚大的比例,但仍然不足以维持经制军的基础。若地方有事,左支右绌在所难免。以此面对人数不少、分散而出没无常的白莲教众,如何能有效率?而且从技术上说,清军组织力量试图加以剿灭,不能不面临后勤供应问题。由于兵兴涉及数省,空间范围甚大,而秦巴山区道路交通不便,这给大规模军事动员以及行动带来严重困难。这是起初清廷根本没有预料到的。后来额勒登保等采取了训练乡勇的本地化解决方案以及坚壁清野的策略,以断白莲教的经济来源;同时宽赦胁从,以瓦解其组织基础。正是有这种从经济、社会等多方面遏制白莲教众的综合性措施,平定之举方得成功。然而其前后曲折,令清政府于政治、人事安排、区域协同、资源配置以及军队管理体系等因素相关的制度性弊端皆得以显现。

白莲教起义有其社会基础,其影响也是相当复杂的。至少我们能看到,秦巴山区自清代前期以来的发展在很长一段时间中都难以恢复,而清廷为此亦大伤元气。研究清廷平定白莲教起义,其实是研究一个重大的经济与社会问题:民变其来有自,是整个社会内在矛盾与危机的一个典型样本。人们可以有多个不同的角度对此加以分析,而以军队后勤保障为切入点,是一个较为新颖的做法。战争时期的军队后勤保障体系与效率,并非简单的组织问题,从本质上说,也是一个体制问题。理解与解释其中的各种关系、应对举措及其效率,需要将其置于一个制度、社

---

① 严如熤辑,张鹏翂继辑:《三省边防备览》卷12《策略》,清道光十年来鹿堂藏本,第21页。

序

会与资源环境的宏观视野之中。换言之，评价军队后勤，本质上就是分析与解释专制王朝政治与经济制度安排的基础、架构以及合理性，其内涵与意义要远超出军事本身。显然，这不是就事论事所能够完成的研究任务。

方超博士所完成的以"嘉庆朝白莲教起义中清军粮饷供给问题研究"为题的著作，很好地实现了这一研究目标。以我个人对方超博士以及本书的了解，我认为著作对相关问题的本质与核心话题有着深刻的理解，其学术视野开阔，而分析方法亦相当合理。相信本书的出版能够为推进这一方面的学术进展做出重要的贡献。兹谨遵作者之命，为此数语，以为序言。

萧正洪
2024 年 5 月

目 录

第一章 白莲教起义与清军的粮饷需求 ………………………（1）
  第一节 起义爆发的背景 ………………………………………（1）
  第二节 起义的经过 ……………………………………………（22）
  第三节 清军的粮饷需求 ………………………………………（39）
  小 结 ……………………………………………………………（52）

第二章 白莲教起义中清军的粮饷来源 ………………………（55）
  第一节 军粮来源 ………………………………………………（55）
  第二节 军饷来源 ………………………………………………（80）
  第三节 粮饷来源的结构性特征 ……………………………（117）
  小 结 …………………………………………………………（138）

第三章 白莲教起义中清军的粮饷转运 ………………………（141）
  第一节 粮饷转运的组织架构 ………………………………（141）
  第二节 粮饷的转运工具 ……………………………………（160）
  第三节 粮饷的转运路线 ……………………………………（180）
  小 结 …………………………………………………………（193）

第四章　粮饷供给困境及清廷的应对之策 …………………（197）
　　第一节　粮饷供给的困境 …………………………………（197）
　　第二节　清廷对于粮饷供给制度的修正 …………………（219）
　　小　结 ………………………………………………………（233）

第五章　粮饷供给的社会影响 …………………………………（236）
　　第一节　对国家财政的影响 ………………………………（236）
　　第二节　对地方社会的影响 ………………………………（242）
　　小　结 ………………………………………………………（248）

结　语 ……………………………………………………………（250）

参考文献 …………………………………………………………（256）

后　记 ……………………………………………………………（267）

第一章 白莲教起义与清军的粮饷需求

第一节 起义爆发的背景

嘉庆元年（1796），白莲教起义爆发，清军同起义军在数省之间多番交战、追奔逐北，战火迅速蔓延至湖北、河南、陕西、四川、甘肃五省地区。纵观起义的爆发地和活动范围，主要集中于川、陕、鄂三省交界地带的深山老林内，即今之所谓"秦巴山区"。故此，本节将研究区域划定在秦巴山区，重点从经济、社会、军事三个层面对白莲教起义爆发的背景进行分析。

一 山区经济开发

秦巴山区，位于东经102°24′—112°40′、北纬30°43′—35°29′，气候类型以温带季风气候和亚热带季风气候为主，是由秦岭山脉与大巴山脉及其毗邻地区所构成的辽阔地理单位，地跨今甘肃、陕西、四川、重庆、湖北、河南六省市，其主体位于陕南地区。山区地貌多高山邃谷、深林密菁，行政区划犬牙交错，为人迹所不至。清代名宦严如熤曾为官陕南20余年，并对秦巴山区内的风土人情做过专门的调研。通过其所著《三省边防备览》和《三省山内风土杂识》等专书，我们得以对山区内的地理区划有更为清晰的认识："盖由陕西之略阳、凤县迤逦而东，经宝鸡、郿县、盩厔、洋县、宁陕、孝义、镇安、山阳、洵阳，至湖北之郧西，中间高山深谷，千枝万派，统谓之南山老林；由陕西之宁羌、褒城迤逦而东，经四川之南江、通江、巴州、太平、大宁、开县、奉节、巫山，陕西之紫阳、安康、平利，至湖北之竹山、竹溪、房县、兴山、保康，中间高山深谷、千峦万壑，统谓之巴山老林。"①

历史时期对于秦巴山区的农业开发，最早可追溯到秦汉时期。但迟至宋元时期，受自然、历史等因素制约，山区的开发进程仍较为曲折、缓慢。并且各亚区内的发展水平差异悬殊，农业种植仅限于河谷盆地，山地垦殖则以刀耕火种式的粗放经济为主，农田的开发面积和范围均不大。明清时期，秦巴山区迎来了真正意义上的全面开发阶段。其中，最显著的特征，当属大规模的人口迁入以及随之而来的区域经济开发。② 明代前期，政府严格控制人口流动，对各府州县的民户登籍造册。而对于不易管理的秦巴山区，则采取了"空山封禁"的严厉政策。但即使如此，仍有大量流民违禁阑入山区辟地居住。并且这样的人口流动到洪武末年已渐次形成规模，开始受到统治者的关注。③ 明代中期以后，秦巴山区的流民集聚仍在不断扩大，并逐渐演化为威胁王朝统治的地方暴动。成化十二年（1476），左副都御史原杰奉命前赴秦巴山区招抚流民，并设置府州县以加强管理。此次招抚共清出流民 113317 户，其中附籍 96654 户，约占流民总数的 85%。然而当时附籍的流民主要集中在豫南地区，真正进入鄂西北与陕南地区的流民并不多，仅占到约 37.5%。④ 尔后明政府对山区的迁移限制随之弛禁，山内流民的数量继续增加。

明末清初，秦巴山区迭遭兵燹。自明末农民战争至康熙朝平定

---

① 卓秉恬：《川陕楚老林情形亟宜区处》，严如熤辑，张鹏翂继辑：《三省边防备览》卷17《艺文下》，清道光十年来鹿堂藏本，第 17 页。
② 尤思好：《历史时期秦巴山区农业开发与环境演变》，硕士学位论文，西北农林科技大学，2018 年。
③ 张建民：《明清长江流域山区资源开发与环境演变——以秦岭—大巴山区为中心》，武汉大学出版社 2007 年版，第 85—92 页。
④ 萧正洪：《清代陕南的流民与人口地理分布的变迁》，《中国史研究》1992 年第 3 期。

第一章 白莲教起义与清军的粮饷需求

"三藩之乱",山区的动荡局势已持续50年之久。战乱频仍、哀鸿遍野,毗邻各省的社会经济遭受严重破坏,人口流失十分严重。如四川省各州县"非数十家或十数家,更有止一、二家者。寥寥孑遗,俨同空谷。而乡镇市集,昔之棋布星罗者,今为鹿豕之场"①。根据曹树基的分析,明代后期的四川人口约有500万,而到清代初年仅残存50万左右,人口减少近90%。并且这样的估计,还是考虑到战后招徕外流人口的情况。②陕西和湖北两省的人口损失虽不及四川,但仍具相当的规模,如陕南地区的人口耗减约为70%,③汉阴县"较昔盛时尚不及十分之二、三"④,很多地方则是"荒榛茂草遍城下,虎狼夜食鸡犬,居民不能息也"⑤。洛南县"国初时而田园长蒿莱,行百里间绝人烟矣。"⑥与四川地区的情形大体相同。又如湖北省建始县"绝人烟者十余年,我朝康熙二十年后,寇乱弥平,抚绥劳徕,邑人始得安居。计其时复业之民仅八十户,编坊郭里,余皆裁汰"⑦。竹山县更是"民之所遗者,不及十之一,又皆散栖山寨。荆榛满地,野无炊烟"⑧。类似如"十不存一""百不存一"乃至"万不存一"的内容于地方志等史料中比比皆是。虽然各省情况间有差别,部分记述也难免存在夸张、渲染之意,但因人口的严重损耗而造成普遍的社会经济凋敝,则是毋庸置疑的。

田地荒芜、地广人稀,劳动力人口的严重损失,必将引起省际大规模的人口流动。清代前期的秦巴山区,尚处在"狐狸所居,豺狼所

---

① 蔡毓荣等修,钱受祺等纂:康熙《四川总志》卷10《贡赋》,清康熙十二年近卫本,第15页。
② 曹树基:《中国移民史》第6卷,福建人民出版社1997年版,第77页。
③ 曹树基:《中国移民史》第6卷,第120页。
④ 许又将:《汉阴近代盛衰述略》,钱鹤年修,董诏纂:嘉庆《汉阴厅志》卷9《艺文志上》,《中国地方志集成·陕西府县志辑》,凤凰出版社2007年影印本,第54册,第529页。
⑤ 陈九龄:《修城记》,钱鹤年修,董诏纂:嘉庆《汉阴厅志》卷9《艺文志上》,第541页。
⑥ 范启源纂修,薛韫订正:乾隆《洛南县志》卷4《食货志·土田》,《中国地方志集成·陕西府县志辑》,凤凰出版社2007年影印本,第30册,第478页。
⑦ 熊启咏纂修:同治《建始县志》卷4《食货志·户口》,《中国地方志集成·湖北府县志辑》,凤凰出版社2013年影印本,第56册,第64—65页。
⑧ 周士桢修,黄子遂纂:同治《竹山县志》卷19《名宦志》,《中国地方志集成·湖北府县志辑》,凤凰出版社2013年影印本,第61册,第445页。

嚎，虎祸尤多"的待垦阶段。① 而此时随着全国人口的增长以及可耕地数量的日益减少，清廷方面出于稳定统治秩序的考虑，也主动颁布奖励垦殖的政策，招徕外省民户进入秦巴山区，由此形成巨大的移民浪潮，遂有"湖广填四川"之谚。鉴于秦巴山区的主体位于陕南境内，因此我们以陕南7县的人口数额为例，对清代前期山区的迁入人口进行估算。

由表1-1可知，康熙朝中期至乾隆朝后期的85年间②，陕南7县的人口从8.4万余口增长至40万余口，人口增长率约为381.7%。如此巨大的增幅，同康熙朝"盛世滋丁永不加赋"以及雍正朝"摊丁入亩"等政策的实施有着密切联系。但是，我们并不能将上述人口的增长，均归因于外省移民迁入的影响。在人口统计学中，将人口增长率和人口自然增长率的差值，称为人口机械增长率。考虑到清代前期国际人口迁移的数量甚微，全国人口的增长率与自然增长率基本相同。因此，可将前者作为后者的近似值。那么，陕南7县人口增长率超出自然增长率的部分，即为该地区的迁入人口。康熙四十一年（1702）至乾隆五十二年（1787），全国人口的增长率约为186.5%。③ 进而可以得出，陕南7县人口的机械增长率为195.2%。④ 显然，此期间人口的高速增长主要是由移民迁入带来的。并且上述各县所反映的还仅是山地丘陵地带的情况，人口拉力较强的河谷盆地增长将更为明显。再者，7县的人口增长在乾隆朝后期有明显增速，这与官方移民垦殖政策的变化有关。康、雍时期，移

---

① 严如熤辑，张鹏翂继辑：《三省边防备览》卷12《策略》，第18页。
② 为便于后文计算，这里的"康熙朝中期"以康熙四十一年（1702）为准。
③ 根据《清实录》所载各该年年末的人口数计算，其中康熙四十一年（1702）的人口数系人丁数以1∶5的比例估算之值。
④ 在人口统计学中，"人口年增长率"和"人口年均增长率"是两个不同的概念。前者是一定时期内由人口自然变动和迁移变动而引起人口增长的比率，又称粗增长率或人口增长速度；后者则反映一定时期内人口平均每年的增长变化，又称人口年均增长速度，多用于比较同一地区在不同时期的人口发展速度，或者同一时期内不同地区的人口增长速度（如表1-1）。本书此处的目的重在分析康熙朝中期至乾隆朝末期秦巴山区总体的人口增长程度，并由此计算出山内人口迁移变动的情况，无意于探讨该地区人口在各个时期的增长速度，因此这里采用的是"人口年增长率"这一指标。

表 1-1　　　　　清代前期陕南7县人口增长数额

	康熙中期（1702）		雍正五年（1727）		乾隆四十年（1775）		乾隆五十二年（1787）	
	人口数	年均增长率（‰）	人口数	年均增长率（‰）	人口数	年均增长率（‰）	人口数	年均增长率（‰）
安康县	63342	—					129583	—
平利县	1913	—	2506	17	32567	54.9	69070	64.7
洵阳县	7431	—					67688	
白河县	663						35359	
紫阳县	2118				25690		15670	
石泉县	2098						29794	
山阳县	7215	—	10154	10.1	38377	28.1	61201	36.6
合计	84780	—	12660	27.1	58257	83	408365	101.3

资料来源：萧正洪：《清代陕南的流民与人口地理分布的变迁》，《中国史研究》1992年第3期，李国麒纂修，乾隆《兴安府志》，《中国地方志集成·陕西府县志辑》第54册，凤凰出版社2007年影印本；何树滋纂修：嘉庆《山阳县志》，清嘉庆元年刊本。

说明：山阳县乾隆五十二年（1787）人口数实为乾隆五十三年（1788）的数据。

民落籍的方向主要为四川地区，陕南虽然偶有招徕移民开垦，但因受于"楚民只准入蜀不能入秦"的政策限制，人口并无明显增长。乾隆初年，政府对移民政策做出调整，此后大规模外省流民才得以进入陕南地区。① 乾隆年间，清廷因山内"五方杂处，良莠错居"，先后于境内添设留坝、孝义、五郎三厅，并升兴安州为府，以重稽防事宜。② 由此足证，移民迁入对于秦巴山区人口增长的影响是相当显著的。

随着大量外省移民的迁入，秦巴山区人口的籍贯构成逐渐发生变化。正如严如熤所言："川陕边徼土著之民十无一、二，湖广客籍约有五分，广东、安徽、江西各省约有三、四分。"③ 其实，山区移民的原籍并非限

① 曹树基：《中国移民史》第6卷，第120—122页。
② 毕沅：《兴安升府疏》，严如熤辑，张鹏翂继辑：《三省边防备览》卷17《艺文下》，第3—7页。
③ 严如熤辑，张鹏翂继辑：《三省边防备览》卷12《策略》，第21—22页。

于以上诸省，而是来自更为广大的区域。如光绪《孝义厅志》所载："约计境内烟户土著者十之一，楚、皖、吴三省人十之五，江、晋、豫、蜀、桂五省人十之三，幽、冀、齐、鲁、浙、闽、秦、凉、滇、黔各省人十之一。"① 萧正洪曾结合清代碑刻材料，对平利、留坝、镇巴、镇安4县人口的籍贯构成进行了分析。统计结果显示，在调查到的全部346例样本中，本省籍人口仅占8.1%，而外省籍人口则占到91.9%。其中，湖广、安徽两省移民占55.5%，四川、河南、江苏三省移民占31.3%，其余各省移民占4.9%，这与光绪《孝义厅志》所载内容大体吻合。② 移民来源的多样性深刻揭示了山区内人口迁徙的复杂特征，而伴随着"杂处"现象的不断加剧，经济、社会、风俗等各方面的变迁更化也将难以避免。此外，移民进入秦巴山区的路线，可参见严如熤的记述："流民之入山者，北则取道西安、凤翔，东则取道商州、郧阳，西南则取道重庆、夔府、宜昌，扶老携幼，千百为群，到处络绎不绝。"③ 这些移民初入山区，往往过着衣不蔽体、食不果腹的艰苦生活。他们大多集中于沿途的祠庙或密林之中，以搭盖简易茅棚居处，即所谓"棚民"。严氏所述虽为嘉庆初年的状况，但仍可从中窥见此前移民迁徙的大致情形。

外省移民的大规模迁入，为秦巴山区的经济开发提供了充足的劳动力人口，人地矛盾逐渐显著。清初山内民户流亡严重，田土弃垦、地旷赋轻，"其承纳之国课不过几钱几分，领地辄广数里。至离县窎远者，一纸执照之内，跨山逾岭常数十里"。当地百姓受制于劳动力缺乏，开垦面积仅能达到全部耕地的10—20%，即使佃与外省客民亦难以尽数耕种。④ 正如邹溶所言："所以不能垦者，无垦之人也。死者焰灭，徙者逝波，以现在之人耕现熟之地犹虞未逮，毋怪其无余力垦荒矣。"⑤ 而到

---

① 常毓坤修，李开甲等纂：光绪《孝义厅志》卷3《风俗志·总纪》，《中国地方志集成·陕西府县志辑》，凤凰出版社2007年影印本，第32册，第443页。
② 萧正洪：《清代陕南的流民与人口地理分布的变迁》，《中国史研究》1992年第3期。
③ 严如熤辑，张鹏翂继辑：《三省边防备览》卷12《策略》，第19页。
④ 严如熤辑，张鹏翂继辑：《三省边防备览》卷12《策略》，第18页。
⑤ 邹溶：《理洋略下》，邹溶修，周忠纂：康熙《洋县志》卷8《艺文志·杂文》，《中国地方志集成·陕西府县志辑》，凤凰出版社2007年影印本，第45册，第473页。

乾隆朝后期，随着大量外来人口的迁入，秦巴山区内的耕地压力逐渐提升。如湖北省竹山县，"昔时土浮于人，又山多田少，水田十之一，旱地十之九。后因五方聚处，渐至人浮于土，木拔道通，虽高岩峻岭，皆成禾稼"①。又如四川省东乡县，其境内群山高峻，重峦叠嶂，彼时"为田者十不及一，且山多积石，可耕之地亦属无几"②。但时至乾、嘉之际，"高山峻岩，皆为开辟播植"③。还有如陕西省兴安府，清初还是"弥望皆崇山峻岭，民居落落如晨星"。此后数年间"四方之民襁负而来者，不绝如缕。由是启之辟之，昔之黄茅白苇，今则绿壤青畴矣"④。至乾隆五十年（1785）后，兴安府地区已是"深山邃谷，到处有人，寸地皆耕，尺水可灌"⑤。紫阳县更是境内山林尽已开垦，"路角涧滨，无跬步之地不垦"⑥。商州地区沃壤有限，田亩多在"溪涧坡岭之旁，砂土间杂丘叚零星"。但承平日久，生齿日繁，山头地角也已然"开尽无遗"⑦。显而易见的是，山区移民的不断迁入以及随之而来的新作物与新技术，促使农业垦殖得以突破热量、降水、地势、高度等自然因素的制约，人口分布逐渐由低海拔地区层累而上，向此前难以征服的高海拔山地不断拓展。

除农业垦殖外，秦巴山区内的手工业工厂亦具备相当的规模。据严如熤统计，嘉庆时山内即有"木、笋、纸、耳、香蕈、铁、炭、金各厂，皆为流寓、客民所藉资生者"⑧。厂内员工"多者恒数百人，少者亦

---

① 周士桢修，黄子遂纂：同治《竹山县志》卷7《风俗志》，第340页。
② 徐陈谟纂修：嘉庆《东乡县志》卷14《田赋》，清嘉庆二十年尊经阁藏本，第1页。
③ 徐陈谟纂修：嘉庆《东乡县志》卷29《风俗》，第1页。
④ 曹希焜：《新设砖坪县丞衙门记》，李国麒纂修：乾隆《兴安府志》卷26《艺文志·文二》，《中国地方志集成·陕西府县志辑》，凤凰出版社2007年影印本，第54册，第223页。
⑤ 叶世倬纂修：嘉庆《续兴安府志》卷2《食货志·土产》，凤凰出版社2007年影印本，第54册，第278页。
⑥ 陈仪、吴纯修，施鸣銮、张濂纂：道光《紫阳县志》卷首《续修紫阳县志序》，《中国地方志集成·陕西府县志辑》，凤凰出版社2007年影印本，第56册，第106页。
⑦ 罗文思纂修：乾隆《续商州志》卷3《食货志·开荒》，《中国地方志集成·陕西府县志辑》，凤凰出版社2007年影印本，第30册，第262页。
⑧ 严如熤辑，张鹏翂继辑：《三省边防备览》卷10《山货》，第1页。

数十人"①，并且出现了较为细致的劳动分工。这些手工业工厂的开设，显然有其特定的经济条件。首先，可以肯定的是，山区丰富的特产资源为各类工厂提供了物质基础。众所周知，秦巴山区虽然可耕地面积有限，但是物产饶富。"其中如药材、竹笋、木耳、蘑菇、香蕈、核桃、栗子、棕树、构穰、桐漆、葛根之类，亦自不少，但可食用，即可卖钱，小民生长山中，田地窄狭，衣食艰难，即此便是恒产。"② 其次，外省移民的不断涌入，为工厂提供了充足的劳动力来源。关于秦巴山区雇佣劳动的性质以及资本主义萌芽问题，学界已有过详细的论述。目前主流的观点认为：随着山区农业集约化程度的逐渐加深，大量剩余劳动力从农业部门中游离出来。这些溢出人口选择受雇于各类手工业工厂，通过出卖廉价劳动力的方式维持着基本生活。③ 从经济开发的角度来看，山区手工业的存在促进了区域产业类型的多元化，是催生经济繁荣和资本主义萌芽的关键。而在人口发展方面，山区手工业高额的经济效益吸引了更多的外省流民，在安插的同时也满足了后者的劳动需求，有助于缓解因人口密度不断提升而带来的社会矛盾。如在嘉庆朝白莲教起义爆发后，清廷方面就曾出于维护地区安全的考虑，筹议驱散秦巴山区内的各类手工业工厂。但是严如熤对此坚决反对，他认为："若不准开厂，则工作之人无资以生，添数十万无业流民，难保其不附从为乱，故只当听其经营，不可扰也。"④ 可以想见，秦巴山区内的各类手工业工厂对于外省移民的接纳能力是相当强大的（见表1-2）。

---

① 严如熤辑，张鹏翂继辑：《三省边防备览》卷12《策略》，第20页。
② 陈宏谋：《巡历乡村兴除事宜檄》，贺长龄辑：《皇朝经世文编》卷28《户政三·养民》，清光绪十二年思补楼重校本，第14页。
③ 可参见傅衣凌《清代中叶川陕湖三省边区手工业形态及其历史意义》，《明清社会经济史论文集》，中华书局2008年版，第160—177页；李景林《从〈三省边防备览〉一书看十八世纪至十九世纪二十年代陕、川、鄂三省交界地区社会关系的一些特点》，《史学集刊》1956年第1期；李蔚《清乾嘉年间南巴老林地区的经济研究》，《兰州大学学报》1957年第1期；方行《清代陕西地区资本主义萌芽兴衰条件的探索》，《经济研究》1979年第12期；张建民《明清长江流域山区资源开发与环境演变——以秦岭—大巴山区为中心》，武汉大学出版社2007年版。
④ 严如熤辑，张鹏翂继辑：《三省边防备览》卷12《策略》，第21页。

第一章 白莲教起义与清军的粮饷需求

表 1-2　　　　　　　清代秦巴山区各类手工业工厂规模

工厂类别	所在地	工人规模
圆木厂	黄柏园、佛爷坪、太白河	匠作、挽运之人不下三五千
枋板、猴柴厂	—	大者每厂数百人，小亦数十人
炭厂	—	营生者数千人
铁厂	略阳、定远、宁羌、留坝、镇安、洵阳	大厂二三千人，小厂千数百人
纸厂	定远、西乡、巴山	大者百数十人，小者四五十人
盐厂	太平、城口、开县、云阳等20余处	每厂之人以数十万计
木耳、香蕈厂	雪泡山、灵官庙	佃棚户守，连一厂辄数十家
淘金厂	南郑、城固、洋县、略阳、西乡、褒城	每厂约数十人

资料来源：严如熤辑，张鹏翂继辑：《三省边防备览》卷10《山货》，第1—17页。

二　基层社会治理

乾、嘉之际，秦巴山区内的移民集聚已渐成规模。但其间山川险阻、良莠难辨，时常有不安本分者趁机兴乱，"一、二奸民倡之，以吃大户为名，而蚁附蜂起，无所畏忌"①。秦巴山区地跨湖北、陕西、四川三省，本就是基层管理的"灰色地带"。若有要案发生，官方时常难以越境缉捕，即使往返咨商也早已缓不及事。并且山内各州县相距自五六百里至一二千里不等，所辖地方辽阔、耳目难周，"遇有事，必数日闻报，数日始至其处，非纠结为匪，难以轻动。即剽窃远扬，莫可追捕，故居恒互相隐讳，浸假而成大案"②。因此，山区内由移民集聚而引发的社会问题，逐渐引起清廷统治者的重视。有清一代，政府对于基层社会的治理主要依靠保甲。即将州县百姓按照"十户为一牌，十牌为一甲，十甲为一保"的原则编入户籍，并分别配以牌长、甲长、保正及乡约等得到官方认可的基层管理者，以求实现弭盗安民的治理目标。但是，这样的制度设计

---

①　卓秉恬：《川陕楚老林情形亟宜区处》，严如熤辑，张鹏翂继辑：《三省边防备览》卷17《艺文下》，第17页。

②　卓秉恬：《川陕楚老林情形亟宜区处》，严如熤辑，张鹏翂继辑：《三省边防备览》卷17《艺文下》，第17页。

却难以施行于五方杂处的秦巴山区。正如前文所述,秦巴山区内的农业垦殖属于刀耕火种式的粗放经济,耕种数年后地力损减即须迁徙他处。因此,外省移民长期居无定所,"今年在此,明岁在彼,甚至一岁之中迁徙数处"[1],人口流动性很大。这与保甲制度"编户齐民"的基本要求是截然不同的。即便有移民造屋定居,也只是零星散处,并非比邻而居。保正、甲长彼此间相距甚远,稽查难度大。若交由州县胥吏管理,又恐滋生贪墨赋税、鱼肉百姓的弊窦。故此,严如熤亦认为保甲制度虽为"弥盗良法",但"山内州县则只可行之城市,不能行于村落"[2]。

与此同时,秦巴山区内的宗族力量亦难以为基层社会治理提供帮助。在传统中国社会,基层治理事实上存在着两种秩序和力量:一种是以皇权为中心的官方秩序或国家力量,另一种是以宗族为中心的乡土秩序或民间力量。已有学者提出,上述两种秩序和力量的结合,是类似于西方政治社会学理论中"国家—社会"二元对立模式的关系,并进而总结为:"国权不下县,县下惟宗族。"[3] 足见宗族力量对于基层社会治理的重要性。因此,如果秦巴山区内的宗族力量足够强大,仍然可以弥补由于保甲制度的失效而带来的无序状态。但是,这样的假设似乎也是难以成立的。清初受战乱因素影响,山内百姓流失严重,原有宗族的力量本就羸弱。而外省移民进入山区,主要采取一家一户这种小规模集团的流动方式,家族重建的过程需要持续相当长的时间,更难以在异地形成强大的宗族势力。其境况正如严如熤所言:"五方杂处,无族姓之联缀,无礼教之防维。"[4] 表1-3所示为清代川东北地区移民宗族的建祠时间,

---

[1] 严如熤辑,张鹏翮继辑:《三省边防备览》卷12《策略》,第25页。
[2] 严如熤辑,张鹏翮继辑:《三省边防备览》卷12《策略》,第25—26页。
[3] 可参见秦晖《传统中华帝国的乡村基层控制:汉唐间的乡村组织》,《中国乡村研究》第1辑,商务印书馆2003年版,第1—31页;瞿同祖《清代地方政府》,范忠信、何鹏、晏锋译,法律出版社2011年版;萧公权《中国乡村——论19世纪的帝国控制》,张皓、张升译,联经出版社2014年版;胡恒《皇权不下县?——清代县辖政区与基层社会治理》,北京师范大学出版社2015年版;费孝通《基层行政的僵化》,《乡土中国·生育制度·乡土重建》,商务印书馆2017年版,第377—387页。上述研究成果,从不同角度探讨了传统中国基层社会的治理模式。虽然对于国权渗透、地方自治等问题尚有争论,但均肯定了宗族力量在参与基层社会治理过程中的重要性。
[4] 严如熤辑,张鹏翮继辑:《三省边防备览》卷12《策略》,第21页。

从中可以发现,清初迁入的9姓外省移民,其创建宗祠的时间大多较晚,主要集中于清代中后期,占比约67%。日本学者牧野巽曾指出,"建立宗祠,是中国的宗族生活中的一个理想,表示的是归一","由在定居地宗祠的有无,来判定迁居是否完成"①。因此,我们可以认为,宗祠的创建标志着移民异地迁徙的完成,以及宗族化进程的实现。川东北地区移民的宗族化进程,平均需要100—200年的时间,这与曹树基的估算大致相符。② 并且表中所示还仅是川东北地区的情况,在弛禁较晚的陕南地区,外省移民的宗族化进程或将更为迟缓。

表1-3　　　　　　　清代川东北地区移民宗族建祠时间

族姓	原籍	迁入地	迁入时间	建祠时间
夏	湖南省永州府	达县	康熙三十九年	嘉庆八年
吴	江苏省丹阳县	太平县	康熙十八年	乾隆八年
彭	湖南省郴州	大竹县	康熙二年	嘉庆二十年
陈	湖南省郴州	—	康熙五十七年	乾隆三年
涂	湖北省蒲圻县	云阳县	乾隆二年	道光十五年
郭	湖北省黄州府	云阳县	—	乾隆年间
陶	湖北省黄州府	云阳县	康熙年间	嘉庆年间
李	湖南省邵阳县	云阳县	康熙年间	咸丰年间
邹	湖南省湘乡县	云阳县	康熙年间	同治年间

资料来源:岳精柱:《清代巴山移民土著化研究》,硕士学位论文,西南大学,2006年,第28页;[日]山田贤:《移民的秩序——清代四川地域社会史研究》,曲建文译,第48—55页。

正是保甲制度与宗族力量的缺失,导致秦巴山区内的动荡局势不断加剧。进入山区的外省移民,面对纷繁复杂的陌生环境,时刻遭受着由粮食短缺、土客矛盾以及匪患所带来的生存压力。他们不仅在物质上无

---

① [日]牧野巽:《近世中国宗族研究》,载[日]山田贤《移民的秩序——清代四川地域社会史研究》,曲建文译,中央编译出版社2011年版,第56页。
② 曹树基:《中国移民史》第6卷,第106页。

法获得应有的保障,同时在精神层面也缺乏集体认同感和心理慰藉。故而只能选择探索构建新的社会关系,甚或寻求匪徒与宗教力量的庇佑。清初山内礼教不兴,"读书之人寥寥",故而成为滋生各种宗教异端思想的沃土。据统计,"教之名称不一,曰清香、曰圆顿、曰太阳、曰天主、曰白莲,皆山内所有"①。其中尤以白莲教的势力最为强大。白莲教是宋、元以来流传于民间的一种秘密宗教,因时常成为策动农民起义的精神工具,遂被官方列为"邪教"并严厉查禁。白莲教的基本教义杂糅佛、道理论,兼及儒家学说,信奉无生老母为至高至尊的创世神。其核心思想为"三期末劫论",即认为宇宙由开创到终结须经历青阳(过去)、红阳(现在)、白阳(未来)三个阶段,其中青阳、红阳时期分别由燃灯佛与释迦佛统治,而当白阳劫至,弥勒佛将会转生降世,助皈依者脱离苦海,进入永恒幸福的极乐世界。② 这种关于未来美好世界的宗教描绘,为广大底层民众提升社会经济地位的幻想披上了一层希望的外衣。对当时山区内艰苦生存的移民群体来说,无疑起到了精神安慰的作用。与此同时,白莲教徒之间常以兄弟姐妹相称,"穿衣吃饭,不分尔我"③,"有患相救,有难相死,不持一钱可周行天下"④。如此互济有无的社会关系,正是身处异地的外省移民所急需的,因此对他们产生了极大的吸引力。

表1-4所示,为部分白莲教徒的社会身份及入教原因。从中不难发现,这些白莲教徒大多是有一定经济基础的底层民众,主要是农民、工匠、商贩以及县衙胥役等。他们之所以选择入教,多是听信所谓"白莲降世,消灾避难"的异端邪说,并经由亲族之人或同乡、旧识介绍入教,这与民间宗教秘密传播的特性是相符合的。而表中所列还仅是教内核心成员的身份信息,其余大部分普通教众则多属于"生计无着"的破产贫农或无业游民。再者,川东北地区流行的"啯匪"群体亦是白莲教

---

① 严如熤辑,张鹏翮继辑:《三省边防备览》卷12《策略》,第42页。
② 王兆祥:《白莲教探奥》,陕西人民教育出版社1993年版,第133页。
③ 严如熤辑,张鹏翮继辑:《三省边防备览》卷12《策略》,第43页。
④ 蒋维明:《川湖陕白莲教起义资料辑录》,四川人民出版社1980年版,第233页。

第一章 白莲教起义与清军的粮饷需求

起义的重要组成部分。啯匪源自乾隆朝平定金川之役中的逃卒,其无家可归者渐与四川本地的无赖悍民聚集作乱。后因官方查拿严急,而白莲教徒又多是"治有恒产"的中小业主,故此藏身于教徒家中,并成为后者发动起义的核心力量。① 除此之外,亦有不少私盐商贩和无赖恶徒混入教中。② 故而我们可以认为,白莲教势力在秦巴山区内的影响范围是广大的,其基本涵盖了山内所有的社会关系网络,教内的人员构成也因此日益显现出复杂和混乱的特点。

表1-4　　　　　　　白莲教徒的社会身份及入教原因

姓名	籍贯	职业	教内身份	入教原因
聂杰人	湖北宜都县	中小地主	起义首领	听信习教免祸,由孙婿张宗文传授
黄长青	湖北来凤县	县学武生	起义首领	被白莲教徒逼迫入伙
曾世兴	湖南新化县	保康县种地	正元帅	听信消灾避劫,由姚之富传授
席云峰	湖北当阳县	本县皂头	副头目	由熊道成传授
雷成遂	湖北当阳县	本县快头	散头目	由陈志甲传授
张世彬	四川温江县	当阳县流刑犯	副头目	由萧登富传授
胡正中	湖北来凤县	巫师	教头	由唐贵传授
高名贵	湖北襄阳县	务农、贩猪	教头	听信习教避灾,由兄弟陈世敬传授
覃加耀	湖北长阳县	考过武童	头目	听信呼风唤雨,由张驯龙传授
张正朝	湖北长阳县	种张驯龙田	右军师	由张驯龙传授
王添万	湖北蒲圻县	木匠	都督	听新消灾避难,由齐林传授
王三槐	四川东乡县	巫师	起义首领	由旧识冷天禄传授
李潮	湖北襄阳县	务农	头目	由张汉潮传授
刘之协	安徽太和县	棉花买卖	教头	为劝人向善,由李伯禄传授
李杰	河南郏县	卖酒、屠夫	起义首领	想借传教赚钱,由刘之协传授

---

① 魏源:《圣武记》卷9《嘉庆川湖陕靖寇记一》,中华书局1984年点校本,第377页。
② 王钰欣:《清代中叶白莲教起义军的阶级阶层分析》,《中国农民战争史论丛》第1辑,山西人民出版社1978年版,第157—198页。

续表

姓名	籍贯	职业	教内身份	入教原因
张效元	安徽阜阳县	种地、开染坊	教头	自幼习教,为头目王廷诏表侄
王廷诏	河南西华县	佣工、卖带子	头目	为老师傅王珊之孙
张书汉	四川达州	差役	起义首领	与头目徐添德是儿女亲家
张长青	四川云阳县	种田	元帅	邻居林亮功习教,被裹挟入伙

资料来源:中国社会科学院历史研究所清史室、资料室编:《清中期五省白莲教起义资料》,江苏人民出版社1981年版,第5册,第1—143页。

白莲教虽然有着成熟的宗教教义和仪式、仪轨,但在长期的传播过程中亦会演化出各式各样的教派类别(罗教、黄天教、三阳教、收元教、天理教、西天大乘教、清茶门教)。清代流行于秦巴山区的白莲教派别,以收元教、三阳教以及西天大乘教为主。收元教进入秦巴山区的时间最早可追溯到乾隆三十二年(1767)。由襄阳府人李从呼传入,其师从河南许州人徐国泰学习教义,后传授于孙贵远,再下传詹正林、詹之富、詹之林兄弟。到乾隆末年,以襄阳府黄龙垱地区为中心,已分别形成了以刘起荣、张汉潮为核心的收元教集团,这里也是白莲教起义最先爆发的地区之一。三阳教由安徽太和县人刘之协创建,其曾随河南鹿邑县人樊明德修习混元教,所以汲取了后者较多的思想内容。乾隆五十四年(1789),刘之协来到襄阳府传教,三阳教由此得以进入秦巴山区,但其总体势力并不大。[①] 西天大乘教由襄阳府人宋之清创建,势力在三派中影响最大,白莲教起义初期的领导人物多与之有关联。宋之清早先曾归于刘之协的三阳教麾下,但乾隆五十七年(1792),宋之清与刘之协分道扬镳,正式创建西天大乘教。其教义内容是在收元教的基础上,参照三阳教的教义而形成的。该教经宋之清下传姚之富、齐林、王聪儿,并分别由萧贵、孙赐俸传入陕南和川东北地区。[②] 至迟到嘉庆元年

[①] 江田祥:《清乾嘉之际白莲教"襄阳教团"的地理分布与空间结构》,《宗教学研究》2008年第3期。

[②] 李健民:《清嘉庆元年川楚白莲教起事原因的探讨》,《中央研究院近代史研究所集刊》第22期,1993年。

(1796)年初,秦巴山区已然遍布白莲教各派集团的影响。见表1-5。

虽然上述三派的传承谱系存在差异,但是所授教义、仪轨还是极为相似的,并且势力范围大多位于同一地区内,难免存在相互交流、融汇的现象,因此很容易聚合成统一的宗教力量。而伴随着山内各教派势力的继续壮大,孕育社会动乱的因素将会不断累积。乾隆五十八年(1793),三阳教首领刘之协倡言"劫运将至",称鹿邑人王发生乃明裔朱姓,同教刘松之子刘四儿为弥勒佛转世,要保辅牛八(朱姓)登位。随后分赴各省广招门徒,势力渐大,但很快就被清廷察觉缉拿,教内众人除刘之协远遁外,其余首事者皆为伏辜。于是乾隆皇帝下旨逐户搜缉、大索州县,各派首领如宋之清、齐林、萧贵等相继被捕,白莲教在秦巴山区内的传教活动也因此一度中断。① 但即便如此,官方的介入在事实上也并未成功遏制白莲教势力的继续扩张,反而由于查拿严急,胥吏奉行不善,肆意罗织株连,导致山内乱象丛生、人心思变,催生着武装反抗力量的积蓄壮大,地区局势的发展亦在悄然之间阴霾起来。

表1-5　　　　清代秦巴山区各白莲教派传承谱系

教派	传承谱系
收元教	①徐国泰→李从呼→孙贵远→詹正林→詹之富→詹之林→刘起荣→阮学明→张什 ②张汉潮(与刘起荣同期)→李淮、李潮、张世龙、张世虎、张世凤
三阳教	刘之协→宋之清、刘胜洲、刘成儿
西天大乘教	①宋之清→姚之富、齐林、王聪儿(即齐王氏,齐林之妻) ②伍公美(与姚之富同期)→樊学鸣→萧贵→尚贵、孙赐俸→韩龙、冷天禄→王三槐

资料来源:李健民:《清嘉庆元年川楚白莲教起事原因的探讨》,《中央研究院近代史研究所集刊》第22期,1993年;鲁西奇、江田洋:《传统中国秘密社会的"核心集团"与"核心区"——以白莲教"襄阳教团"的形成为中心》,《厦门大学学报》(哲学社会科学版)2011年第6期。

---

① 魏源:《圣武记》卷9《教匪》,第375—376页。

三 军事防御体系

如果说，清代秦巴山区的动荡局势肇自基层社会治理能力的缺失，那么代表官方力量的军事防御体系又是否能够在一定程度上做出弥补呢？答案可能仍然是令人沮丧的。清代前期，政府坚持奉行"内而八旗，外而绿营"的军队建设策略，即在各中心城市设置八旗驻防部队，而于周边山区及险要关隘、驿路等所在部署绿营部队协助分防，以此实现对于全国各省地区的军事管制。清代历朝的绿营兵额在60万左右，而八旗兵额最多时也不过35万，实际数额仅20万前者较后者多出2—3倍。即便战时征调，绿营部队亦远多于八旗，由此可见绿营对于清廷统治的重要性。① 清代在秦巴山区共设置有：兴汉镇、川北镇、重庆镇、襄阳镇、宜昌镇5处军镇。各镇所辖绿营兵额，可参见表1-6：

表1-6　　　　　　　　清代秦巴山区绿营兵额　　　　　　　单位：名

军区	营名	驻地	兵数	合计
兴汉镇	中营	兴汉县	800	7243
	左营	兴汉县	800	
	右营	兴汉县	800	
	汉中城守协	汉中府	720	
	兴安城守营	兴安县	295	
	汉凤营	凤县	578	
	阳平关营	宁羌州	370	
	白土路营	平利县	540	
	渔渡路营	西乡县	530	
	旧县关营	镇安县	340	
	宁羌营	宁羌州	400	
	略阳营	略阳县	420	
	紫阳营	紫阳县	435	
	七里关营	洵阳县	215	

---

① 罗尔纲：《绿营兵志》，中华书局1984年版，第7—8页。

第一章 白莲教起义与清军的粮饷需求

续表

军区	营名	驻地	兵数	合计
川北镇	中营	保宁府	633	3600
	左营	保宁府	634	
	右营	保宁府	633	
	顺庆营	顺庆府	400	
	达州营	达州	400	
	太平营	太平县	300	
	潼绵营	潼川府	300	
	通巴营	毛裕镇	300	
重庆镇	中营	重庆府	600	4800
	左营	重庆府	600	
	右营	重庆府	600	
	夔州协左营	夔州府	585	
	夔州协右营	夔州府	585	
	巫山营	巫山县	330	
	梁万营	万县	250	
	绥宁营	秀山县	700	
	黔彭营	黔江县	300	
	忠州营	忠州	250	
襄阳镇	中营	襄阳府谷城县	508	5605
	左营	襄阳府谷城县	508	
	右营	襄阳府	508	
	前营	襄阳府	508	
	郧阳协左营	郧阳府	439	
	郧阳协右营	保康县	439	
	襄阳城守营	襄阳府	675	
	竹山营	竹山县	585	
	竹溪营	竹溪县	585	
	均房营	均州	850	

17

续表

军区	营名	驻地	兵数	合计
宜昌镇	中营	宜昌府	506	5402
	左营	兴山县	506	
	前营	东湖县	571	
	后营	归州	635	
	施南协中营	施南府	396	
	施南协左营	咸丰县	650	
	施南协右营	利川县	554	
	远安营	远安县	497	
	卫昌营	鹤峰州	700	
	宜都营	宜都县	387	

资料来源：罗尔纲：《绿营兵志》，第158—185页。

根据表中所示可知，清代秦巴山区内各镇的绿营兵额达26650名，平均每营亦有兵额200—800名，看似略具规模，实则不然。因为绿营部队除屯戍驻地外，还有巡防辖境内险要地方的职责，这主要是通过派兵分防的方式实现的。以兴汉镇为例，其所辖兴安城守营共有马步战守兵295名，其内除驻扎兴安州城营兵165名外，另有分防白河县营兵50名、水围城营兵30名，并分防五堰河、松树坝2处营兵各25名。① 又如紫阳营共有马步战守兵435名，其内除驻扎紫阳县营兵275名外，另有分防汉阴县营兵80名，分防任河、二州垭、茅坝关、麻柳坝4处营兵共70名，并分防双河关、跌马坎2处营兵共10名。② 上述各处地方均为山内险恶窎远的关隘、津梁，本应为管理繁难的军事要地。但事实上每处分防的营兵仅在20—80名，最少处只有5名。而除去派兵分防外，各军镇还于辖境内设有塘汛，为营兵设卡守望之所在。如川北镇所辖太平营，共有

---

① 曹希熴：《新设砖坪县丞衙门记》，李国麒纂修：乾隆《兴安府志》卷5《建置志·营制》，第43页。
② 曹希熴：《新设砖坪县丞衙门记》，李国麒纂修：乾隆《兴安府志》卷5《建置志·营制》，第44页。

第一章 白莲教起义与清军的粮饷需求

马步战守兵300名，塘汛22处，平均每塘兵额仅约为14名。① 又如达州营共有马步战守兵400名，其内有分防东乡县营兵40名，统设有塘汛23处，平均每塘兵额竟不足2名。② 还有如宜昌镇所辖施南协，其内有分防建始县营兵92名，统设有1汛16塘，平均每塘兵额仅有5名。③ 由此，秦巴山区内防御兵力的孱弱已可概见。再者，清代绿营的差役不仅包括战时征调与镇戍地方，还有类似如弹压盗匪、护卫驿路以及巡查守更等诸多杂务。④ 因此，各军镇存营的实际兵力较原定数额会更加分散，也难怪严如熤会有"营汛亦晨星落落"的感叹。⑤ 并且表中所示还仅是额定的营兵数字，类似如缺额、逃役等现象尚未予以考虑。所以，我们不能将表中所示绿营兵额与秦巴山区内实际的防御力量对等判断。

　　与此同时，城防建设作为军事防御体系的重要组成部分，也是需要给予重点关注的问题。表1-7所示为白莲教起义爆发前，秦巴山区内各州县的城防建设情况。从中不难发现，山区内各州县地方以无城垣者居多。即便设有城防，也只是"因山为城，阻水为池"，或仅是"土墙一道"，事实上难以提供有效的防御力支持。而之所以会出现这样的窘境，应是与秦巴山区自身独特的地质条件有关。根据严如熤的记述："山内土性不坚，南、城、洋、西各邑号称平衍，其土力亦不敌山外西、凤各郡也，所筑堡城即加工夯筑，一经霖雨便至坍塌。"⑥ 而山内虽然巨石颇多，取用甚易，并且筑造城堡相较于用土也更为省便。但石质仍过分酥松，雨多时必至崩塌。若用于砌筑城堡，则"恐其质重压碎也"⑦。再者，秦巴山区本就属于基层治理维艰的穷乡僻壤，地方政府难以从中获得源源不断的财政收入，自然也就无法提供整治城防建设的充足经费。

---

① 陈庆门纂修，宋名立续纂：乾隆《直隶达州志》卷3《兵营》，《中国地方志集成·四川府县志辑》，巴蜀书社1992年影印本，第59册，第732—733页。
② 陈庆门纂修，宋名立续纂：乾隆《直隶达州志》卷3《兵营》，第731—732页。
③ 松林、周庆榕修，何远鉴、廖彭龄纂：同治《增修施南府志》卷16《武备志·塘汛》，《中国地方志集成·湖北府县志辑》，凤凰出版社2013年影印本，第55册，第225页。
④ 罗尔纲：《绿营兵志》，第252—257页。
⑤ 严如熤：《规画南巴棚民论》，贺长龄辑：《皇朝经世文编》卷82《兵政十三·山防》，第24页。
⑥ 严如熤辑，张鹏翂继辑：《三省边防备览》卷12《策略》，第29页。
⑦ 严如熤辑，张鹏翂继辑：《三省边防备览》卷12《策略》，第30页。

19

嘉庆朝战时粮饷供给研究

因此，秦巴山区内各州县多是依凭山势而设城垣，或是直接弃而不建，所以并不存在真正意义上的城防建设。可想而知，其所能够提供的军事防御能力，更是无从谈起。

表1-7　　　　　白莲教起义前秦巴山区城防建设概况

省份	地区	城防建设概况	资料来源
陕西省	兴安府	新城尚未完固，旧城并无城垣	《方略》正编卷21，第532页
	洵阳县	因山为城，阻水为池	乾隆《兴安府志》卷4
	留坝厅	向无城池	《方略》正编卷100，第584页
	五郎厅	向无城垣	《方略》正编卷138，第566页
	孝义厅	向无城垣	《方略》正编卷173，第474页
湖北省	保康县	向无城垣	《方略》正编卷3，第186页
	竹山县	向无城垣	《方略》正编卷3，第186页
	郧西县	本无城垣	《方略》正编卷35，第128页
	来凤县	并无城垣	《方略》正编卷3，第186页
	长阳县	本无城垣	《方略》正编卷12，第348页
	归州	本无城垣	《方略》正编卷12，第348页
	巴东县	本无城垣	《方略》正编卷12，第348页
	兴山县	向无城郭	《方略》正编卷45，第331页
	利川县	向无城垣	《方略》正编卷51，第437页
	恩施县	并无城垣	《方略》正编卷42，第284页
四川省	太平县	本无城垣	《方略》正编卷27，第656页
	东乡县	本无城垣	《方略》正编卷29，第12页
	通江县	并无城垣	《方略》正编卷41，第258页
	巴州	并无城垣，仅有土墙一道	《方略》正编卷53，第474页
	仪陇县	城垣低小	《方略》正编卷56，第524页
	长寿县	并无城垣	《方略》正编卷58，第568页

说明：本表主要依据庆桂《钦定剿平三省邪匪方略》（表中简称《方略》，《续修四库全书》，上海古籍出版社2002年影印本，第391—395册），李国麒纂修乾隆《兴安府志》卷4《建置志·城池》整理而成。

第一章　白莲教起义与清军的粮饷需求

乾隆六十年（1795），贵州铜仁府苗民石柳邓起义反清，随后湖南永绥、乾州、保靖及四川酉阳、秀山等地苗民奋起响应。① 清廷为此调兵转饷、筹粮备械，牵连川、鄂、湘、黔、滇、粤、桂七省地区。其中，尤以湖北、四川两省的征调最为频繁，这对本就虚弱不堪的军事防御体系来说，无异于雪上加霜。例如湖北省宜都县此时"存兵共止八十余名"②，当阳县"仅存兵数十名"③，竹山县"存城止有六十余名"④，郧西县则仅有"兵二十余名"⑤。四川省各营官兵大半被派往黔、楚前线，因此存营无几。如达州"存营仅数十名，不敷调遣"⑥，东乡、新宁及太平县等处营兵或"仅数十名"，或已"半调赴湖南苗疆"⑦。陕南地区的征调规模虽然不及湖北和四川两省，但是存营兵额的流失现象亦相当严重，如紫阳县"城小兵单"⑧，白河县"守城不满十人"⑨。汉中协原有营兵720名，而此时竟"存汛仅一百余名"⑩。足见山内防御力量的孱弱空虚。种种迹象表明，苗民起义的爆发吸引了此前清廷对于白莲教活动的注意力，为山内积蓄已久的反抗力量提供了武装暴动的绝佳时机。"至是益仇官思乱，奸民乘机煽惑。于是发难于荆、襄、达州，骏淫于陕西，而乱作也。"⑪ 此时的秦巴山区已然临近崩溃的边缘，只需点点星火，便可成燎原之势。

---

① 魏源：《圣武记》卷7《土司苗瑶回民·乾隆湖贵征苗记》，第314—318页。
② 庆桂：《钦定剿平三省邪匪方略》正编卷1，《续修四库全书》，第391册，第155页。
③ 庆桂：《钦定剿平三省邪匪方略》正编卷1，《续修四库全书》，第391册，第164页。
④ 庆桂：《钦定剿平三省邪匪方略》正编卷9，《续修四库全书》，第391册，第275页。
⑤ 庆桂：《钦定剿平三省邪匪方略》正编卷36，《续修四库全书》，第392册，第157页。
⑥ 庆桂：《钦定剿平三省邪匪方略》正编卷19，《续修四库全书》，第391册，第477页。
⑦ 汪承烈修，邓方达等纂：民国《宣汉县志》卷10《武备志下·历代兵事上编》，《中国地方志集成·四川府县志辑》，巴蜀书社1992年影印本，第61册，第344页；复成修，周绍銮、胡元翔纂：同治《新宁县志》卷5《兵防志·武功》，《中国地方志集成·四川府县志辑》，巴蜀书社1992年影印本，第60册，第738页；刘子敬修，贺维翰纂：民国《万源县志》卷10《史事门·大事》，《中国地方志集成·四川府县志辑》，巴蜀书社1992年影印本，第60册，第579页。
⑧ 庆桂：《钦定剿平三省邪匪方略》正编卷22，《续修四库全书》，第391册，第546页。
⑨ 严一清纂修：嘉庆《白河县志》卷2《建置志·新筑外城记》，《中国地方志集成·陕西府县志辑》，凤凰出版社2007年影印本，第55册，第312页。
⑩ 庆桂：《钦定剿平三省邪匪方略》正编卷28，《续修四库全书》，第391册，第692页。
⑪ 魏源：《圣武记》卷9《教匪·嘉庆川湖陕靖寇记一》，第376页。

21

第二节 起义的经过

显而易见的是，正是由于独特的自然与人文因素，造就了乾、嘉之际秦巴山区繁芜丛杂的社会形势，并最终伴随着各类社会矛盾的激化，导致了白莲教起义的爆发。那么，这场起义的战况究竟是怎样的？具体可以分为哪几个阶段？清廷为平定此次起义调集了多少兵力？其中又有怎样的策略选择？这些都是本节重点关注的问题。

一　嘉庆元年至二年的战况（1796—1797）

嘉庆元年（1796）正月，湖北省荆州府枝江、宜都二县白莲教徒聂杰人、张正谟等率先起事，宜昌府长乐、长阳二县黄庭柱、刘光先、周大用等借机响应，嘉庆帝命湖北巡抚惠龄、荆州将军成德率兵平定。而此时宜昌镇官兵大半派往湖南，"每营存兵不过二、三十名，难以调拨"[①]。惠龄遂与荆州副都统德福面商，先行密拨荆州府驻防满兵300名，并于派防苗疆鹤峰州兵内调回100名以资合剿。[②] 二月，宜昌府东湖县、荆门州所属远安县、当阳县境内亦出现白莲教暴动，首领杨起元、熊道成、陈德本等攻占当阳县城，致楚中震动。尔后，施南府有杨子敖起于小坳，谭贵起于旗鼓寨，并蔓延至四川省酉阳州地方。郧阳府则有曾士兴起于竹山，并攻破竹山、保康二县。[③]

面对急转直下的形势，嘉庆帝急令湖广总督毕沅、湖北巡抚惠龄调兵3000名进剿荆州起义军，又命西安将军恒瑞率领满兵2000名沿郧阳府一线进剿竹山、保康、当阳等处起义军，四川总督孙士毅驻扎酉阳进剿来凤起义军，[④] 并先后调兴汉镇兵1000名、南阳镇兵1000名赴湖北协

[①] 庆桂：《钦定剿平三省邪匪方略》正编卷1，《续修四库全书》，第391册，第154页。
[②] 庆桂：《钦定剿平三省邪匪方略》正编卷1，《续修四库全书》，第391册，第156—157页。
[③] 勒保：《平定教匪纪事》，《清中期五省白莲教起义资料》，江苏人民出版社1982年版，第4册，第142页。
[④] 魏源：《圣武记》卷9《教匪·嘉庆川湖陕靖寇记一》，第376页。

第一章 白莲教起义与清军的粮饷需求

剿。① 三月，姚之富、齐王氏、张汉潮等起于襄阳府黄龙垱，聚众数万人，为各路起义军中势力最强者。嘉庆帝立诏乌鲁木齐都统永保、侍卫舒亮、鄂辉、明亮等至军，复调陕西、广西、山东三省兵共5000名赴楚中会剿。四月，又诏明亮、鄂辉赴襄阳，命直隶提督庆成、山西总兵德龄各以兵2000名会之。② 至此，面对各地起义的不断升级，清廷已初步形成了"多线作战"的围剿策略："责永保、恒瑞以竹山保康之贼，毕沅、舒亮以当阳、远安、东湖之贼，惠龄、富志那以枝江、宜都之贼，鄂辉以襄阳、谷城、均州、光化之贼，四川总督孙士毅以酉阳、来凤之贼。"③

五月，随着清廷大规模兵力的投放，湖北战场的形势发生转变。恒瑞、永保一路，斩曾士兴，克复竹山、保康二县，赴襄阳协剿。孙士毅一路，攻克小坳，首领杨子敖败死，余众遁入旗鼓寨，与谭贵合。④ 而毕沅围当阳数月不下，惠龄剿捕枝江起义军亦无效。⑤ 宜昌府又有林之华、覃加耀起于长阳县之榔坪。⑥ 惠龄遂知会陕甘总督宜绵，于驻商州防御兵内遴派1000名，由兴山前来巴东一带防守。⑦ 汉阳府孝感县亦有楚金贵、鲁惟志等起于胡家砦，其众东距汉阳百余里，武昌戒严。令将军明亮分兵驰救孝感，湖北布政使祖之望奏调江西兵1000名堵剿。⑧ 六月，随着战争双方斗争的加剧，清廷亦认识到此前"各专其责"的剿捕方略已难以适应当下形势："今零星调拨，疲于奔命，似此漫无纪律，何以集事？"遂任命永保总统湖北诸军，以期"事有责成，而镇将等有所禀命，于剿捕可期得力"⑨。时襄阳起义军焚吕堰驿，蔓延豫、楚边界。永保即确立了以襄阳为主攻方向的剿捕策略："襄阳贼数万最猖獗，

---

① 庆桂：《钦定剿平三省邪匪方略》正编卷1，《续修四库全书》，第391册，第165页。
② 魏源：《圣武记》卷9《教匪·嘉庆川湖陕靖寇记一》，第376页。
③ 魏源：《圣武记》卷9《教匪·嘉庆川湖陕靖寇记一》，第376页。
④ 勒保：《平定教匪纪事》，《清中期五省白莲教起义资料》，第4册，第143页。
⑤ 魏源：《圣武记》卷9《教匪·嘉庆川湖陕靖寇记一》，第376页。
⑥ 勒保：《平定教匪纪事》，《清中期五省白莲教起义资料》，第4册，第143页。
⑦ 庆桂：《钦定剿平三省邪匪方略》正编卷10，《续修四库全书》，第391册，第294页。
⑧ 庆桂：《钦定剿平三省邪匪方略》正编卷10，《续修四库全书》，第391册，第309页。
⑨ 《清仁宗实录》卷6，嘉庆元年六月，中华书局1985年影印本，第1册，第123—124页。

23

界连河南，贼首姚之富、齐王氏、刘之协皆在其中，为四方群盗领袖。襄贼破，则群盗自瓦解。宜俟诸军集，合力分攻。"①

七月，湖广总督毕沅斩熊道成、陈德本，克复当阳。明亮亦扫荡胡家砦，汉阳始无恐。②嘉庆帝即命兴汉镇总兵德光领陕西兵1000名、江西、安徽两省兵1000名驰赴长阳，并调湖南苗疆兵两万名抵荆州，交总统永保调度。③时孙士毅病亟，以成都将军观成代之。旋命两江总督福宁权四川总督，总统来凤军务。八月，湖北巡抚惠龄扫荡枝江县灌湾脑，生擒首领张正谟、刘宏铎等，移师槲坪。福宁、观成扫荡旗鼓寨，生擒首领谭贵，与惠龄合剿林之华、覃加耀。④永保、明亮两路大军会攻襄阳起义军于钟祥，但南、北调度失当，致起义军由双沟一带进入河南省境。嘉庆帝无奈调山东、直隶兵4000名，复简健锐、火器营兵2000名前往围剿。⑤

十月，四川省又爆发大规模的白莲教起义。达州徐添德、王登廷等起于亭子铺，东乡县王三槐、冷天禄与张子聪、庹向瑶等起于丰城。⑥新任四川总督英善、成都将军勒礼善急拨川北镇兵及乡勇若干，并调成都兵500名、驻防满兵1000名前赴镇压，又飞咨陕西巡抚秦承恩派兵1000名防御川、陕交界，以防窜匿。⑦十一月，陕西省兴安府又有冯得仕等起于将军山，翁禄玉、林开泰等起于大、小米溪，王可秀、成自智等起于安岭，胡知和、廖明万等起于汝、洞二河。陕甘总督宜绵、陕西巡抚秦承恩即率兵进剿。⑧十二月，四川巴州复有罗其清、苟文明、鲜大川等起于方山坪，通江县则有冉文俦、冉添元等起于王家寨，太平县

---

① 魏源：《圣武记》卷9《教匪·嘉庆川湖陕靖寇记一》，第376页。
② 勒保：《平定教匪纪事》，《清中期五省白莲教起义资料》，第4册，第143页。
③ 庆桂：《钦定剿平三省邪匪方略》正编卷13，《续修四库全书》，第391册，第353、356、378页。
④ 勒保：《平定教匪纪事》，《清中期五省白莲教起义资料》，第4册，第143页。
⑤ 魏源：《圣武记》卷9《教匪·嘉庆川湖陕靖寇记一》，第377页。
⑥ 勒保：《平定教匪纪事》，《清中期五省白莲教起义资料》，第4册，第143页。
⑦ 庆桂：《钦定剿平三省邪匪方略》正编卷19，《续修四库全书》，第391册，第478、481页。
⑧ 勒保：《平定教匪纪事》，《清中期五省白莲教起义资料》，第4册，第144页。

第一章　白莲教起义与清军的粮饷需求

亦有龙绍周、徐万富等起于南津关。① 其时，襄阳起义军已阑入河南省境内，川、陕两省起义军的出现彻底打乱了清廷的战略部署，这无疑宣告了永保"合力分攻，先靖襄阳一路"计划的破产。是年底，嘉庆帝即将其革职问罪，另以惠龄总摄军务。②

嘉庆二年（1797）正月，清廷在湖南苗疆的军事行动结束，嘉庆帝立诏领侍卫内大臣额勒登保以荆州将军兴肇率兵4000名回襄阳，总兵张廷彦率兵2000名赴长阳，另诏都统德楞泰、将军明亮率兵6000名驰赴达州，助剿川、湖、陕三省起义军。③ 其时，冯得仕、翁禄玉等陕西起义军已渐次败亡。四川方面，徐添德、王三槐、冷天禄等虽攻破东乡，但陕甘总督宜绵已于肃清陕省后率兵入川，情势尚能控制。④ 惟姚之富、齐工氏等路襄阳起义军声势最强，且已蔓延豫省，故而成为清廷重点围剿的对象。惠龄于上年接任永保总统军务后，即向嘉庆帝提出新的剿捕策略："襄、邓平衍二千里，无险陋可合围，且贼习地形，必不自趋绝地。惟有严防汉江潜渡，并堰唐河、白河，尽移难民于河西，守岸团练，庶可卫民而蹙贼。"⑤ 显然，其核心思想在于扼守汉江，以防起义军阑入川、陕两省继续扩大声势，并最终实现消灭起义军于河南境内的计划。

襄阳起义军自进入河南省后即化为三路：北路王廷诏，焚叶县保安驿，围官兵于裕州，由河南巡抚景安追剿。西路李全，由信阳转应山、随州，向确山、淅川，由直隶提督庆成追剿。中路姚之富、齐王氏，出南阳，掠嵩县、山阳，由总统惠龄追剿。⑥ 三月，西路起义军进入伏牛山一带，将军兴肇领荆州满兵1700名与惠龄协同追捕。⑦ 四月，襄阳起义军经南召、内乡、卢氏等地进抵陕西省洛南县境，姚之富、齐王氏等亦连兵西上由商州逼近省城西安。嘉庆帝命山西巡抚蒋兆奎派兵2000名

---

① 勒保：《平定教匪纪事》，《清中期五省白莲教起义资料》，第4册，第144页。
② 庆桂：《钦定剿平三省邪匪方略》卷22，《续修四库全书》，第391册，第557页。
③ 魏源：《圣武记》卷9《教匪·嘉庆川湖陕靖寇记二》，第379页。
④ 勒保：《平定教匪纪事》，《清中期五省白莲教起义资料》，第4册，第144页。
⑤ 魏源：《圣武记》卷9《教匪·嘉庆川湖陕靖寇记一》，第378页。
⑥ 魏源：《圣武记》卷9《教匪·嘉庆川湖陕靖寇记二》，第379页。
⑦ 庆桂：《钦定剿平三省邪匪方略》正编卷30，《续修四库全书》，第392册，第20页。

赴商南，新任陕甘总督陆有仁挑派甘肃兵500名驰赴潼、商一带，①并调宁夏、西宁、肃州兵2000名、循化撒拉尔回兵2000名赴西安听候拨用。②是月，陕西巡抚秦承恩奉命陈兵秦岭堵御起义军北进通道，惠龄、庆成等亦由山阳追击。姚之富、齐王氏遂南走镇安，与李全、王廷诏等合掠洵阳、安康，沿汉江北岸直趋汉阴、石泉，于五月间在紫阳县白马石渡过汉江。至此，惠龄所提出的"防汉"计划亦终告失败。嘉庆帝只得任命宜绵接替惠龄总统军务，兼摄川督。③

宜绵自元年末入川后，即攻破太平县南津关，与英善、观成等克复东乡县，进围徐添德、王三槐、冷天禄等于金鹅寺。④这在当时各路征剿无果的情况下，收效十分显著。时达州、东乡两路起义军退踞重石子、香炉坪，通江起义军遁入巴州与罗其清合，大宁县又有陈崇德起于老木园。⑤而襄阳起义军渡过汉江后，复分为三路入川："其两路由通江入巴州，欲合方家坪罗、冉等贼；其一入太平城口，欲合达州、大宁二贼。"有鉴于此，宜绵即向嘉庆帝提出新的剿捕方略："官兵利合不利分，贼利分不利合。且川、楚贼虽同教党，各不同计，三贼必各据一隅，以牵制我。"乃令明亮与德楞泰追剿达州起义军，四川提督穆克登阿追剿通江、东乡及太平城口等处起义军，⑥并调两广兵4000名赴达州助剿。⑦宜绵对于起义军队伍结构的认识是很深刻的，并且意识到了"同教不同计"的关键。但其"分兵追剿"的战略规划又无疑回到了此前永保的老路上。

六月，惠龄、庆成等率兵尾追齐王氏、姚之富等入川，与明亮、德楞泰等分道追逼。襄阳起义军遂合队至东乡，恰逢德楞泰追捕徐添德、

---

① 庆桂：《钦定剿平三省邪匪方略》正编卷33，《续修四库全书》，第392册，第86—87、94—95页。
② 庆桂：《钦定剿平三省邪匪方略》正编卷35，《续修四库全书》，第392册，第140页。
③ 魏源：《圣武记》卷9《教匪·嘉庆川湖陕靖寇记二》，第380—381页。
④ 勒保：《平定教匪纪事》，《清中期五省白莲教起义资料》，第4册，第144页。
⑤ 勒保：《平定教匪纪事》，《清中期五省白莲教起义资料》，第4册，第144—145页。
⑥ 魏源：《圣武记》卷9《教匪·嘉庆川湖陕靖寇记二》，第381页。
⑦ 庆桂：《钦定剿平三省邪匪方略》正编卷35，《续修四库全书》，第392册，第143—144页。

王三槐等四川起义军亦至此地，川、楚两省起义军在东乡县境内会合，"始分屯山冈，延亘三十余里"①。各路起义军商定以青、黄、蓝、白等号为记，并设掌柜、元帅、先锋、总兵、千总等职。四川方面：徐添德部称"达州青号"，王三槐、冷天禄部称"东乡白号"，龙绍周部称"太平黄号"，罗其清部称"巴州白号"，冉文俦部称"通江蓝号"。襄阳方面：齐王氏、姚之富部称"襄阳黄号"，高均德、张添伦部称"襄阳白号"，张汉潮部称"襄阳蓝号"。此外，云阳县新起之"月蓝号"，以林亮功为首，奉节县龚文玉称"线号"②。相较于此前松散、混乱的组织状态，此时起义军的队伍建制已然有了进一步的发展。但正如宜绵所言，川、楚两省起义军虽然源自同教，却有着完全不同的战略诉求。是月底，襄阳起义军除李全、王光祖、樊人杰等留川外，余众沿夔州一带返回湖北，两省起义军并未实现真正意义上的联合作战。③

七月，襄阳起义军由云阳、奉节入楚，焚掠巴东、归州，北趋兴山。明亮、德楞泰率川兵，惠龄与恒瑞、庆成等带楚兵，水陆分追。起义军攻陷兴山后，再次分两队东进："首队齐王氏，约二万余，由兴山、保康趋南漳，以向襄阳；后队王廷诏趋当阳、远安，向荆州。"湖北巡抚汪新立即遣兵，一方面守御房县、保康以卫襄阳，一方面守御东湖、当阳以卫荆州。④ 又奏请侍卫惠伦、蒙古副都统阿哈保以木兰进哨兵100名为先锋，率吉林、黑龙江、索伦兵3000名驰赴襄阳备战。⑤ 并调山西兵2000名、湖南苗疆兵1000名协剿。⑥ 八月，明亮、德楞泰破王廷诏一路于宜昌、远安城外，并扼守荆门以待之。惠龄、庆成等亦败齐王氏一路于南漳。起义军奔袭襄、樊不遂，折回房县、竹山一带，欲引官军入山，趁机渡汉北遁。但河南巡抚景安坐镇樊城，并调直隶、山东兵2500

---

① 魏源：《圣武记》卷9《教匪·嘉庆川湖陕靖寇记二》，第381页。
② 勒保：《平定教匪纪事》，《清中期五省白莲教起义资料》，第4册，145—146页。
③ 魏源：《圣武记》卷9《教匪·嘉庆川湖陕靖寇记二》，第382页。
④ 魏源：《圣武记》卷9《教匪·嘉庆川湖陕靖寇记二》，第382—383页。
⑤ 庆桂：《钦定剿平三省邪匪方略》正编卷44，《续修四库全书》，第392册，第306页。
⑥ 庆桂：《钦定剿平三省邪匪方略》正编卷45，《续修四库全书》，第392册，第324页。

名严防汉江，起义军只得向西，经白河、洵阳进抵陕西兴安府境。①

九月，此前留川的李全一路起义军自巴州与王三槐分党后，即沿通江、太平进入陕西境内，与齐王氏、姚之富相会于兴安府南岸。惠龄、恒瑞及明亮、德楞泰两军追蹑前来，命总兵柯藩率兵1500名助秦承恩守御兴安，以防汉江潜渡。另以惠龄、富成等带兵3000名西追，与明亮夹击起义军于汉江南岸。②十月，襄阳起义军分两路以缀官军。齐王氏、李全一路南出平利，趋大宁，因兵勇扼守鸡心岭，折回镇坪，遭明亮、德楞泰部官军伏击，遁走安康。王廷诏一路由安康北袭兴安，为惠龄阻击于汉南山内，复奔袭紫阳、石泉，由恒瑞率兵4000名至汉中截击。③十一月，明亮、德楞泰再败襄阳起义军于西乡县白勉峡，各首领以"宁、沔以上，汉源愈浅，冬涸可涉"，欲北渡汉江富庶之区。但官军已扼守褒城县各渡口，陈兵宁羌州及沔县沮水市，擒斩数千。④十二月，襄阳起义军因汉中大兵云集不能北道，遂分路诱官军入川，佯向广元与川北起义军会合。明亮、德楞泰等率兵追袭，襄阳起义军则间道折回宁羌，北渡汉中。⑤是年底，领侍卫内大臣额勒登保肃清长阳起义军，斩首领林之华、覃加耀，率兵入陕助剿襄阳起义军。⑥

二 嘉庆三年至五年的战况（1798—1800）

嘉庆三年（1798）正月，襄阳白号高均德部掠城固、洋县，袭五郎，与明亮、德楞泰等战于镇安、商州，引大兵趋东北。黄号齐王氏、李全等由城固、洋县老林出宝鸡、岐山，合攻郿县，掠盩厔，进逼西安，为总兵王文雄所败，东遁商州。⑦三月，明亮、德楞泰连破齐王氏、姚之富于山阳之石河、郧西之甘沟，并进围起义军于郧西县卸花坡，齐王

---

① 庆桂：《钦定剿平三省邪匪方略》正编卷45，《续修四库全书》，第392册，第326页。
② 魏源：《圣武记》卷9《教匪·嘉庆川湖陕靖寇记二》，第384页。
③ 魏源：《圣武记》卷9《教匪·嘉庆川湖陕靖寇记二》，第385页。
④ 魏源：《圣武记》卷9《教匪·嘉庆川湖陕靖寇记二》，第386页。
⑤ 魏源：《圣武记》卷9《教匪·嘉庆川湖陕靖寇记二》，第386页。
⑥ 魏源：《圣武记》卷9《教匪·嘉庆川湖陕靖寇记二》，第390—391页。
⑦ 魏源：《圣武记》卷9《教匪·嘉庆川湖陕靖寇记三》，第392页。

氏、姚之富跳崖死。① 四月，李全、高均德等路起义军合屯于五郎、镇安、山阳一带，明亮率兵2000名赴兴安扼其东，王文雄由郿县、鳌屋各峪扼其北，额勒登保、德楞泰率兵由西南追压，与明亮夹击于军岭川，又追袭于茅坪、褒城一带。起义军再分两路以缀官军："一北出凤县掠两当，为甘肃兵所却，遇明亮军歼诸略阳；一东奔武关，三首逆皆在焉，官军邀其渡洵之路，复折奔宁羌巴山。"时襄阳起义军欲由七盘关入川，德楞泰以步骑7000名赴广元截击，起义军折窜仪陇投奔罗其清、冉文俦。又襄阳蓝号张汉潮部本于三月间窜楚，被官军逼回平利、镇坪一带，即由老林遁走太平。至此，随着襄阳起义军尽数入川，湖北境内的白莲教队伍已基本肃清。其后，各路官军主力均追蹑前来，对于四川省起义军的征剿行动全面展开。②

是年春，四川战场的局势陡然严峻。达州青号徐添德部与东乡白号冷天禄、王三槐部窜袭川北，从大宁趋太平，与太平黄号龙绍周合军。复遣徒众，联络巴州白号罗其清、通江蓝号冉文俦，下方山坪，分袭巴州、达州、东乡等20余地，云阳月蓝号林亮功、奉节线号龚文玉等皆响应。③ 嘉庆帝急诏四川总督勒保接替宜绵总统军务。④ 又调云、贵两省兵1万名入川，听候调遣。⑤ 六月，巴州白号罗其清、通江蓝号冉文俦部袭踞营山县之箕山。襄阳黄号王廷诏、白号高均德、张添伦等亦抵达四川，沿途焚掠，与罗、冉两路会合。额勒登保、德楞泰即领兵回川，协同惠龄围剿。东乡白号工二槐、冷天禄部自丌县与徐添德、林亮功等分路后，窜踞云阳县安乐坪，总统勒保围之，于八月间诱擒王三槐，冷天禄领余众仍踞安乐坪。⑥ 十一月，惠龄与额勒登保、德楞泰率兵攻破箕山，生擒白号首领罗其清于巴州之方山坪，王廷诏、高均德等折窜陕境。次年正月，斩通江蓝号首领冉文俦丁麻坝寨。时襄阳蓝号张汉潮部已从川北

---

① 魏源：《圣武记》卷9《教匪·嘉庆川湖陕靖寇记三》，第393页。
② 魏源：《圣武记》卷9《教匪·嘉庆川湖陕靖寇记三》，第393—394页。
③ 勒保：《平定教匪纪事》，《清中期五省白莲教起义资料》，第4册，第146页。
④ 勒保：《平定教匪纪事》，《清中期五省白莲教起义资料》，第4册，第147页。
⑤ 庆桂：《钦定剿平三省邪匪方略》正编卷66，《续修四库全书》，第393册，第22页。
⑥ 勒保：《平定教匪纪事》，《清中期五省白莲教起义资料》，第4册，第148页。

遁入陕西，由将军明亮负责追剿。①

嘉庆四年（1799）正月，实际在位长达 64 年的乾隆皇帝崩逝，已经训政 3 年的"嗣皇帝"颙琰正式登位亲政，成为大清真正意义上的掌权者。此时前线战场经年累月久不蒇功，致各省官兵调遣已近十数万，饷费开支高达数千万两之多。面对目下赤地千里、疮痍满目的窘境，急需奠定权势法统的嘉庆帝决心重整旗鼓，集中精力以应对白莲教势力的进一步扩张。是月，即以勒保为经略大臣，节制川、陕、甘、楚、豫五省军务；将军明亮、额勒登保均授副都统，为参赞大臣，分路带兵。以河南巡抚倭什布为湖广总督，直隶布政使吴熊光为河南巡抚，户部尚书松筠为陕甘总督，侍卫永保署陕西巡抚。至于川省后路粮饷，则专交副都统福宁经管。② 显然，嘉庆帝此举在于明确勒保统辖和领导各路将兵的权力和地位，以此改变之前"将权不一，互相推诿"的弊病。而对各省督抚司道进行全面调整，不仅可以荡涤旧时官场荫庇、贪腐的污泥浊水，同时，还可以为前线各省间的军需调度工作注入新鲜血液，进而为征剿活动打开一个新的局面。

勒保自授任经略后，旋即踌躇满志地展开了对各路白莲教队伍的围剿计划："臣受任经略，先筹川、陕大局。应督率额勒登保、德楞泰等合剿徐添德、冷天禄二贼为正兵，而以七十五、观成所剿之夔州贼、富成所剿之保宁贼两路为偏师。贼势重在四川，臣应驻梁山、大竹适中之地，调度督率。并檄明亮一路先殄灭张汉潮，以次肃清陕境，免其东窜楚豫。"③ 此外，勒保还采纳合州知州龚景瀚的建议，于川东北地区推行"坚壁清野之法"，继而施行于陕西、湖北，乡民团寨自卫，且耕且守，"即五省数十州县之民，犹有孑遗，不至相率沦胥于贼也，亦赖有此耳"④。可以认为，勒保向嘉庆帝进呈的征剿策略，是充分结合当时各路

---

① 勒保：《平定教匪纪事》，《清中期五省白莲教起义资料》，第 4 册，第 148 页。
② 勒保：《平定教匪纪事》，《清中期五省白莲教起义资料》，第 4 册，第 148—149 页。
③ 魏源：《圣武记》卷 9《教匪·嘉庆川湖陕靖寇记四》，第 401 页。
④ 石香村居士：《戡靖教匪述编》卷 11《杂述·团练》，《清中期五省白莲教起义资料》，第 4 册，第 118 页。

第一章　白莲教起义与清军的粮饷需求

围捕实情所做出的客观判断，并且很快即收获成效。首先，四川战场上，额勒登保于二月围歼云阳月蓝号萧占国、张长更于营山县谭家山。三月，射杀东乡白号冷天禄于广安州人头堰。① 六月，提督朱射斗枪毙月蓝号包正洪于云阳县谢家坝，襄阳黄号王光祖亦为官兵追逼，跌毙于夔州之羊耳山。② 七月，副都统德楞泰先后生擒奉节线号龚文玉、龚其位、卜三聘于大宁、巫山县境。八月，生擒太平黄号龚建于开县火峰寨。③ 其时，川东北各路首领已先后败亡，加之清廷一改此前"除恶务尽"的高压态度，主动宣谕招抚，致使教中人心涣散，势已穷蹙。而达州青号徐添德部为官兵驱击奔溃，率余众窜入湖北省境内。④

陕甘战场上，以襄阳蓝号、白号起义军为主。蓝号张汉潮部正月间被明亮截击于商州，由五郎厅窜至徽县、凤县一带，⑤ 甘肃布政使广厚调督标及固原兵1000名、凉州兵1000名堵截。⑥ 白号高均德部由太平、紫阳趋平利，逼近陕、楚边界，总督倭什布派兵勇严守各隘口，并奏调山西兵3000名助剿。⑦ 而此前游弋于广元、宁羌之间的白号杨开甲部、蓝号张士龙部，于三月向西进攻甘肃阶州。其中，白号杨开甲一路，向宕昌，将军富成追之；蓝号张士龙一路，向良恭、奔宁远，袭巩昌，将军何广厚追之。四月，广厚与富成率兵截击两路起义军于秦州，又追袭至礼县、徽县境内，⑧ 先后调肃州兵1000名、宁夏兵500名、甘州兵1000名分路协剿。⑨ 五月，杨、张两路起义军渡过白水、嘉陵二江，由

---

① 勒保：《平定教匪纪事》，《清中期五省白莲教起义资料》，第4册，第149页。
② 勒保：《平定教匪纪事》，《清中期五省白莲教起义资料》，第4册，第149页。
③ 石香村居士：《戡靖教匪述编》卷4《蜀述》，《清中期五省白莲教起义资料》，第4册，第74—75页。
④ 石香村居士：《戡靖教匪述编》卷4《蜀述》，《清中期五省白莲教起义资料》，第4册，第75页。
⑤ 魏源：《圣武记》卷9《教匪·嘉庆川湖陕靖寇记四》，第403页。
⑥ 庆桂：《钦定剿平三省邪匪方略》正编卷89，《续修四库全书》，第393册，第396、403页。
⑦ 魏源：《圣武记》卷9《教匪·嘉庆川湖陕靖寇记四》，第404—405页。
⑧ 魏源：《圣武记》卷9《教匪·嘉庆川湖陕靖寇记四》，第403页。
⑨ 庆桂：《钦定剿平三省邪匪方略》正编卷96，《续修四库全书》，第393册，第519—520页。

略阳转入川北。① 九月，明亮斩襄阳蓝号张汉潮、詹世爵、李槐、李潮于五郎厅，余党冉学胜等西窜甘肃秦州、巩昌一带。② 十月，德楞泰生擒襄阳白号高均德于镇安县盘头山，其余众高二、马五等亦由陕入甘。③

达州青号徐添德部窜入湖北省境内后，年初勒保所作"免其东窜楚豫"的承诺已无法兑现。是年八月，嘉庆帝改命都统额勒登保为经略大臣，副都统德楞泰、工部尚书那彦成为参赞大臣，协办军务。以吏部尚书魁伦权四川总督，广西巡抚台布调任陕西巡抚。又以副都御史广兴、副都统托津来川，代福宁接办粮饷。④额勒登保甫经接任，便就各路征剿进展向嘉庆帝陈述了意见："臣数载以来，止领一路偏师，今蒙简任经略，当通筹全局。教匪本内地编氓，原当招抚以散其众，然必能剿而后可抚，且必能堵而后可剿。从前湖北教匪多，胁从少；四川教匪少，胁从多。今楚贼尽逼入川，其与川东巫山、大宁接壤者，有界岭之险可扼，是湖北重在堵而不在剿。至川、陕交界，自广元至太平千余里，随处可通，陕攻急则折入川，川攻急则窜入陕，是汉江南北则剿堵并重。川东、川北有嘉陵江以限其西南，余皆崇山峻岭，居民大半依山傍水，向无村落，惩贼焚掠，近俱扼险筑寨，大者数千人，亦数百家，团练守御；而川北形势更便于川东，若能驱各路之贼逼归川北，必可聚而歼旃：是四川重在剿而不在堵。虽贼匪未必肯逼归一处，但使所至俱有堡寨，星罗棋布，而官兵鼓行随其后，遇贼即迎截夹击，所谓以堵为剿，宁不事半功倍？"⑤ 额勒登保出身行伍，又亲身参与了对起义军的征剿行动，因此对于军情关键的洞察是极为通透的。他所提出的"堵""剿""抚"三者并重的原则，更是在充分结合各省实际的前提下逐渐形成的。其中，既肯定了勒保的"坚壁清野之法"，又与清廷目下宣谕招抚的政策相合。嘉庆帝亦十分赞同额勒登保的意见，将胜利的希望寄托在这位新任经略

---

① 魏源：《圣武记》卷9《教匪·嘉庆川湖陕靖寇记四》，第403页。
② 魏源：《圣武记》卷9《教匪·嘉庆川湖陕靖寇记五》，第408页。
③ 石香村居士：《戡靖教匪述编》卷9《陕甘楚豫述》，《清中期五省白莲教起义资料》，第4册，第110页。
④ 勒保：《平定教匪纪事》，《清中期五省白莲教起义资料》，第4册，第149页。
⑤ 魏源：《圣武记》卷9《教匪·嘉庆川湖陕靖寇记五》，第409页。

第一章　白莲教起义与清军的粮饷需求

身上。

嘉庆五年正月，襄阳蓝号冉学胜等，率部于陕西省略阳县境内抢渡白水江，分袭甘肃省秦州、巩昌等处。嘉庆帝诏额勒登保领兵赴甘肃，四川军务交总督魁伦办理。①时通江蓝号冉天元、东乡白号张子聪、奉节线号陈得俸、太平黄号徐万富及达州青号赵麻花、汪瀛等经官军追剿，逃匿大竹县。②而总督魁伦接办军务后，赴任迟缓，致使起义军趁机由定远县之石板沱抢渡嘉陵江，于遂宁、西充、蓬溪等县焚掠，成都、重庆震动。③此前起义军的活动范围集中于川东北，川西、川南等地虽然偶见兵戈，但作为粮饷供给的大后方尚属安宁。而此次起义军进入川西地区，不仅对清廷的围剿策略产生了冲击，亦对后路的粮饷转运造成了影响。是月，川北镇总兵朱射斗战死于西充县高院场，总督魁伦退守潼河。嘉庆帝命参赞大臣德楞泰自陕入川救援，以领队大臣勒保为成都将军赴川协剿。④二月，魁伦奏调贵州兵5000名入川，⑤并拨巴塘、里塘、明正、木坪等处土司兵3600名从征。⑥德楞泰由广元入川，生擒通江蓝号冉天元、奉节线号陈得俸于江油县之马蹄冈。其余党由射洪县太和镇王家嘴抢渡潼河。其后兵分两路：通江蓝号余众窜射洪、西充、盐亭、阆中一路，勒保追之；东乡白号余众窜遂宁、安岳、乐至等县，德楞泰追之。时黄、蓝、青、线四号起义军西窜中江县，直趋成都。勒保即率兵与德楞泰两路夹攻，将各号起义军逼过嘉陵江，潼河两岸肃清。嘉庆帝复授勒保以四川总督兼办粮饷，以德楞泰为成都将军专办川省军务。⑦

四月，襄阳白号高二、马五等由甘肃省阶州、文县一带窜入四川省龙安府境内。总督勒保率兵围剿，进逼高二、马五退回甘境，龙安肃清。

---

① 石香村居士：《戡靖教匪述编》卷10《陕甘楚豫述》，《清中期五省白莲教起义资料》，第4册，第110页。
② 魏源：《圣武记》卷9《教匪·嘉庆川湖陕靖寇记五》，第412页。
③ 勒保：《平定教匪纪事》，《清中期五省白莲教起义资料》，第4册，第150页。
④ 勒保：《平定教匪纪事》，《清中期五省白莲教起义资料》，第4册，第150页。
⑤ 庆桂：《钦定剿平三省邪匪方略》正编卷147，《续修四库全书》，第395册，第12页。
⑥ 庆桂：《钦定剿平三省邪匪方略》正编卷152，《续修四库全书》，第395册，第100页。
⑦ 勒保：《平定教匪纪事》，《清中期五省白莲教起义资料》，第4册，第150页。

旋领兵过嘉陵江东岸，与参赞大臣德楞泰分剿川东、川北两路起义军。①五月，经略大臣额勒登保围歼襄阳白号杨开甲于陕西省洋县之茅坪，又斩黄号首领庞洪胜于汉阴县石板沟。②六月，教首刘之协于河南省叶县落网。嘉庆帝特命刑部侍郎高杞、侍卫兴常驰驿槛送至京，并以御制《邪教说》"但治从逆，不治从教"之旨宣示中外，力求进一步分化起义军队伍。③七月，勒保围歼巴州白号鲜大川于巴州韩家硐。④八月，额勒登保斩襄阳白号宋国富于甘肃省两当县之麻池沟，又斩黄号伍金柱于成县峡沟。⑤九月，勒保与德楞泰斩达州青号赵麻花于云阳县大水田。⑥时至年底，各路起义军半已擒渠，余众经官兵反复剿洗将及殆尽。

三　嘉庆六年至九年的战况（1801—1804）

嘉庆六年（1801），各路起义军迭经官兵围剿，势渐穷蹙。地方州县也普遍施行"坚壁清野"之策，起义军获粮维艰，人心涣散、士气低迷。正月，襄阳黄号樊人杰、太平黄号徐万富、王国贤与通江蓝号冉添泗、王士虎等，率众6000余人由陕西省宁羌州经广元县进入四川省境内，并窜至南部县新郑坝一带。四川总督勒保领兵由达州、营山前往截击，斩徐万富于仪陇县碑湾寺。⑦二月，经略大臣额勒登保生擒襄阳黄号王廷诏于川、陕边界之鞍子沟，参赞大臣德楞泰射杀襄阳白号高二于陕境之野猪坪。三月，额勒登保又生擒襄阳蓝号张什、白号王凌高于陕西省百雄关。⑧五月，德楞泰率兵追击达州青号徐添德部于西乡县两河口，徐添德溺亡，余党王国贤、戴士杰等分窜洵阳、竹山等地。⑨六月，额勒登保奏言："川、楚各贼，除冉、龙、戴、苟、汤、刘等尚自成队，

---

① 勒保：《平定教匪纪事》，《清中期五省白莲教起义资料》，第4册，第150—151页。
② 勒保：《平定教匪纪事》，《清中期五省白莲教起义资料》，第4册，第151页。
③ 魏源：《圣武记》卷10《教匪·嘉庆川湖陕靖寇记六》，第423页。
④ 勒保：《平定教匪纪事》，《清中期五省白莲教起义资料》，第4册，第151页。
⑤ 勒保：《平定教匪纪事》，《清中期五省白莲教起义资料》，第4册，第151页。
⑥ 勒保：《平定教匪纪事》，《清中期五省白莲教起义资料》，第4册，第151页。
⑦ 勒保：《平定教匪纪事》，《清中期五省白莲教起义资料》，第4册，第151页。
⑧ 勒保：《平定教匪纪事》，《清中期五省白莲教起义资料》，第4册，第151—152页。
⑨ 魏源：《圣武记》卷10《教匪·嘉庆川湖陕靖寇记六》，第433页。

第一章 白莲教起义与清军的粮饷需求

其余辛聪、王国贤、张天伦及樊、徐余匪，大率皆官兵剿败之余，延喘山林，有此队入彼队者，有数队合为一队者，无定名亦无定数。目前陕境中已无大队之贼，皆窜匿万山老林寨堡较少之地。陕剿急则入川、楚，楚剿急则入川、陕……至其党与人数，往往彼贼附入此贼，则此贼之数骤增；被剿溃散，则数又骤减，合计不过二万四千余人……而各路兵勇十倍于贼，屡次斩获，自必有减无增，业已逼贼入川，为一举扫荡之计。"① 至此，各路起义军主力已被官军逼入川、楚、陕三省交界的秦巴山区，再无法扩大活动范围，双方的战场形势发生转变。

是年下旬，官军在额勒登保、德楞泰的率领下，向流窜于川、陕边界的起义军发动全面围剿。七月，德楞泰追剿太平黄号龙绍周入川，先后战于太平、开县，歼擒千余计。② 八月，提督杨遇春生擒襄阳白号高三、马五于陕西宁羌州之铁锁关、二郎坝，复生擒通江蓝号冉添泗、王士虎于通江县报晓垭。四川总督勒保亦生擒襄阳蓝号冉学胜于通江县卢家湾。③ 九月，额勒登保生擒襄阳白号辛斗于南江县黑洞沟，于次月又生擒高见奇于陕西省紫阳县之三仙寨。④ 十二月，德楞泰围歼太平黄号龙绍周于陕西省平利县之盘龙山。⑤ 其时，各号起义军首领多已被擒获斩杀，川、陕起义军力量在原有基础上更加分散，"虽总计尚可盈千，而分窜皆不满百"⑥。有鉴于此，嘉庆帝诏令各省督抚筹措善后事宜："现在各股贼匪四散奔逃，伊等分兵追剿，亦只能陆续殄除，势难将零星股贼同时歼洗无遗。即如地方搜捕贼盗，尚偶有兔脱。若因一、二首逆未获，用大兵全力在彼搜剿，何日方为蕆事耶？此时，额勒登保、德楞泰等应通盘筹划，如何办定大局、徐撤大兵。即有一、二遗孽，或归入搜捕余匪善后事宜，或酌留官兵督捕，或责成本省督抚酌添本省兵力

---

① 魏源：《圣武记》卷10《教匪·嘉庆川湖陕靖寇记七》，第437页。
② 魏源：《圣武记》卷10《教匪·嘉庆川湖陕靖寇记七》，第437页。
③ 勒保：《平定教匪纪事》，《清中期五省白莲教起义资料》，第4册，第152页。
④ 勒保：《平定教匪纪事》，《清中期五省白莲教起义资料》，第4册，第152页。
⑤ 石香村居士：《戡靖教匪述编》卷10《陕甘楚豫述》，《清中期五省白莲教起义资料》，第4册，第115页。
⑥ 魏源：《圣武记》卷10《教匪·嘉庆川湖陕靖寇记七》，第439页。

分饬搜剿。惟在额勒登保、德楞泰二人度量情形，据实具奏。一俟奏报大局勘定，即当明降谕旨，酬庸奏凯……所有官兵应撤、应留之处，统俟额勒登保、德楞泰酌量办理。"不难看出，此时的嘉庆帝因急于勘定大局，已开始降低奏报蒇功的标准。虽然他也告诫各省官员："不可因有此旨遂尔草率完事，或致异日复留后患。"但仍然不可避免地对前线战事产生影响。①

嘉庆七年（1802）正月，经略大臣额勒登保生擒襄阳黄号辛聪于南江县之关门子。② 二月，通江蓝号与襄阳黄号余众由南江、广元一带，窜扰白岩山、赵贵河等处。建昌道刘清率乡勇围堵，并生擒李彬、辛文于南江县铁厂坪。③ 三月，陕安镇总兵官田朝贵先后擒斩襄阳白号张添伦、魏学胜、陈国珠于巴州之土地堡、金子寺。④ 四月，四川总督勒保生擒东乡白号庹向瑶于东乡县古佛寺，复生擒达州青号徐添培于太平厅沙罐场。五月，围歼通江蓝号杨步青于通江县猫儿垭。六月，又生擒东乡白号刘朝选，及襄阳黄号伍金元于大宁县界。⑤ 是月，参赞大臣德楞泰率兵追剿襄阳黄号余众于湖北竹山县界，首领樊人杰坠河溺亡。⑥ 七月，勒保率兵围歼太平黄号赖飞陇于云阳，额勒登保亦围歼巴州白号苟文明于陕西省宁陕厅之花石崖。⑦ 八月，德楞泰围歼通江蓝号蒲添宝于湖北省竹溪县之瓦房沟。⑧ 九月，勒保率兵先后生擒东乡白号张简、汤思蛟于东乡县陈家坪、芝包口，云阳月蓝号张长青部率其党投首。尔后，额勒登保、德楞泰两路，先后率兵围剿达州青号、襄阳蓝号与通江蓝号

---

① 庆桂：《钦定剿平三省邪匪方略》正编卷279，《续修四库全书》，第398册，第49页。
② 勒保：《平定教匪纪事》，《清中期五省白莲教起义资料》，第4册，第152页。
③ 石香村居士：《戡靖教匪述编》卷7《蜀述》，《清中期五省白莲教起义资料》，第4册，第96页。
④ 石香村居士：《戡靖教匪述编》卷7《蜀述》，《清中期五省白莲教起义资料》，第4册，第96—97页。
⑤ 勒保：《平定教匪纪事》，《清中期五省白莲教起义资料》，第4册，第152—153页。
⑥ 石香村居士：《戡靖教匪述编》卷10《陕甘楚豫述》，《清中期五省白莲教起义资料》，第4册，第116页。
⑦ 勒保：《平定教匪纪事》，《清中期五省白莲教起义资料》，第4册，第153页。
⑧ 石香村居士：《戡靖教匪述编》卷10《陕甘楚豫述》，《清中期五省白莲教起义资料》，第4册，第116页。

余众于陕、楚交界,勒保亦生擒太平黄号唐明万于大宁县石柱坪。[①] 维时,各路起义军中势力较强者已悉数歼擒,党羽亦均殄灭,仅剩熊翠、曾芝秀、王国贤、崔宗和、胡明远等残余队伍尚流窜藏匿,"或百余人为一起,或数十人为一起,苟延残喘,立见荡除"[②]。因此,额勒登保、德楞泰即于十二月,会同川督勒保、陕督惠龄、湖督吴熊光联衔呈奏,以黄表朱里折六百里驰报"大功勘定"[③]。

第一次奏报"勘定"后,虽然名义上宣告了白莲教起义的结束,但实际上在秦巴山区的腹地,仍然潜伏着零星的起义军队伍,他们散聚无常,随时有可能重新集结。嘉庆帝亦清楚地意识到目下"大病虽愈,疮痍未复"的境况,遂命经略大臣额勒登保屯西乡,扼守川北起义军窜陕之路;参赞大臣德楞泰屯太平、大宁,扼守川东起义军窜楚之路;而四川总督勒保则负责巡查东乡、新宁一带,堵截由川北南窜腹地的起义军;[④] 嘉庆八年(1803)正月,此前一直流窜于汉南地区的宋应伏、苟朝九等再次纠集残余,进占川北通江一带。姚之富之子姚馨佐,亦与冯天保、余佐斌、熊老八等聚众于南江一带。[⑤] 三月,额勒登保率兵追剿苟朝九部至东乡、太平等地。总兵田朝贵擒斩冯天保于开县,余党熊老八、余佐斌等率众遁走太平、东乡老林。五、六月间,田朝贵又擒斩苟朝九余党靳思庆、赵金友、熊老八于太平、大宁。[⑥] 各号首领王国贤、黄国隆、黄朝举、中三亨、王相、胡大年等先后投首。[⑦] 秋七月,额勒登保、德楞泰遂与勒保会军于太平,再次联衔呈奏:"剿捕余匪全竣,三省地方肃清。"[⑧] 嘉庆帝遂诏德楞泰驰驿入京觐见,额勒登保暂驻川省,并察看陕、楚各边隘情形。勒保则屯军绥定,分派镇将留防险要之

---

① 勒保:《平定教匪纪事》,《清中期五省白莲教起义资料》,第4册,第153页。
② 勒保:《平定教匪纪事》,《清中期五省白莲教起义资料》,第4册,第153页。
③ 魏源:《圣武记》卷10《教匪·嘉庆川湖陕靖寇记七》,第445—446页。
④ 魏源:《圣武记》卷10《教匪·嘉庆川湖陕靖寇记八》,第447页。
⑤ 魏源:《圣武记》卷10《教匪·嘉庆川湖陕靖寇记八》,第447页。
⑥ 魏源:《圣武记》卷10《教匪·嘉庆川湖陕靖寇记八》,第447—448页。
⑦ 魏源:《圣武记》卷10《教匪·嘉庆川湖陕靖寇记八》,第447—448页。
⑧ 庆桂:《钦定剿平三省邪匪方略》续编卷16,《续修四库全书》,第400册,第110页。

区，并经理撤兵、裁勇等善后事宜。①

第二次奏报"勘定"后，川、陕边界起义军的残余势力虽已渐次剿灭，但依然无法实现真正意义上的"肃清"。如苟文润、苟朝九、王世贵等教中头目，仍率众奔窜于巴山老林之间，"腾趠如猱，具悉官军号令及老林径路，忽陕忽川，忽聚忽散"。②与此同时，清廷关于"裁勇"问题的失误，亦为起义军的最后抗争添了一把火。先是，各路呈报"大功勘定"，善后事宜次第布置。经略大臣额勒登保即奏请撤回外省满、汉官军，以本省兵力应付剿捕事宜，并将裁撤乡勇提上日程安排。乡勇是清军围剿起义军的重要组成力量，多系临时招募的本省民人。但又因其好勇斗狠，皆为骁桀亡命，遂久为官方所忌惮。其时各营拟定的裁勇章程，"每人以银五钱缴刀矛，银二两资回籍"③，所得费用不足以安身。这些"亡命之徒"本就无家可归、无田可耕，于是铤而走险，遁逃山林加入白莲教队伍。是年下旬，固原提督杨遇春率兵由洋县入山，起义军遂由石泉窜渡西乡，纠集老林余众及通江已散乡勇与官军抗衡，复经安康、太平阑入川境。④嘉庆九年（1804）二月，额勒登保以钦差大臣衔赴陕督军。时参赞大臣德楞泰已围起义军于太平县之百里荒，并同诸路镇将于三月间会攻于竹溪、平利境内，起义军残部被逼入化龙山老林。⑤夏八月，教众赵洪周斩首领苟文润出降，而苟朝九、王世贵等亦于南郑、太平两地落网，余党尽数解散，各路剿捕皆报肃清。⑥是年九月，德楞泰以六百里驰奏《余氛扫荡三省全功告蕆》折。至此，经过三次奏报"勘定"，前后共历时九载，蔓延五省的白莲教起义，以起义军的彻底失败宣告结束。⑦

---

① 勒保：《平定教匪纪事》，《清中期五省白莲教起义资料》，第4册，第154页。
② 魏源：《圣武记》卷10《教匪·嘉庆川湖陕靖寇记八》，第449页。
③ 魏源：《圣武记》卷10《教匪·嘉庆川湖陕靖寇记八》，第449页。
④ 魏源：《圣武记》卷10《教匪·嘉庆川湖陕靖寇记八》，第449页。
⑤ 魏源：《圣武记》卷10《教匪·嘉庆川湖陕靖寇记八》，第450页。
⑥ 魏源：《圣武记》卷10《教匪·嘉庆川湖陕靖寇记八》，第450页。
⑦ 《清仁宗实录》，卷134，嘉庆九年九月，第2册，第821—822页。

第一章　白莲教起义与清军的粮饷需求

第三节　清军的粮饷需求

众所周知，参战部队的数量直接决定了前线粮饷的需求规模。而截至目前，关于在白莲教起义中清廷所征调的各省兵力，在包括官方资料在内的各类历史文献中，对于此问题仍然语焉不详。那么，清廷方面为平定此次起义，究竟向全国各省征调、雇募了多少名官兵、乡勇参战？这是亟待考证的问题。与此同时，粮饷供给的制度设计，亦会对前线的粮饷需求规模产生影响，是同后者紧密相关的内容。故此，本节将重点结合参战清军的兵源、兵数，以及战时的粮饷供给制度，对白莲教起义中清军的粮饷需求规模进行探析。

一　清军的兵源与兵数

关于在白莲教起义中清廷所征调的各省兵力，目前学术界尚未进行过细致考证。而事实上即使在清代的官方文献中，对于参战清军的具体数额也并无准确说明，仅有所谓"各路征调兵勇不下十余万"的说法。[1]部分私家著述，如龚景瀚《澹静斋文钞外篇》尝言："今征调半天下，出征之兵，计其数将十余力。"[2] 魏源《圣武记》亦论曰："嘉庆川楚教匪之役，用兵最久，从无至十万者。"[3] 上述记载彼此间略有差异，且均为概数，并不具备统计学层面上的意义。而目前仍然存世的、有具体数额的记录，分别见于石香村居士《戡靖教匪述编》与阿德雷昂·勒·克莱尔《关于在中国及东印度传教会传教通信新集》两部书。其中，前者记述较为详细："计调火器、健锐两营兵二千名，盛京二千名，东三省五千六百四十八名；直隶、山东、山西、江西、广东、广西、云南、贵

---

[1] 庆桂：《钦定剿平三省邪匪方略》正编卷298，《续修四库全书》，第398册，第333页。
[2] 龚景瀚：《澹静斋文钞外篇》卷1《平贼议》，《清中期五省白莲教起义资料》，第5册，第174页。
[3] 魏源：《圣武记》卷11《武事余记·兵制兵饷》，第470页。

州等省派出征兵五万五千八百六十八名；河南、湖北、陕西、甘肃、四川有贼省分，调战守兵六万一千七百九十四名。共计十一万七千六百六十二名。练勇、乡勇，不在此数。"① 而后者仅言及朝廷派出官兵数量有100万之多，并指出"这个数目绝没有夸大"②。

至此，我们可以认为，虽然已有部分历史文献对于白莲教起义中清军的兵力问题进行过论述。但大多只是处于模糊概括的层面，其具体数额仍然是不清楚的。而后世著述也多是因循旧说，仅有所谓"川、楚之役，竭宇内之兵力而后定之"的评价。③ 考虑到征调兵数直接决定了军队的粮饷需求规模，是同供给、运输息息相关的重要问题。因此，我们将《钦定剿平三省邪匪方略》中历年征调官兵的文献记录进行了统计，并通过对比《戡靖教匪述编》（以下简称《述编》）的相关内容，对白莲教起义中清廷所征调的各省兵力做出估算，见表1-8。

表1-8　　　　　白莲教起义中清廷征调各省兵力统计　　　　　单位：名

省份\年份	嘉庆元年	嘉庆二年	嘉庆三年	嘉庆四年	嘉庆五年	嘉庆六年	合计
直隶	6500	1000	—	2800	2000	—	12300
盛京	—	—	—	2000	—	—	2000
吉林	—	3000	—	1000	500	—	4500
黑龙江	—	—	—	1000	1000	—	2000
安徽	500	—	—	—	—	—	500
山西	2000	2000	2000	3000	7000	—	16000
山东	3000	1500	—	1000	1000	—	6500
河南	1000	—	3000	—	—	—	4000
陕西	9000	4000	—	1000	—	—	14000

---

① 石香村居士：《戡靖教匪述编》卷12《附述》，《清中期五省白莲教起义资料》，第4册，第131页。
② [法] 阿德雷昂·勒·克莱尔：《关于在中国及东印度传教会传教通信新集》卷3，《清中期五省白莲教起义资料》，第5册，第342页。
③ 赵尔巽等撰：《清史稿》卷347《罗思举传》，中华书局1977年点校本，第11208页。

续表

年份 省份	嘉庆元年	嘉庆二年	嘉庆三年	嘉庆四年	嘉庆五年	嘉庆六年	合计
甘肃	3750	4500	—	6100	7800	2000	24150
蒙古	—	—	—	1000	1000	—	2000
江西	1000	—	—	—	2000	—	3000
湖北	3000	—	2000	3500	—	—	8500
湖南	20000	1000	2000	—	2000	1000	26000
四川	1500	1800	—	—	4600	—	7900
广东	—	3000	—	—	3000	—	6000
广西	2000	1000	—	—	2000	1000	6000
云南	—	3000	5000	1902	—	—	9902
贵州	—	—	5000	—	5000	—	10000
合计	53250	25800	19000	24302	36900	6000	165252

资料来源：庆桂：《钦定剿平三省邪匪方略》，《续修四库全书》，第391—397册。

说明：《方略》中部分数据为虚数"余名"，为便于统计仍参照原文录入。

根据表1-8可知，在白莲教起义中，清廷征调各省兵力的时限，介于嘉庆元年（1796）到嘉庆六年（1797）之间，各年的征调变化与当年的战场形势相契合。总体而言，表中所示清廷在6年间共征调兵力165252名，兵源涉及19个省份和地区，已基本涵盖了当时全国近一半的兵力部署。而具体到各省份来看，直隶、安徽、山西、山东、蒙古、江西、湖南、广东、广西、云南、贵州等非涉战省份征调最繁，共派拨兵力98202名，约占到总数的59.4%；河南、陕西、甘肃、湖北、四川等涉战省份次之，共调用兵力58550名，约占到总数的35.4%；而盛京、吉林、黑龙江三省虽然征调最少，但亦投入有兵力8500名，约占到总数的5.1%。相较于《述编》的记载，表中所列兵源的分布更加广泛，在原有16省的基础上，又多出安徽、湖南、蒙古3个省份及地区。并且兵数明显偏高，涉战省份同非涉战省份的征调比例亦不尽相同。然而，应提醒各位注意的是，表1-8所列仅是官方的征调记录，与实际投放战场的兵力不同，事实上存在部分备调、临时撤回等特殊情况，且还统计了川、甘两省土司派拨的兵力。所以，表中数据的突高实质上反映了清廷征调兵数的上限，与私家著述内容的出入当属正常。与此同时，《述编》所载数据目前尚不明晰其史料来源，信度难以得到保证，并且统计口径也很可能与上表存在差异。但即使如此，作为目前仅有的文献记录，《述编》的存在无疑可以为征调兵数的估算提供基准下限。故此，通过综合考虑以上诸项因素，横向比较官方及各类私家著述中的相关内容，并合理控制表中数据可能存在的误差。笔者认为，在白莲教起义中，清廷实际征调各省兵力的总额，应处于12万—15万这一区间较为适宜。

除成规模地征调八旗、绿营等经制兵种外，清廷还于川、楚、陕三省地区大量雇募乡勇部队以佐战力。乡勇之设，始于雍、乾，自福康安平定台湾林爽文暴动，即招募乡勇与官军并用，其后平定湖南、贵州等处苗民起义遂相沿成例。[1] 在此之前，乡勇还仅为临时雇佣的性质，旋募旋散，且数量有限。然而到了嘉庆初年，清廷的主力部队大半派往苗疆，湖北、四川等省因此存在巨大的兵力缺口，短时间内难以应付骤然而至的白莲教队伍，于是招募乡勇的规划便应运而生。所谓"乡勇"，即从本地招募的民壮、丁勇。这些人中不乏无籍之徒和市井无赖之辈，治有恒产者不足十分之二三。平时好勇斗狠，妄图经由承担剿捕任务提升自身的社会地位。[2] 此外，乡勇内部也同样存在着大量无田可耕、穷困潦倒的破产农民，迫于生存压力应募从军。因此，乡勇部队的社会构成实际上是相当复杂的。相较于经制兵，乡勇部队自身独特的本土性优势，使其得以在对内战争中脱颖而出。"官兵远来，或水土不习，道路生疏；乡勇人人土著，何路可通，何隘可守，皆烂熟胸中。"[3] 并且强大的战斗力也是官方部队难以比拟的。从广义上来看，乡勇是所有地方武装力量的统称。但从狭义上来看，根据组织方式与粮饷供给来源的不同，

---

[1] 庆桂：《钦定剿平三省邪匪方略》正编卷323，《续修四库全书》，第399册，第51页。
[2] 严如熤：《乐园文钞》卷6《平定教匪条议》，《清中期五省白莲教起义资料》，第5册，第202页。
[3] 石香村居士：《戡靖教匪述编》卷11《杂述·乡勇》，《清中期五省白莲教起义资料》，第4册，第120页。

第一章 白莲教起义与清军的粮饷需求

又可以具体分为乡勇、团勇两种。前者又称"官勇",是由官方负责招募,平时随营打仗、防守卡隘,并由政府供给粮饷。后者则是由民众自出己资、自捐口粮,修筑堡寨并挑选寨中精壮者组队守御,又称"民勇"。当然,也有部分团勇会参与官军的征剿行动。"无事之时归团自赡,一闻邻封有警,即刻点齐按名支给盐粮,驰赴各要隘堵御,贼退仍即归农。"① 虽然此类团勇同样接受朝廷发给的粮饷,但是相较于官勇经常性地支领粮饷,其在数额上已大为节省。

与各省征调官军数量难以核计的窘境相同,清廷在平定白莲教起义的过程中,所招募乡勇的数额同样杂乱难考。一方面,乡勇不同于经制兵,并没有成熟的册籍管理制度,变化性极大。另一方面,由于对乡勇部队的忌惮,清廷在征剿起义军的同时也在尽可能地裁撤乡勇,这些原因都导致了乡勇数量统计的困难。但是,根据前线督抚、镇将的公文奏折,我们仍然可以从中窥得蛛丝马迹。如嘉庆七年(1802)六月,嘉庆帝命军机大臣传谕四川、陕甘、湖北各省督抚曰:"办理教匪军务将次告竣,所有善后事宜惟安顿乡勇一节为最要,亦惟此事为最难。现已谕令额勒登保趁大兵未撤之先,分别妥办。其愿入伍者听其入伍;愿回本籍者赏给路费,专派晓谕事体文武员弁分投带领,护送回籍。"② 是年七月,德楞泰即将四川地区的裁勇情况向嘉庆帝做出汇报:"是以元、二年间,川省应募者即有三十七万之多,故全川得以保护。陕、楚两省招抚者,谅亦不少。"此时该省乡勇已陆续裁撤三十五六万,各路随征乡勇合计仅有一万七千余名③陕西地区"从前招募乡勇四、五万人"④,经额勒登保先后裁撤,截至嘉庆六年(1801)七月,"合计汉南、汉北防剿乡勇共有二万二千余名"⑤。而湖北省在嘉庆二年(1798)以前即已开报有乡勇366700余人。但嘉庆帝认为这个数字"浮冒显然":"试思嘉

---

① 庆桂:《钦定剿平三省邪匪方略》正编卷126,《续修四库全书》,第394册,第352页。
② 庆桂:《钦定剿平三省邪匪方略》正编卷328,《续修四库全书》,第399册,第122页。
③ 庆桂:《钦定剿平三省邪匪方略》正编卷329,《续修四库全书》,第399册,第132—133页。
④ 庆桂:《钦定剿平三省邪匪方略》续编卷13,《续修四库全书》,第400册,第51页。
⑤ 庆桂:《钦定剿平三省邪匪方略》正编卷328,《续修四库全书》,第399册,第113页。

庆三年以前，湖北邪匪只不过聂人杰、张正谟等数犯首先起事，其裹挟、附从者亦尚有限。若彼时果实有乡勇三十六万余人，加以本省及征调邻省兵数万人势已百倍于贼，又何难立时扑灭净尽？何致贼匪鸱张蔓延滋扰？"① 因此，湖北省的情况应该予以减半计算。综上所述，笔者可以认为，清廷在平定白莲教起义的过程中，向川、楚、陕三省地区招募的乡勇数量，至少应在55万。若再结合经制兵数量，则全部投放战场的兵力已高达70万。

二 清军的战时粮饷供给制度

粮饷是军队作战的必需品，其供给水准的好坏直接决定了战场形势的变化。因此，办理粮饷事宜不仅需要各方统筹协调、源源接济，更有赖于供给制度的紧密配合。诚如孙子所言："凡用兵之法，驰车千驷，革车千乘，带甲十万，千里馈粮。则内外之费，宾客之用，胶漆之材，车甲之奉，日费千金，然后十万之师举矣。"② 清代统治者在继承、发展前代经验的基础上，逐渐完善并形成了独具特色的粮饷供给制度。经制兵无论八旗、绿营，均在平时的月饷、马乾之外，另配有一套战时粮饷制度，以便于用最快的速度将有生力量投入战场，从而推进战争动员的高效率运行。根据乾隆朝后期议准刊发的《钦定户部军需则例》所载，清代士兵的战时粮饷由"出征行装银""出征盐菜银"和"出征口粮"三部分组成，兹将其数额分别统计如下，表1-9。

表1-9 　　　　　　　　　清代官兵战时粮饷数额统计

官兵类别	出征行装银（两）	出征盐菜银（两）	出征口粮（升）
京城满营兵丁	40	1.5	0.83
各省驻防满营马甲兵	20	1.5	0.83

① 《清仁宗实录》卷172，嘉庆十一年十二月，第3册，第246页。
② 中国人民解放军军事科学院战争理论研究部《孙子》注释小组：《孙子兵法新注》，中华书局1977年版，第13页。

第一章 白莲教起义与清军的粮饷需求

续表

官兵类别	出征行装银（两）	出征盐菜银（两）	出征口粮（升）
各省驻防满营炮手、步甲兵	15	1.5	0.83
各处蒙古藩兵	20	1.5	0.83
各省绿营马兵	10	0.9	0.83
各省绿营步、守及新募兵丁	6	0.9	0.83
各处土兵	3	0.9	0.83

资料来源：阿桂、和珅等纂修：《钦定户部军需则例》，《续修四库全书》，上海古籍出版2002年影印本，第857册，第96—105页。

"出征行装银"亦称作"出征俸赏行装银"，发放此银的目的在于资助出征官兵整办衣履器具，兼及赡养家小。一般是由官兵所在省份具体负责，于出征之前一次性给发。如嘉庆元年（1796）九月，山东巡抚伊江阿奉上谕挑派绿营兵2000名赴河南围剿起义军，"其应给俸赏行装等项，即在藩库照数拨银，分委干员驰解各营按例支给"[①]。根据表1-9所示，清代官方发给官兵的"出征行装银"额度，因其身份的不同而存在等级差别。总体来看，八旗官兵的发银额度要明显优于绿营和土兵。其中，八旗内部又以京城满营、各省驻防、蒙古藩兵为序先后分作3个层级，依次给银15—40两。而绿营、土兵的发银额度是3—10两，仅约为八旗军队的1/4。与此同时，八旗、绿营官兵在"出征行装银"的发放方式上也有显著差异。前者主要通过"赏俸"的方式，并且对跟役人员亦给予资助。而后者在"赏俸"之外另有"借支"，如果选择借银，则需在战后分月从兵饷中扣抵，跟役人员均不支给行装银。[②] 如嘉庆七年（1802）十二月，各路征剿事宜渐次底定。官方即于当月对兵饷扣还问题做出指示："所有此次奏凯回营官兵借支银两，著加恩官员分作四年，兵丁分作八年，在应得廉俸、饷银内扣还，以示体恤。"[③] 再者，除照例

[①] 庆桂：《钦定剿平三省邪匪方略》正编卷18，《续修四库全书》，第391册，第469页。
[②] 阿桂、和珅等纂修：《钦定户部军需则例》，《续修四库全书》，第857册，第97—98页。
[③] 庆桂：《钦定剿平三省邪匪方略》正编卷352，《续修四库全书》，第399册，第513页。

"赏俸"和"借支"外，还存在临时加赏"行装银"的情况，但往往有着特殊的原因。如嘉庆二年（1797）四月，由苗疆撤回的4000名两广兵奉调赴四川省围剿起义军。嘉庆帝念"该兵等从征两载，今于凯旋途次折赴四川"，即加恩每名赏给行装银3两，以示体恤。[①]

"出征盐菜银"与"出征口粮"在《钦定户部军需则例》中统称作"盐菜口粮"。与出征前一次性发放的"行装银"不同，"出征盐菜银"与"出征口粮"是在战争期间分别按月、日发给官兵的生活补贴，对应着真正意义上的战时粮饷。"盐菜银"的发放主要用于官兵购买副食以及其他生活用品，因其数额与平时的俸饷定例相差无几，所以一般能够维持出征官兵的战时生活用度。结合表1-9可知，清代官兵的"盐菜银"发放，同样存在着明显的待遇差别，八旗官兵的发银额度在整体上较绿营官兵高出0.6两。但是，这并不意味着"盐菜银"的发放制度总是率由旧章。事实上，根据战争中前线具体形势的复杂变化，清廷对于出征官兵"盐菜银"的发放额度也会有临时加增。如根据《钦定户部军需则例》所载，绿营军队若系口外用兵，则"加给盐菜银四钱，无论本省、别省，统于出边口之日加给，凯旋进边口之日停止，仍照旧例支给盐菜银九钱"[②]。嘉庆五年（1800）四月，因前线各路先后奏报所发饷银"不敷饱食"，遂由经略大臣额勒登保奏请朝廷议准，将绿营官兵额定"盐菜银"遵照"口外用兵例"增至1.3两。[③] 但即使如此，其分例仍显著低于八旗官兵。而"出征口粮"主要作为官兵日食之用，无论八旗、绿营，概以8合3勺支放。其构成以能补给为上，并不局限于某种特定的粮食类别。虽然当时主要以米、面为主，但也有部分因地制宜的情况。如在白莲教起义中，官兵长期奔袭在秦巴山区之内，故而又将包谷等杂

[①] 庆桂：《钦定剿平三省邪匪方略》正编卷35，《续修四库全书》，第392册，第144—145页。

[②] 阿桂、和珅等纂修：《钦定户部军需则例》卷3《盐菜口粮·各省绿营官兵盐菜口粮跟役名数》，《续修四库全书》，第857册，第105页。

[③] 庆桂：《钦定剿平三省邪匪方略》正编卷235，《续修四库全书》，第397册，第98页。

粮添作兵食。① 此外，官方对于"出征口粮"有时也并不是全额支放，会临时根据"米价之贵贱、运道之远近"折银抵发，是谓"折色"，且有"全折""半折"之分。②

功赏和抚恤是在战争期间同粮饷供给问题密切关联的制度设计，可以说是战时粮饷供给制度的特殊内容。因官兵征战必有功过死伤，所以论功行赏、抚恤伤亡在激励士气、稳定军心方面的作用就显得尤为重要。"功赏"即"军功赏"，每遇有重大战役，官兵有表现突出者，视其情形给予赏银议叙。或待大军班师之后，由兵部统一厘定赏格，亦即所谓"凯旋赏"。关于清代对八旗、绿营官兵军功赏赐的制度安排，根据嘉庆朝《钦定中枢政考》所载，主要可以分为"前进军功""水战军功""攻城军功"三类赏格，各自依凭获功人员的身份等级赏赉有差，现将其数额分别统录如下，表1-10、表1-11。

表1-10　　　　　清代八旗军功赏赐数额统计　　　　　单位：两

军功类别		为首人	第二人	第三人	第四人	第五人
前进军功	超众前进	100	80	60	—	—
	随后前进	50	40	30	—	—
水战军功	头等船	250	200	150	100	50
	二等船	200	150	100	50	—
	三等船	150	100	50	—	—
	平常船	80	60	40	—	—
攻城军功	府城	500	350	250	150	100
	州卫城	400	250	150	100	—
	县所城	300	150	100	—	—

资料来源：明亮、纳苏泰等纂修：《钦定中枢政考·八旗》卷20《议功》，《续修四库全书》第853册，第567—572页。

---

① 庆桂：《钦定剿平三省邪匪方略》正编卷98，《续修四库全书》，第393册，第555页。
② 阿桂、和珅等纂修：《钦定户部军需则例》卷8《折价抵支·官兵口粮折价》，《续修四库全书》，第857册，第121页。

表1-11　　　　　　　　　　清代绿营军功赏赐数额统计　　　　　　　单位：两

军功类别		为首人	第二人	第三人	第四人	第五人
前进军功	挺身前进	50	40	30	—	—
	越众冲锋	30	20	—	—	—
水战军功	头等船	100	80	60	40	—
	二等船	80	60	40	—	—
	三等船	60	40	—	—	—
攻城军功	府城	250	200	150	100	50
	州城	200	150	100	50	—
	县卫所城	150	100	50	—	—

资料来源：明亮、纳苏泰等纂修：《钦定中枢政考·绿营》卷21《议功》，《续修四库全书》，上海古籍出版社2002年影印本，第855册，第148—149页。

具体来看，清代八旗官兵的军功赏额较绿营官兵明显优渥有加，并且在给赏人员的指标上也存在偏倚。与此同时，赐予实物的情况也是较为普遍的。如在平定白莲教起义的过程中，嘉庆帝对于前线各路的优奖就较为频繁。所赏物品既包括马褂、带钩、扳指、荷包、鼻烟壶、花翎、火镰包等配饰，亦涵盖牛、羊肉和奶皮等膳食。[①] 但是，这些赐物显然是相对于拥有勋衔的统兵将弁而言的，一般随征兵丁难以享用。实际上，发给后者的更多是银牌、银锞，或是径直加赏一月钱粮，仍主要属于粮饷层面的赏赐。除赏赉银两和实物外，授官、封号也是功赏制度的重要内容。若出征官兵立有战功，即可交由兵部覆实其功绩，议叙注册，或咨吏部授官。八旗官兵议叙军功，因其赏格层级的不同可分为：一等轻车都尉、二等轻车都尉、三等轻车都尉、骑都尉兼云骑尉、骑都尉、云骑尉6等职衔，且皆为世职。[②] 而与之相对的是，绿营官兵仅可议叙参

[①] 庆桂：《钦定剿平三省邪匪方略》正编卷67、155、207，《续修四库全书》，第393、395、396册，第30、161、313页。

[②] 明亮、纳苏泰等纂修：《钦定中枢政考·八旗》卷20《议功·攻城议叙授官》，《续修四库全书》，第853册，第571页。

将、游击、都司、守备、千总5等职衔，所授均为流职。不仅品级较八旗官兵低出很多，俸饷亦相差甚远。①此外，在封号方面，清廷也会为多数立有战功的随征官兵加给"巴图鲁"名号。满洲、蒙古及绿营将弁、兵丁均可循例赏银100两，并每月加给盐菜银3.5—9两。②因此，我们可以认为，清代对于出征官兵的军功赏赐，是囊括了赏银、赐物、授官、封号等多种形式在内的一系列功赏制度。

至于征战官兵的伤亡抚恤，参照实际情形可具体分为："阵亡抚恤""阵伤抚恤"和"残疾抚恤"三类。其中，八旗官兵因其尊崇的身份地位，在伤亡抚恤方面享有丰厚的待遇。不仅抚恤额度较绿营、土兵分别高出2—6倍，并且对于残疾官兵也有专门的制度安排（参见表1—12）。还应该予以指出的是，在关于出征官兵的"阵亡抚恤"方面，清廷统治者除征引通行定例外，也往往存在奉旨"加等议恤""从优议恤"的特殊情况，事实上颇具灵活性。如在白莲教起义中，嘉庆帝就曾对此做出规定："（八旗）兵丁阵亡，奉旨加等议恤、从优议恤者，甲兵照前锋、护军、领催例给银二百两。前锋、护军、领催照七品以下官例给银二百二十两，究非职官，毋庸议给世职。"③"（绿营）兵丁阵亡，奉旨加等议恤、从优议恤者，步兵照马兵例给银七十两，马兵照外委例给银一百两，究非职官，毋庸议给世职。"④与此同时，对于阵亡官兵家眷的优给优养，亦是抚恤制度的重要内容。清代规定，八旗阵亡官兵"如并无子弟、眷口无依，及子弟幼小不能食粮者，每月给与半饷银五钱、米三斗"。直至子弟年满16岁承袭旧职，或眷属亡故方可截支。⑤

---

① 明亮、纳苏泰等纂修：《钦定中枢政考·绿营》卷21《议功·议叙攻城》，《续修四库全书》，第855册，第146—148页。
② 阿桂、和珅等纂修：《钦定户部军需则例》卷9《杂支·军营赏给巴图鲁名号应支分例》，《续修四库全书》，第857册，第124页。
③ 明亮、纳苏泰等纂修：《钦定中枢政考·八旗》卷21《议功·兵丁阵亡从优议恤》，《续修四库全书》，第853册，第594页。
④ 明亮、纳苏泰等纂修：《钦定中枢政考·绿营》卷21《议功·兵丁阵亡从优议恤》，《续修四库全书》，第855册，第165页。
⑤ 阿桂、和坤等纂修：《钦定兵部军需则例》卷3《军功议恤·优恤出征阵亡病故兵丁眷口》，《续修四库全书》，第857册，第142页。

而绿营阵亡官兵,眷口除一次性获得额定恤银外,对于后续赡养问题并无相应规定。① 凡此,均标示着清代抚恤制度的等级差别。

表 1-12　　　　　　清代官兵伤亡抚恤数额统计　　　　　　单位:两

抚恤类别		八旗	绿营	土兵
阵亡抚恤	额定	150	马兵 70;步兵 50	25
	从优	200	马兵 100;步兵 70	—
阵伤抚恤	头等	50	30	15
	二等	40	25	12.5
	三等	30	20	10
	未分等	30	20	10
	炮伤	20	—	—
残疾抚恤	一等	105	—	—
	二等	95	—	—
	三等	85	—	—
	四等	65	—	—

资料来源:明亮、纳苏泰等纂修:《钦定中枢政考·八旗》卷 21《议功》,《续修四库全书》,第 853 册,第 588—597 页;《钦定中枢政考·绿营》卷 21《议功》,《续修四库全书》,第 855 册,第 159—160 页;阿桂、和珅等纂修:《钦定兵部军需则例》卷 5《土司军功议恤·土司阵亡伤亡恤赏》,《续修四库全书》,第 857 册,第 148 页。

相较于官军已臻成熟的粮饷供给制度,清廷对于乡勇的雇价和赏恤安排则显得混乱复杂。雇价方面,因为乡勇本身属于雇佣性质,其来源广泛,有经督抚司道招募者,亦有径赴军营服役随征者。或用于防守地方,或用于前线剿捕。所承担任务不同,雇价自然有别。在白莲教起义初期,各省均招募乡勇,但对于待遇问题却并没有统一的规定。"每一名月给银三两、四两不等,尚有给予安家银两者,需费浩繁,办理未能划一。"直至嘉庆四年(1799)以后,额勒登保简任经略大臣,开始着

---

① 明亮、纳苏泰等纂修:《钦定中枢政考·绿营》卷 21《议功·阵亡恤赏》,《续修四库全书》,第 855 册,第 160 页。

力裁汰各路乡勇并覆定雇价。"每名每月给予盐菜夫价银一两三钱八分,口粮一分。其在地方防守,有由各省督抚司道招募者,每名每月给银三两,令其自行买食,不给口粮。"① 乡勇雇价看似就此确定,实则不然。如嘉庆八年(1803)四月,湖广总督吴熊光即奏称:"陕省军营乡勇,按月给银一两四钱六分,日支口粮米一升。而楚省乡勇,则奏定按月给银二两四钱,不支口粮。"② 到嘉庆九年(1804)六月,又议定将随征乡勇的盐菜夫价银"加给六钱二分,以足二两之数"③。虽然乡勇雇价尚难以覆实,但可以肯定的是,其所得盐菜银、口粮要明显优于绿营分例,甚至接近八旗。也正是由于这个原因,各省百姓往往"乐当乡勇"。是以"招集乡勇较易,而召募兵丁转难。"④ 赏恤方面,嘉庆三年(1798)以前的管理秩序甚为混乱。由于乡勇伤亡无须注册报部,故而可掩败为功。即使取胜,"则后队弁兵又攘以为功,而冲锋陷阵之乡勇反不得与"。因此,各路保奏皆以满兵居多,绿营兵间或有之,"而乡勇见章奏者百无一、二"⑤。其后,清廷方面逐渐对赏恤制度进行完善,各路乡勇由此方才赏给钱粮,抑或补授绿营官职。并且伤亡抚恤的标准也基本上接近绿营:"乡勇随同官兵打仗,杀贼立功,续经打仗阵亡、伤亡者,照步兵例议恤。如并未杀贼立功,及因公差遭遇贼戕害者,照步兵例减半议恤。打仗受伤者,按其受伤等第,照兵丁打仗受伤例减半给赏。立功后病故者,亦照兵丁例减半议恤。"⑥

行文至此,我们已然对清军的战时粮饷供给制度有了清晰的认识。那么,结合此次白莲教起义中清廷所征调、雇募的各省兵勇数量,即可对清军的粮饷需求规模进行估算。官军方面,若以绿营步兵分例为标准,按照12万兵力计算,则其需求规模至少应为:行装银72万两(120000×6)、盐

---

① 庆桂:《钦定剿平三省邪匪方略》续编卷28,《续修四库全书》,第400册,第351页。
② 庆桂:《钦定剿平三省邪匪方略》续编卷10,《续修四库全书》,第399册,第706页。
③ 庆桂:《钦定剿平三省邪匪方略》续编卷28,《续修四库全书》,第400册,第352页。
④ 庆桂:《钦定剿平三省邪匪方略》正编卷169,《续修四库全书》,第395册,第405页。
⑤ 魏源:《圣武记》卷9《教匪·嘉庆川湖陕靖寇记四》,第400页。
⑥ 明亮、纳苏泰等纂修:《钦定中枢政考·绿营》卷21《议功·乡勇民壮恤赏》,《续修四库全书》,第855册,第165页。

菜银1166.4万两（120000×0.9×12×9）、口粮327.186万石（120000×0.83×365×9×0.01）。乡勇方面，雇价若以2两为标准，口粮不计，则其需求规模至少应为：盐菜银1.188亿两（550000×2×12×9）。①由此可知，在嘉庆朝白莲教起义中，参战清军的粮饷需求规模统共应为：军饷1.31184亿两、军粮327.186万石，这同《圣武记》所言"靡饷逾万万金"的说法已经是非常接近的了。②但显而易见的是，上述估计仅参照了随征兵勇数量的下限，同时也并未充分考虑到不同兵种之间的分例差别。所以，清军实际的粮饷需求规模应是更为庞大的。

小　结

嘉庆朝白莲教起义作为清代中期规模最大的农民战争，强烈地撼动了清王朝的封建统治根基。这场起义的爆发，有其特殊的社会背景。在白莲教活动最为频繁的秦巴山区，由于受到明末清初持续的战火摧残，山内人口流失严重，可耕地面积广大。而此时全国人口的迅速增长以及可耕地面积的日益减少，促使清廷方面主动颁布垦殖政策，招徕外省流民进入秦巴山区。外来人口的迁入为秦巴山区提供了充足的劳动力和技术支持，极大地改变了此前山内"地旷赋轻"的状态。农业垦殖借此得以突破热量、降水、地势、高度等自然因素的制约，向高海拔山地不断拓展。此外，伴随着山内人口密度的不断提升，大量剩余劳动力从农业部门中游离出来，受雇于各类手工业工厂，通过出卖廉价劳动力的方式维持着基本生活。时至乾、嘉之际，秦巴山区的移民集聚已渐成规模，由此引发的社会问题，致使山内动荡局势不断加剧。但外省移民的流动性极大，保甲制度难以获得成效。兼之宗族力量的缺失，亦难以为基层社会治理提供帮助。进入山区的外省移民，不仅在物质上无法获得应有

---

① 囿于史料的缺乏，清军在白莲教起义中的功赏和抚恤数额难以统计，因此这里仅考虑了行装银、盐菜银和口粮。

② 魏源：《圣武记》卷9《教匪·嘉庆川湖陕靖寇记一》，第375页。

第一章 白莲教起义与清军的粮饷需求

的保障，同时在精神上也缺乏集体认同和心理慰藉。而白莲教关于未来美好世界的宗教描绘，为这些底层民众赋予了希望，起到了精神安慰的作用。并且互济有无的社会关系，正是身处异乡的外省移民所急需的，因此对他们产生了极大的吸引力。再者，秦巴山区内代表官方力量的军事防御体系也同样羸弱。不仅防守兵力单薄，城防建设更是形同虚设。此时伴随着山内各教派势力的不断壮大，孕育社会动乱的因素也在不断累积。而苗民起义的爆发则吸引了此前清廷对白莲教活动的注意力，激化了山内积蓄已久的社会矛盾，最终导致了起义的爆发。

此次白莲教起义的经过，根据战场形势的发展可以具体分为三个阶段。首先，自嘉庆元年（1796）正月起义爆发至嘉庆二年（1797）十二月额勒登保肃清林之华、覃加耀所部长阳起义军为第一阶段。在这一阶段内，湖北、陕西、四川三省均有白莲教徒率众起事。其中，尤以齐王氏、姚之富等率领的襄阳起义军势力最强，先后于湖北、河南、陕西、四川等数省广大地区间转战奔袭。为此，清廷方面先后任命永保、惠龄、宜绵总统军务，并饬调陕西、河南、直隶、山东、湖南、两广等省官兵前往协剿，采取"多线作战、合力分攻"的征讨策略，但在军事上仍无太大起色。其次，自嘉庆三年（1798）三月齐王氏、姚之富败亡至嘉庆五年（1800）年底勒保肃清川东北起义军为第二阶段。在这一阶段内，由于襄阳起义军的全面失败，其残部投靠川北起义军，清廷方面由此全面展开了对于四川省起义军的征剿行动。且伴随着陇南、陕南、川西、鄂西北战场的开辟，起义达到最高潮。但各路起义军之间并不联络声势，因此难以聚合成统一的武装力量。并且嘉庆帝在亲政后，更换了多名领兵大员，前线官兵的作战能力由此得到大幅度提升。又在各省推行"坚壁清野"之策，严密布防。起义军获粮维艰，疲于奔命，故而很快被逐个击破。至此，双方的军事力量开始发生转变，清军逐渐掌握了战场的主动权。最后，自嘉庆六年（1801）正月至嘉庆九年（1804）九月德楞泰奏报三省肃清为第三阶段。在这一阶段内，各路起义军的主力部队皆已被清军逼入四川、湖北、陕西三省交界的秦巴山区之中，再无法扩大活动范围。清军借此机会，在经略大臣额勒登保的率领下向起义军发动了全面围剿，并且在经过三次奏报勘定后，白莲教残余势力被彻底肃清。前后历时九载，蔓延五省的白莲教起义，最终以起义军方面的失败宣告结束。

清廷方面为平定此次白莲教起义，先后向全国各省征调、招募了大量官兵、乡勇参战。然而关于参战清军的具体数额，清代官方文献与私家著述对此均语焉不详，学术界目前亦尚未进行过细致考证。笔者通过将《钦定剿平三省邪匪方略》中历年征调官兵的记录进行了统计，估算出各省参战八旗、绿营官兵的总额应为12万—15万。就近于湖北、陕西、四川三省招募的乡勇数量，至少应在55万。因此，在白莲教起义中，清廷全部投放战场的兵力已高达70万。粮饷需求方面，参战部队的数量直接决定了前线粮饷的需求规模。清代在继承、发展前代统治经验的基础上，逐渐完善并形成了独具特色的粮饷供给制度。经制兵无论八旗、绿营，均在平时的月饷、马乾之外，另配有一套战时粮饷制度，由"出征行装银""出征盐菜银"和"出征口粮"三部分组成。此外，又以临时性的功赏、抚恤制度作为补充，各按照其身份、等级酌情发给。总体而言，八旗兵对比绿营、土司兵待遇更为丰厚。而相较于官军已臻成熟的粮饷供给制度，清廷方面对于各路乡勇的雇价和赏恤则显得混乱复杂。直至乡勇的管理问题日益严重时，统治阶层方才开始对于乡勇雇价的覆实工作，并且逐渐完善了乡勇的功赏和抚恤制度，使得其战时待遇基本上接近甚或赶超绿营。最后，综合各省参战官兵、乡勇的数量，即可估算出在此次白莲教起义中，清军的粮饷需求至少已达到军饷1.31184亿两、军粮327.186万石的规模，而实际上清军的粮饷需求规模应是更为庞大的。

第二章 白莲教起义中清军的粮饷来源

第一节 军粮来源

"军以粮食为本,兵以奇正为始"①,军粮作为最先派发的战时补贴,主要用于供给官兵、乡勇的日食所需。根据官方文献记载,清军在平定白莲教起义的过程中,其所需军粮的来源,大致可以分为:仓储拨给、市场采买以及截留漕粮、因粮于敌、沿途采食、商人捐献等多种渠道。考虑到各省所受战争影响程度的不同,本节重点结合湖北、陕西、四川三省战场形势的发展,分别就其军粮来源问题予以论述。

一 仓储拨给

(一) 湖北战场的军粮拨给

在白莲教起义中,湖北战场的军粮供给主要由本省及江西、安徽、湖南、四川、河南等省仓厫负责。嘉庆元年(1796)三月,郧阳府竹山、保康二县为起义军曾士兴部攻占,西安将军恒瑞奉命带满兵2000名、兴汉镇兵1000名进剿。但此路粮运因事起仓促,军粮物资皆须即时赶办。遂经湖广总督毕沅与安徽巡抚汪新咨商,"先将银两、军火等项

---

① 诸葛亮:《诸葛亮集》,中华书局2012年点校本,第67页。

要件设法由襄转解郧阳,并饬附近碾用常平仓谷以济兵食"。再札会陕西巡抚秦承恩于兴安一带协济军米5500石运至郧阳府交收,①"以期两路分供,藉资接应"②。而荆州方面,据汪新所奏:"剿匪需用官兵、乡勇、难民口粮米石,经饬附近水次各属酌碾仓谷解荆转运……现在分别派碾总以存四运六为率,庶军行有济而仓贮亦不致全虚。"③显然,在起义初期,各路白莲教暴动还未在湖北省全面展开,情势仍可控制。因此,军粮供给尚能由本省仓储维系。

而随着前线局势日益吃紧,征调官兵数量与日俱增,湖北本省的仓储拨给能力渐形支绌,遂转而寻求外省协济。嘉庆元年(1796)五月,汪新奏言:"窃思濒临水次各州县节次派碾仓谷供支兵米,现计存仓仅止十分之三、四,必应留备缓急之需,未便再行碾拨。"遂请江西巡抚陈淮于界连湖北水次各州县动碾仓米10万石,"以资粜济武、汉二府民食,并接济荆、宜兵勇、难民口食之用"④。陈淮即在采买之余,酌碾仓米3万石于六月中旬委员管押开行。⑤嘉庆二年(1797)二月,因安陆、襄阳等府难民、兵勇需米赈粜,新任湖北巡抚汪新即奏请在安徽、江西两省仓储派拨军粮12万石协济。其中,江西省南昌等28厅县碾米4.97万石、安义县碾米800石、鄱阳等4县碾米9500石,前后共动碾兵米6万石,安徽省亦如数动碾6万石。⑥又嘉庆二年(1797)八月,姚之富、齐王氏等率襄阳起义军自川返楚,惠龄及德楞泰两路官军先后追蹑前来,而额勒登保仍与福宁围剿覃加耀、林之华所部长阳起义军。湖北省内顿增三路大兵,需粮甚繁。汪新遂咨商四川总督宜绵协济兵米3万石,并

---

① 《户部尚书禄康题为遵察陕省军需第三十七案拨运楚川两省军粮用过水陆运脚等项银两数目事》,嘉庆十年十一月三十日,中国第一历史档案馆藏内阁户科题本,档案号:02-01-04-18591-003。
② 庆桂:《钦定剿平三省邪匪方略》正编卷4,《续修四库全书》,第391册,第192页。
③ 庆桂:《钦定剿平三省邪匪方略》正编卷5,《续修四库全书》,第391册,第210—211页。
④ 《安徽巡抚汪新奏为筹拨邻省军粮以济民食军需事》,嘉庆元年五月二十二日,中国第一历史档案馆藏军机处录副奏折,档案号:03-1707-016。
⑤ 《江西巡抚陈淮奏报运楚省米石头运起程日期事》,嘉庆元年六月十三日,中国第一历史档案馆藏军机处录副奏折,档案号:03-1707-019。
⑥ 《江西巡抚张诚基题请核销江西省嘉庆二年将仓谷碾米解楚赈粜用过水脚等项银两事》,嘉庆四年十月十七日,中国第一历史档案馆藏内阁户科题本,档案号:02-01-04-18234-015。

经湖南巡抚姜晟于附近州县动碾仓谷接济。此时四川省军务虽尚未完竣，但夔州地区尚多积米，宜绵即于此项内设法筹拨。① 截至九月，四川省已将3000石兵米运赴宜昌交收，军储暂敷支给。②

嘉庆五年（1800）春，湖北省奉旨协济陕西省3万石军粮，此时湖北省各属仓廒因历年动碾兵米，多未买补还仓。如湖广总督姜晟即奏言："臣复查湖北省按月支放留防兵勇口粮，并现在军营需粮孔多，此项碾济陕省仓谷若得秋成买备，恐致本省储备不敷。"③ 是年六月，据湖南巡抚祖之望所奏："窃照湖北襄、郧一带窜匪滋扰，闻已连得胜仗……不日即可悉数歼除。惟两粤官兵云集，需用口粮必多。虽楚北汉口、沙市为水贩聚集之区，湖南水次米石运赴售卖者络绎不绝，究恐不能充裕，若同时采买兵粮，市价增昂有妨民食。"此前湖南省乾州、永绥、凤凰三厅筹备有留防兵勇口粮2万余石，祖之望即咨会姜晟于此项内碾拨兵米1万石解赴湖北接济。④ 时至嘉庆五年（1800）十二月，各路起义军已先后被官兵逼入陕、楚交界，湖北省襄、郧一带边防甚严，但目下兵勇所需军粮再显穷蹙。据时任湖广总督书麟奏称："查襄阳军需局应贮兵米已于十一月内运解无存，续经藩司拨运荆门等处三千余石及奉旨截留漕米六万石，均尚未解到。因思军粮为官兵日食急需，必应宽为储备，庶源源接济无虞匮乏。"其时江西省有拨运陕西省10万石仓米，书麟即奏请于第五批仓米2万石内截留1万石以备拨用。⑤ 又因郧阳地区存粮无多，而下游已运之米到襄尚须换载，恐难接济。经新任总督倭什布派碾襄阳县仓谷，"水陆并运以期源源接济，现在陆续赶运无误"⑥。

时至嘉庆六年（1801）五月，湖北战场的军粮供应形势已渐趋充

---

① 庆桂：《钦定剿平三省邪匪方略》正编卷48，《续修四库全书》，第392册，第378页。
② 庆桂：《钦定剿平三省邪匪方略》正编卷50，《续修四库全书》，第392册，第428—429页。
③ 庆桂：《钦定剿平三省邪匪方略》正编卷174，《续修四库全书》，第395册，第492—493页。
④ 《湖南巡抚祖之望奏为拨协湖北军粮事》，嘉庆五年六月初二日，中国第一历史档案馆藏宫中档朱批奏折，档案号：04-01-01-0478-006。
⑤ 庆桂：《钦定剿平三省邪匪方略》正编卷224，《续修四库全书》，第396册，第573页。
⑥ 庆桂：《钦定剿平三省邪匪方略》正编卷226，《续修四库全书》，第396册，第600页。

盈。据湖广总督倭什布奏称:"各州县解到襄、郧二郡军米,截至三月底止,已收三万一千六十余石。俱经设立台站陆续转解二竹、房、保四县存贮,分解各营供支……其余军米二万八千六百余石,亦于四月初旬衔尾抵襄。自办军需以来,后路粮运未有此次之充裕也。"① 是年下旬,参赞大臣德楞泰率军追剿徐添德部进入陕西省白河、旬阳县境内,湖北省军粮拨给亦随之告结,赈祟等善后事宜次第布置。而嘉庆七年(1802)八月,德楞泰复率官兵入楚,围捕起义军残部,军粮需求又有加增。据湖北巡抚全保所奏:"现在大兵云集,需米甚多……军营支用浩大,省城为各营后路,既无储备,而各属仓谷节次动拨已多,又有水旱不齐之处,应须留备缓急,不必再行碾用,现在军米一项不得不藉邻省协济。"于是咨会安徽巡抚王汝璧,在附近水次州县内酌碾兵米10万石解楚存贮。② 但安徽省此时恰逢旱灾,仅能派碾仓米6万石,"难期拨运如数"③。遂经新任湖广总督吴熊光奏请,再于湖南、河南二省分别酌碾大米3万石并小米2万石运赴襄阳兑收。④ 是月,河南巡抚马慧裕回奏:"查豫省南阳府距襄阳最近,其所属州县仓储充裕,应即分别碾拨较为妥速。"于是分派南阳府碾米3000石、唐县碾米3000石、镇平县碾米1000石、南召县碾米1500石、邓县碾米3000石、内乡县碾米2000石、新野县碾米3000石、淅川县碾米2000石、舞阳县碾米1500石,以上9县共碾小米2万石,统交南阳府知府马维驭通行起运。⑤ 再同年十一月,全保又因"湖北各属偶遇偏灾,江夏等州县缓征漕南等米共五万六千三百有零,恐来岁兵米不敷",恭请将该省本年应解漕粮截留拨运。但嘉庆帝以"漕粮为天庾正供,每年额运到通预备一切支放,经费有

---

① 庆桂:《钦定剿平三省邪匪方略》正编卷254,《续修四库全书》,第397册,第402页。
② 庆桂:《钦定剿平三省邪匪方略》正编卷331,《续修四库全书》,第399册,第148—149页。
③ 《安徽巡抚王汝璧奏为碾运楚省兵米委员起解事》,嘉庆七年八月初十日,中国第一历史档案馆藏军机处录副奏折,档案号:03-1712-028。
④ 庆桂:《钦定剿平三省邪匪方略》正编卷331,《续修四库全书》,第399册,第162—163页。
⑤ 《河南巡抚马慧裕奏为酌筹动碾南阳府属仓谷就近协济湖北军粮事》,嘉庆七年八月十九日,中国第一历史档案馆藏军机处录副奏折,档案号:03-1814-032。

常,岂容稍有短缺?"为由回绝了全保。而将来岁不敷兵米5.6349万石,饬令仍在湖北本省常平仓贮内如数动碾。①

(二) 陕西战场的军粮拨给

陕西战场的军粮供给主要来自本省及湖北、江西、湖南、山西、四川、河南等省仓储。嘉庆二年(1797)四月,襄阳起义军经河南省内乡、卢氏等地进入陕西省洛南县境,连兵西上由商州逼近省城西安。河南巡抚景安将豫省军粮就近委员运交商南县,飞咨陕西巡抚秦承恩接办粮务。②其时,陕西战场的军粮供给主要由省城仓储派拨,据秦承恩所奏:"窃思惠龄等带领大兵先由商、洛分路入陕,军火、粮饷俱自西安省城由商州、孝义两路分设台站挨次滚送……至兴安府属之汉阴厅地方,贼匪会合,先后西窜,距西安较远。是以另由西安府安设总台,一由紫阳,一由汉中,俱汇聚西乡分运。"③这样的粮运状况一直持续到嘉庆三年(1798)五月,据秦承恩奏言:"汉中、兴安、商州及西安、凤翔迤南各属,贼过之后小民耕作久荒,粮价有增无减。其附近被贼各属常、社仓粮动碾过多,自应亟为筹补。"此时仓廒派碾虽已显支绌,但因"陕省连岁丰登,本年未经被贼之处夏收均属上稔",官方遂继续选择依赖本省仓储,而并未求诸它省。④可以想见,在起义初期,本省仓储拨给仍是陕西战场军粮供应的主要渠道。

嘉庆五年(1800)四月,经略大臣额勒登保、参赞大臣那彦成先后来陕,会剿襄阳起义军余部。此时陕西省大兵云集,本省仓储已难以维系。据陕西巡抚台布所奏:"查军营粮石向系米面兼放,现届夏令,山内雾雨湿蒸,面石易致霉变,兵丁往往告支大米。陕省本非产米之区,加以用兵五年,常平额贮及民间盖藏动碾采买几遍,若责成本地州县采

---

① 中国第一历史档案馆编:《嘉庆道光两朝上谕档》,广西师范大学出版社2000年影印本,第7册,第422—423页。
② 庆桂:《钦定剿平三省邪匪方略》正编卷34,《续修四库全书》,第392册,第115页。
③ 庆桂:《钦定剿平三省邪匪方略》正编卷41,《续修四库全书》,第392册,第268页。
④ 庆桂:《钦定剿平三省邪匪方略》正编卷72,《续修四库全书》,第393册,第126—127页。

买，恐致妨民食。"台布曾于三月间咨商郧阳府知府王正常代办兵米3000石，但其时郧阳地区亦产米无多，遂经湖广总督姜晟批准，先由郧阳府采买兵米并饬襄阳军需局筹拨储米1000石以资接济。是月，巡抚台布再次奏请在湖北省州县仓储内酌派米粮，"多则二万石，少则一万石"①。闰四月，姜晟接准咨会，拟在襄阳、京山、钟祥、安陆等35州县仓储内碾米1万石，委员运至兴安府交收。②再本年六月，陕省起义军奔窜西南，大兵前往剿办，巡抚台布亦奉诏驻扎兴安督办后路粮运。目下军务尚未告竣，各路需粮甚多，"经略额勒登保一路官兵共一万四千八百余员名，每日需米约二百余石。合之恒瑞、长麟、王文雄、额勒亨额、和兴额、观祥、刘之仁、庆溥、扎勒杭阿、长春、汪启、索费英阿等各路官兵一月统计约需米一万数千石"。此时各属州县大米业已搜罗殆尽，湖北省协济米1万石仅敷各省官兵凯旋之用，台布乃奏请在江西附近水次州县内动碾仓米10万石。③江西巡抚张诚基遂奉旨于南昌、新建、清江、庐陵、南城等32县如数动碾，先后分作5批运抵陕西省兑收。④

截至嘉庆六年（1801）正月，汉中、兴安两府额贮仓谷30余万石，"自军兴以来节次借支兵食、抚恤难民，业已处处告匮"。而江西省协济军粮陆续运抵兴安府6万石，如今已动用过半。其余兵米除湖北省截留1万石外，尚有3万石未运到。此时各路兵勇汇聚陕省，"统计领粮者不下八万余人，每月约需粮二万数千石"。倘若无法筹划周全，"必致临时掣肘，所关实非浅显"。言念及此，陕西巡抚陆有仁乃奏请于湖南附近水次州县碾备仓米15万石，以资兵食。⑤是年二月，湖南巡抚祖之望先于漕粮15.288万余石内截留8万石，并在长沙、衡州、岳州、常德、澧

---

① 庆桂：《钦定剿平三省邪匪方略》正编卷166，《续修四库全书》，第395册，第354页。
② 庆桂：《钦定剿平三省邪匪方略》正编卷174，《续修四库全书》，第395册，第492页。
③ 庆桂：《钦定剿平三省邪匪方略》正编卷184，《续修四库全书》，第395册，第644页。
④ 《大学士管理户部事务禄康题为遵察赣省补运陕省嘉庆五年碾运军米用过水脚银两复核驳回事》，嘉庆十二年十二月初五日，中国第一历史档案馆藏内阁户科题本，档案号：02-01-04-18757-025。
⑤ 庆桂：《钦定剿平三省邪匪方略》正编卷233，《续修四库全书》，第397册，第60—62页。

州等属仓储内分派动碾兵米7万石，委员由水路分起解送兴安。① 但此项军粮到陕尚需时日，"其间必须预筹接续"②。且又因衡州地区猝遭水灾，各属应拨碾米3.5万石暂缓起运，衡阳、清泉、衡山、耒阳等县兵米4000石亦为湖南省截留备用。③ 遂经陆有仁咨会山西巡抚伯麟设法筹拨。而伯麟因晋省仓储俱系粟谷，并无小麦，"且附省各州县距陕陆路千有余里，更未便长途转运致多靡费"，只得于平阳、蒲州两府及解州、绛州两州所属常平仓内照"一谷六米"之例，共碾米8万石，运抵西安府咸宁县境。④

嘉庆七年（1802）二月，额勒登保复率兵由川入陕，陕西省骤添两路大兵，需粮更多。陆有仁再次咨会江西巡抚张诚基，请于江西省所属州县仓储内动碾兵米8万石，照例解送兴安。⑤ 又致信四川总督勒保，请拨"大米一、二万石"运贮宁羌以资协济。此时川省连年用兵，川东、川北已无存谷，唯川西、川南尚属完善。勒保即于近水州县内派碾仓米1万石，装船运赴重庆，沿嘉陵江溯流而上，经保宁转运朝天关抵陕境。⑥ 时至嘉庆八年（1803），各路白莲教势力已剿捕殆尽，陕西省善后事宜次第展开。但搜捕兵勇短时间内难以撤防，所需军粮应宽为预备。三月，嘉庆帝传谕河南巡抚马慧裕，筹拨若干小米、麦石接济陕省。⑦ 是月，马慧裕饬令陕州碾米1.2万石、灵宝县碾米1万石、阌乡县碾米8000石、巩县碾米6000石、偃师县碾米6000石、洛阳县碾米8000石，以上共碾米5万石，分作5起运赴潼关厅交收。⑧ 嘉庆九年（1804）二

---

① 《暂署湖南巡抚祖之望奏为筹拨陕省军粮委员分起趱运事》，嘉庆六年二月初四日，中国第一历史档案馆藏军机处录副奏折，档案号：03-1711-054。
② 庆桂：《钦定剿平三省邪匪方略》正编卷233，《续修四库全书》，第397册，第62页。
③ 《湖南巡抚马慧裕奏为奉拨陕省暂为截存四千石以为接济事》，嘉庆六年五月三十日，中国第一历史档案馆藏军机处录副奏折，档案号：03-1744-015。
④ 《山西巡抚伯麟奏为筹拨陕省兵粮事》，嘉庆六年二月十二日，中国第一历史档案馆藏宫中档朱批奏折，档案号：04-01-03-0140-004。
⑤ 《陕西巡抚陆有仁奏请于江西碾米运陕以裕兵食予备善后应用事》，嘉庆七年二月十三日，中国第一历史档案馆藏军机处录副奏折，档案号：03-1712-005。
⑥ 庆桂：《钦定剿平三省邪匪方略》正编卷313，《续修四库全书》，第398册，第566页。
⑦ 庆桂：《钦定剿平三省邪匪方略》续编卷8，《续修四库全书》，第399册，第664页。
⑧ 庆桂：《钦定剿平三省邪匪方略》续编卷9，《续修四库全书》，第399册，第678页。

月，陕西巡抚方维甸又奏请于山西省仓储内协济兵米若干。① 山西巡抚伯麟即参照前例，筹拨平阳、蒲州、解州、绛州各府州县常平仓米 3 万石。②

(三) 四川战场的军粮拨给

与湖北、陕西两省情况不同，四川战场的军粮供给有很大一部分来自本省仓储，间或涉及陕西、甘肃两省协济。嘉庆二年（1797）春，陕甘总督宜绵率师入川围剿起义军。与陕西巡抚秦承恩商酌，由陕省代办米 1 万石，经紫阳、西乡两路运至太平。③ 而川省方面，军粮供给由达州所属仓储碾备。据四川总督英善所奏："查陕、甘官兵由太平至东乡，而苗疆之川、滇凯旋队丁亦皆撤来剿贼。军营骤添多兵，一切粮饷、军火需用较繁，不得不宽为筹办……附近达州各州县仓谷将次碾完，此时派碾谷石不得不由近及远。查自军兴以来，陆续派令各州县碾过谷三十余万石。"④ 六月，惠龄等追捕襄阳起义军由陕入川，"各省官兵云集，加以乡勇、夫役，日需口粮约数百石"。秦承恩恐川省骤难备供，又代办兵米 6000 石。宜绵亦札会秦承恩于此项外再办军粮 1 万石，仍照例运赴太平支用。⑤ 七月，姚之富、齐王氏率襄阳起义军由夔州一路还楚，云阳、奉节等地又有起义军响应。四川布政使林俊已先动碾兵米 3 万石，运交重庆、夔州两府备拨。十一月，复派碾常平仓米 5 万石，并于成都附近社仓内先后加派米 10 万石，分运达州、夔州。再罗其清、冉文俦率四川起义军窜扰巴州、通江一带，亦经林俊碾拨兵米 1 万石赶运保宁接济。⑥

时至嘉庆三年（1798），襄阳起义军因官兵连日追捕，再次分道由

---

① 《陕西巡抚方维甸奏为酌筹买拨粮石以裕兵食事》，嘉庆九年二月二十九日，中国第一历史档案馆藏宫中档朱批奏折，档案号：04-01-03-0142-033。

② 《山西巡抚伯麟奏为遵旨如数拨运陕省兵米事》，嘉庆九年三月十三日，中国第一历史档案馆藏宫中档朱批奏折，档案号：04-01-03-0142-004。

③ 庆桂：《钦定剿平三省邪匪方略》正编卷42，《续修四库全书》，第392册，第282—283页。

④ 庆桂：《钦定剿平三省邪匪方略》正编卷35，《续修四库全书》，第392册，第136页。

⑤ 庆桂：《钦定剿平三省邪匪方略》正编卷42，《续修四库全书》，第392册，第283页。

⑥ 《四川布政使林俊奏为复奏办理军需军粮情形事》，嘉庆二年十月初十日，中国第一历史档案馆藏军机处录副奏折，档案号：03-1708-042。

陕入川，与川东北起义军合队。此时大兵云集川省，云南、贵州兵1万余名已奉诏前来，军粮供给略显仓促。据英善奏称："查川省额贮常平等谷二百八十二万七千七百余石，除苗疆军需碾运过四十二万六千三百七十余石不计外，自达州军兴起至本年三月止，共碾过谷一百七十四万三千五百余石。现在存谷如宁远、龙安、雅州、茂州，道路弯远不能派碾，其夔州、保宁、顺庆等处，或当贼冲或被贼扰，剩谷无多，难以派碾。"五月，即经英善、福宁联衔奏请，饬令湖南巡抚姜晟协济兵米若干，并在甘肃省秦州、成县、西和、礼县、徽县5处州县仓储内，动拨小麦10万石，由略阳经水路直运广元交收。① 此项军粮已于六月底先将首批1.6万余石运抵川境，剩余麦石因两当、略阳一带又有起义军滋扰，暂行停运。② 七月，布政使林俊即于成都、绵州所属州县内，再碾派兵米5万石分运各营。③

嘉庆四年（1799）三月，经略大臣勒保督同参赞大臣额勒登保、德楞泰等于川东大竹、临水、渠县、达州等处围捕起义军，副都统观成、统领七十五等亦在夔州协剿。布政使林俊即先碾拨兵米5万石，由顺庆、保宁接济川东。并饬四川按察使先福，在附近水次各州县碾米5万石，经重庆运解夔州军营。④ 八月，又加派仓米5万石，分运各路台站转输。⑤ 嘉庆五年（1800）三月，冉天元、张子聪等率川省起义军抢渡嘉陵江，扰及川西地区。参赞大臣德楞泰由昭化、剑州一路驰往截击，军粮由省城、潼川、重庆一带拨运。⑥ 而四川总督魁伦一路，已由先福"就近檄饬各州县作速预为碾就，俟军行何处即运送供支，无虞缺乏"⑦。

---

① 庆桂：《钦定剿平三省邪匪方略》正编卷72，《续修四库全书》，第393册，第122页。
② 庆桂：《钦定剿平三省邪匪方略》正编卷74，《续修四库全书》，第393册，第159、170页。
③ 《四川布政使林俊奏为酌补粮石并军需情形事》，嘉庆三年七月初六日，中国第一历史档案馆藏军机处录副奏折，档案号：03-1709-026。
④ 《四川布政使林俊奏为筹办军粮军火事宜事》，嘉庆四年三月初七日，中国第一历史档案馆藏宫中档朱批奏折，档案号：04-01-03-0139-004。
⑤ 庆桂：《钦定剿平三省邪匪方略》正编卷113，《续修四库全书》，第394册，第140页。
⑥ 庆桂：《钦定剿平三省邪匪方略》正编卷157，《续修四库全书》，第395册，第210页。
⑦ 庆桂：《钦定剿平三省邪匪方略》正编卷153，《续修四库全书》，第395册，第124页。

到嘉庆六年（1801）以后，四川省内起义军经官兵剿洗，仅局促于川东夔州、达州一带。二月，四川布政使杨揆奏言："所有军粮一项，除于十一月内续碾仓谷六万石分运各路，计刻下尚有盈余，惟站长道远，必须宽为筹备。是以臣复会同臬司董教增于嘉定、叙州、重庆、眉州、泸州、资州各府州所属派碾仓谷十万石，运至重庆转运夔、达两路以资分拨。"① 嘉庆七年（1802）八月，杨揆又于嘉定、重庆、眉州各府州县动碾仓谷2万石，由水路赶运夔州以资兵食。②

表2-1　　　　　白莲教起义中各省仓储拨给军粮数额　　　　　单位：万石

时间	拨出省份	拨入省份	数额	资料来源
嘉庆元年	陕西省	湖北省	0.55	《户部尚书禄康题为遵察陕省军需第三十七案拨运楚川两省军粮用过水陆运脚等项银两数目事》，嘉庆十年十一月三十日，中国第一历史档案馆藏内阁户科题本，档案号：02-01-04-18591-003
嘉庆元年	江西省	湖北省	3	《江西巡抚陈淮奏报运楚省米石头运起程日期事》，嘉庆元年六月十三日，中国第一历史档案馆藏军机处录副奏折，档案号：03-1707-019
嘉庆二年	江西、安徽	湖北省	12	《江西巡抚张诚基题请核销江西省嘉庆二年将仓谷碾米解楚赈粜用过水脚等项银两事》，嘉庆四年十月十七日，中国第一历史档案馆藏内阁户科题本，档案号：02-01-04-18234-015
嘉庆二年	陕西省	四川省	1	庆桂：《钦定剿平三省邪匪方略》正编卷42，《续修四库全书》，第392册，第282—283页
嘉庆二年	陕西省	四川省	1.6	庆桂：《钦定剿平三省邪匪方略》正编卷42，《续修四库全书》，第392册，第283页
嘉庆二年	四川省	湖北省	3	庆桂：《钦定剿平三省邪匪方略》正编卷48，《续修四库全书》，第392册，第378页
嘉庆二年	四川省	四川省	19	《四川布政使林俊奏为复奏办理军需军粮情形事》，嘉庆二年十月初十日，中国第一历史档案馆藏军机处录副奏折，档案号：03-1708-042

---

① 庆桂：《钦定剿平三省邪匪方略》正编卷237，《续修四库全书》，第397册，第138页。
② 庆桂：《钦定剿平三省邪匪方略》正编卷335，《续修四库全书》，第399册，第220页。

第二章 白莲教起义中清军的粮饷来源

续表

时间	拨出省份	拨入省份	数额	资料来源
嘉庆三年	四川省	四川省	稻谷174.35	庆桂：《钦定剿平三省邪匪方略》正编卷72，《续修四库全书》，第393册，第122页
嘉庆三年	甘肃省	四川省	小麦10	庆桂：《钦定剿平三省邪匪方略》正编卷72，《续修四库全书》，第393册，第122页
嘉庆三年	四川省	四川省	5	《四川布政使林俊奏为酌补粮石并军需情形事》，嘉庆三年七月初六日，中国第一历史档案馆藏军机处录副奏折，档案号：03-1709-026
嘉庆四年	四川省	四川省	10	《四川布政使林俊奏为筹办军粮军火事宜事》，嘉庆四年三月初七日，中国第一历史档案馆藏宫中档朱批奏折，档案号：04-01-03-0139-004
嘉庆四年	四川省	四川省	5	庆桂：《钦定剿平三省邪匪方略》正编卷113，《续修四库全书》，第394册，第140页
嘉庆五年	湖北省	陕西省	1.1	庆桂：《钦定剿平三省邪匪方略》正编卷174，《续修四库全书》，第395册，第492页
嘉庆五年	江西省	陕西省	10	《大学士管理户部事务禄康题为遵察赣省补运陕省嘉庆五年碾运军米用过水脚银两复核驳回事》，嘉庆十二年十二月初五日，中国第一历史档案馆藏内阁户科题本，档案号：02-01-04-18757-025
嘉庆五年	湖南省	湖北省	1	《湖南巡抚祖之望奏为拨协湖北军粮事》，嘉庆五年六月初二日，中国第一历史档案馆藏宫中档朱批奏折，档案号：04-01-01-0478-006
嘉庆五年	江西省	湖北省	1	庆桂：《钦定剿平三省邪匪方略》正编卷224，《续修四库全书》，第396册，第573页
嘉庆五年	四川省	四川省	稻谷6	庆桂：《钦定剿平三省邪匪方略》正编卷237，《续修四库全书》，第397册，第138页
嘉庆六年	湖南省	陕西省	3.1	《湖南巡抚马慧裕奏为奉拨陕省暂为截存四千石以为接济事》，嘉庆六年五月三十日，中国第一历史档案馆藏军机处录副奏折，档案号：03-1744-015
嘉庆六年	山西省	陕西省	小米8	《山西巡抚伯麟奏为筹拨陕省兵粮事》，嘉庆六年二月十二日，中国第一历史档案馆藏宫中档朱批奏折，档案号：04-01-03-0140-004
嘉庆六年	四川省	四川省	稻谷10	庆桂：《钦定剿平三省邪匪方略》正编卷237，《续修四库全书》，第397册，上海古籍出版社，2002年，第138页

续表

时间	拨出省份	拨入省份	数额	资料来源
嘉庆六年	湖北省	湖北省	5.966	庆桂：《钦定剿平三省邪匪方略》正编卷254，《续修四库全书》，第397册，第402页
嘉庆七年	江西省	陕西省	8	《陕西巡抚陆有仁奏请于江西碾米运陕以裕兵食予备善后应用事》，嘉庆七年二月十三日，中国第一历史档案馆藏军机处录副奏折，档案号：03-1712-005
嘉庆七年	四川省	陕西省	1	庆桂：《钦定剿平三省邪匪方略》正编卷313，《续修四库全书》，第398册，第566页
嘉庆七年	安徽省	湖北省	6	《安徽巡抚王汝璧奏为碾运楚省兵米委员起解事》，嘉庆七年八月初十日，中国第一历史档案馆藏军机处录副奏折，档案号：03-1712-028
嘉庆七年	湖南、河南	湖北省	大米3、小米2	庆桂：《钦定剿平三省邪匪方略》正编卷331，《续修四库全书》，第399册，第162—163页
嘉庆七年	四川省	四川省	稻谷2	庆桂：《钦定剿平三省邪匪方略》正编卷335，《续修四库全书》，第399册，第220页
嘉庆七年	湖北省	湖北省	5.6349	中国第一历史档案馆编：《嘉庆道光两朝上谕档》，第7册，第422—423页
嘉庆八年	河南省	陕西省	小米5	庆桂：《钦定剿平三省邪匪方略》续编卷9，《续修四库全书》，第399册，第678页
嘉庆九年	山西省	陕西省	小米3	《山西巡抚伯麟奏为遵旨如数拨运陕省兵米事》，嘉庆九年三月十三日，中国第一历史档案馆藏宫中档朱批奏折，档案号：04-01-03-0142-004
嘉庆九年	湖北省	湖北省	0.55	《大学士管理户部事务禄康题为遵察湖北续案军需第四十一案荆州等府接运湖南各省米石转赴宜昌等处用过水脚银两事》，嘉庆十二年十月初八日，中国第一历史档案馆藏内阁户科题本，档案号：02-01-04-18756-005

说明：1. 表中军粮种类除标注小麦、小米外，其余皆为大米；2. 稻谷系未脱壳的大米，碾运比例为2∶1，表中为展示文献原貌，未做更改。3. 嘉庆三年（1798）四川省拨给本省稻谷174.35万石，系三年以来数额总和。

二 市场采买

（一）湖北战场的军粮采买

在白莲教起义中，湖北战场的军粮采买主要来自本省荆州、襄阳、江夏、汉阳等地，以及江西、湖南、四川等外省市场。嘉庆元年（1796）三月，荆州、襄阳一带起义军与官军鏖战正酣，安徽巡抚汪新除动碾仓米接济外，又派员分赴沙市、樊城等处采买兵米4000—5000石，存贮荆、襄以备不时之需。但彼时正届青黄不接之际，"若再多为采办，诚恐时价增昂，有妨民食"，所需军粮仍由附近各州县动碾仓谷供支。① 是年五月，汉阳府起义军楚金贵、鲁惟志等聚集胡家砦，分扰孝感，武昌戒严。此前，湖广总督毕沅曾札饬武昌府知府史湛会同汉阳府采买大米1.6万石，如今虽然已买得4000石陆续起运，但后续兵米因有起义军滋扰，"民情不无惶惑迁避，因致米贩裹足，未能如数采办"。此时军需紧急，并且"两郡数百万户民食无所取资"，所关甚重，巡抚汪新乃奏请于江西省内采买大米10万石协济湖北。② 六月，江西巡抚陈淮即委员先在吴城一带照时价采买大米5万余石。并札会九江关监督全德截留川、楚过关米船，向其购米1.9万余石，前后共置办大米7万余石。其余不敷之米，则饬令界连湖北水次各州县动碾仓谷凑成。③ 又本年七月，总督毕沅因前线需用军粮甚多，"虽派拨下游各州县碾米运支，但系逆流挽运，缓不济急"。遂札饬荆州、襄阳、武昌、宜昌四府，在本境产米地方各照时价设法收买。④

嘉庆二年（1797）七月，因荆州、襄阳一带雨泽延期，市场米价日昂。湖北巡抚汪新又派员分赴江西省采买大米5000石⑤、湖南省采买大米10万石运回，以备平剿之需。旋因湖北省委员无多，遂又拨银20万两饬委候补知县万年椿解赴湖南交收，并令该员先行买米1.5万石，余

---

① 庆桂：《钦定剿平三省邪匪方略》正编卷5，《续修四库全书》，第391册，第210—211页。
② 《安徽巡抚汪新奏为筹拨邻省米粮以济民食军需事》，嘉庆元年五月二十二日，中国第一历史档案馆藏军机处录副奏折，档案号：03-1707-016。
③ 《江西巡抚陈淮奏报运楚省米石头运起程日期事》，嘉庆元年六月十三日，中国第一历史档案馆藏军机处录副奏折，档案号：03-1707-019。
④ 《湖广总督吴熊光呈湖北省复议军需条款开列清单》，嘉庆七年，中国第一历史档案馆藏军机处录副奏折，档案号：03-1712-050。
⑤ 《户部尚书禄康题为遵察湖北军需第八十一案饬赴江西采买米石用过价值水脚银两事》，嘉庆十一年九月十一日，中国第一历史档案馆藏内阁户科题本，档案号：02-01-04-18672-016。

米8.5万石改由湖南省委员代为购办。① 是年八月，教首姚之富、齐王氏率襄阳起义军自川返楚，惠龄、恒瑞与德楞泰等数路官兵相继追蹑而来。目下湖北省兵勇堵剿，各方需用军粮既多且急。巡抚汪新乃奏请于四川、湖南两省协济派碾仓米若干，并将此前已买到的湖南省大米先行分运荆州、襄阳，移就军需。② 本年九月，据湖南巡抚祖之望奏称，湖北、湖南两省委员采买平粜米已达3.75万石，此时均分运军营供支兵食。其余未买米6.25万石业已停止，"并准南省藩司解还饷银十万两，其未还银两，俟南省将已买米石核明应需价脚，造册题销后，再行找还北省归款"③。嘉庆四年（1799）三月，新任湖北巡抚高杞因本省各属仓储派碾已多，"酌量动拨外，亦须留存实贮以备缓急之需"。是以严饬武昌、汉阳、安陆、荆州等府属就近采买，加紧拨运各路军营。④

嘉庆六年（1801）五月，达州青号徐添德部被参赞大臣德楞泰率兵痛剿，余党王国贤、戴士杰、曾芝秀等分窜洵阳、竹山等地。此路搜剿兵勇，前因老林险阻异常，米粮缺乏，经湖广总督书麟捐廉1万两为兵丁采买包谷，方得以赡补出山。楚省后路粮饷，亦经湖北布政使孙玉庭筹拨江西省买到兵米8000石，解赴兴山、归州一带接济军营所需。⑤ 时至嘉庆九年（1804）二月，湖北省内白莲教残余势力经官军围逼，已日渐穷蹙，嘉庆帝乃命经略大臣额勒登保督军陕西，并与参赞大臣德楞泰等会同诸路镇将，围攻起义军残部于陕、楚边境连界大山内。彼时新任湖广总督吴熊光正驻扎后路兼办理楚省粮饷事宜，曾因六、七月间外省官兵尚未撤回，日需米粮不得不接续筹备。乃饬令所属司道将荆州、郧

---

① 《湖北巡抚高杞奏为采买湖南平粜米石拨充军糈事》，嘉庆四年二月二十六日，中国第一历史档案馆藏宫中档朱批奏折，档案号：04-01-03-0139-003。

② 庆桂：《钦定剿平三省邪匪方略》正编卷49，《续修四库全书》，第392册，第410—411页。

③ 《湖北巡抚高杞奏为采买湖南平粜米石拨充军糈事》，嘉庆四年二月二十六日，中国第一历史档案馆藏宫中档朱批奏折，档案号：04-01-03-0139-003。

④ 《湖广总督吴熊光呈湖北省复议军需条款开列清单》，嘉庆七年，中国第一历史档案馆藏军机处录副奏折，档案号：03-1712-050。

⑤ 庆桂：《钦定剿平三省邪匪方略》正编卷254，《续修四库全书》，第397册，第401—402页。

县、竹山等处存剩湖南省协济米8163石,并江陵、汉阳等县拨剩安徽省协济米5000石,共计大米13163石运赴襄阳备用。又拨银5万两委员赴四川省重庆、泸州一带采买兵米2万石,以备宜昌军营所需。而当年九月,湖北全省军务告竣,外省征调官兵次第裁撤。吴熊光遂飞饬委员将此项兵米中已买到之1.8万余石就近先行运赴宜昌,其未买者即刻停止,"交该道府亲加盘验暂行收贮,听候拨用"①。

(二) 陕西战场的军粮采买

与湖北省的情况类似,陕西战场的军粮采买主要来自本省关中、汉中、兴安等地,以及湖北、湖南、四川等外省市场。正如前文所述,在白莲教起义初期,陕西省内的仓储拨给是前线军粮供应的主要渠道。而嘉庆三年(1798)五月以后,随着教首姚之富、齐王氏败亡,襄阳各号起义军由陕入川。陕西省凤县一带虽然仍有起义军窜扰,但总体上战场局势已趋于稳定,军粮需求亦有所减少。是月,据陕西巡抚秦承恩所奏:"汉中、兴安、商州及西安、凤翔迤南各属,贼过之后小民耕作久荒,粮价有增无减。其附近被贼各属常、社仓粮动碾过多,自应亟为筹补。陕省连岁丰登,本年未经被贼之处,夏收均属上稔,似应乘此二麦登场之后,即在西安、凤翔、同州等属完善地方广为收买。俾有粮之户及时出粜,银钱得以流通。而将来所买之粮,各就道里远近分拨粮少之地。既可以充兵食,又可以济民艰。"②

嘉庆五年(1800)三月,通江蓝号冉添泗等率部窜入汉中府西乡县境,欲与襄阳黄号王廷诏及白号杨开甲等合军,为甘肃提督杨遇春截击。参赞大臣那彦成亦率官兵5000名追剿襄阳白号高二、马五所部自陕入甘,并另饬陕西巡抚台布围剿南山残余教众,兼接办汉中军需。其时陕省大兵云集,起义军出没无常,地方官运送军粮往往因道路梗阻不能赶上。"大兵愈行愈远,粮运愈行愈迟。"③台布乃札令汉中府知府赵洵亲

---

① 《湖广总督吴熊光奏为湖北采买军粮收贮备拨事》,嘉庆九年,中国第一历史档案馆藏宫中档朱批奏折,档案号:04-01-03-0148-007。
② 庆桂:《钦定剿平三省邪匪方略》正编卷72,《续修四库全书》,第393册,第126—127页。
③ 庆桂:《钦定剿平三省邪匪方略》正编卷155,《续修四库全书》,第395册,第158页。

往各县多为采买,先将米面口粮分给各路军营。① 又飞咨湖北郧阳府知府王正常代办兵米 3000 石,由水路运往兴安交收。② 然而此时郧阳地区亦产米无多,遂经湖广总督姜晟奏请,饬令郧阳府先行采买兵米 1000 石,再由襄阳府动碾军需米 1000 石,分别于四月十一、十五等日装载开行。③ 是年五月,经略大臣额勒登保领兵围歼襄阳白号杨开甲部于汉中府洋县境内,麾下兵勇追剿白号残余入山。此时军粮供应尤为紧要,额勒登保亦札会台布移驻洋县督办粮务。据台布所奏:"因酌委西安府知府陈文骏、凤翔府知府崇禄、汉中府知府赵洵、候补知府樊士锋分投采买,运贮城堡寨落。统计山内五朗、镇安、石泉、汉阴及栈内宝鸡、凤县、留坝、褒城等处俱经间段分储,不至稍有缺乏。虽值青黄不接,臣自当设法购办。"④

时至嘉庆六年(1801)正月,因陕西省上年秋旱歉收,复值各处采办军粮,以致市场粮价日涨,昂贵异常。据新任陕西巡抚陆有仁奏称:"现在汉中各属大米每市斗一石实需价银九两至十两不等,尚只可于市集零收,无成石可买之处,兴安府属粮价亦视此有增无减。臣密派员弁改装赴各路试买,俱系实在情形……至包谷一项上年收成歉薄,每市斗一石需银五两有零,现亦搭放兵食。惟是包谷必须用水浸透,碾去外皮仅存米粒。其性潮湿难以久贮,是以不能常用,连月以来汉属一带设法办粮,无处不到。"遂经陆有仁奏请,传谕湖南巡抚祖之望筹拨大米 15 万石协济陕西。⑤ 截至该年八月,已先后运到截留漕米 8 万石及各属碾运仓米 3.1 万石,共计 11.1 万石。其剩余兵米 3.9 万石先因衡阳、清泉一带猝遭水灾,暂为湖南省截留。而现如今衡州府产米地区中、晚二稻渐次成熟,新任湖南巡抚马慧裕乃饬令在附近湘潭、澧州等 19 州县内均匀分派"五百石及一、二千石至三千石不等",前后共买到米 3.9 万石,

---

① 庆桂:《钦定剿平三省邪匪方略》正编卷 156,《续修四库全书》,第 395 册,第 191 页。
② 庆桂:《钦定剿平三省邪匪方略》正编卷 166,《续修四库全书》,第 395 册,第 354 页。
③ 庆桂:《钦定剿平三省邪匪方略》正编卷 174,《续修四库全书》,第 395 册,第 492 页。
④ 庆桂:《钦定剿平三省邪匪方略》正编卷 184,《续修四库全书》,第 395 册,第 642 页。
⑤ 庆桂:《钦定剿平三省邪匪方略》正编卷 233,《续修四库全书》,第 397 册,第 60—62 页。

第二章　白莲教起义中清军的粮饷来源

旋即于九月内全数押解陕西。① 与此同时，陆有仁亦派员于西安、同州及凤翔三府所属盩厔、户县、大荔、朝邑、郃阳、韩城、澄城、蒲城、华阴、白水、扶风11县地方采买小麦2万石接济各路兵勇日食所需。②

嘉庆八年（1803）以后，陕西省善后事宜全面展开，但大规模征防兵勇尚未裁撤，据经略大臣额勒登保所奏："现在计陕省实在东三省官兵三百五十余名，直隶、两广、山东、贵州等省官兵六千四百余名，陕甘官兵二万名、乡勇六千余名。"③ 如今军营所需正殷，陕省现存兵米仅敷四月以内之用。是年三月，陕西巡抚祖之望即咨商四川总督勒保，请于川北保宁府一带协济兵米若干。但刻下川省军需供应亦较为紧张，该处存米仍须留备本省支用，而临近之顺庆地区"民间积贮较多，若备价采买尚易办理"④。由此，祖之望遂委员携带银两赴川购办，并督同陕西布政使温承惠将汉中、兴安之米随地采买。⑤ 此项兵粮虽暂足挹注，但截至嘉庆九年（1804）二月业已支取殆尽，亟须采买。此时汉中府自正月以来春雨未沾，"田水不能充足，是以米粮价值未减，采买甚难"。兴安府属地方亦产米无多，"连月搜罗殆尽，现在每仓石价银六两上下，尚属无粮可买"。新任陕西巡抚方维甸乃参照上年成案，委员携银赴川并札商督臣勒保在顺庆、重庆两府地方平价采买。⑥ 再本年四月，额勒登保带兵与德楞泰会合陕境，清剿汉南零星起义军。其所需兵食，即经兴安府知府龙万育禀报采买米4000石沿途滚送。又方维甸另发银2万两，严饬知府赵洵于汉中府迤南附近村寨收买米石，设法拨运军营。⑦

---

①《湖南巡抚马慧裕奏为采买运济陕省军粮事》，嘉庆六年八月十八日，中国第一历史档案馆藏军机处录副奏折，档案号：03-1711-080。
②《陕西巡抚陆有仁奏为遵旨筹买麦石以济兵食情形事》，嘉庆六年八月十八日，中国第一历史档案馆藏军机处录副奏折，档案号：03-1711-081。
③ 庆桂：《钦定剿平三省邪匪方略》续编卷8，《续修四库全书》，第399册，第658页。
④ 庆桂：《钦定剿平三省邪匪方略》续编卷10，《续修四库全书》，第399册，第691页。
⑤ 庆桂：《钦定剿平三省邪匪方略》续编卷12，《续修四库全书》，第400册，第23—24页。
⑥《陕西巡抚方维甸奏为酌筹买拨粮石以裕兵食事》，嘉庆九年二月二十九日，中国第一历史档案馆藏宫中档朱批奏折，档案号：04-01-03-0142-033。
⑦ 庆桂：《钦定剿平三省邪匪方略》续编卷26，《续修四库全书》，第400册，第326页。

(三) 四川战场的军粮采买

相较于湖北、陕西两省，四川战场的军粮采买均来自本省川东、川西、川南等地。嘉庆二年（1797）春，陕甘总督宜绵奉诏领兵入川接办军务。此时徐添德、王三槐所部川省起义军正汇聚川东，而姚之富、齐王氏等亦统率襄阳起义军由陕入川，其势渐趋东南。"官兵所至距原设粮台稍远，时当伏暑，夫力易疲。"各路兵丁、乡勇、夫役人数较多，所需米面、料豆等物资先尽本省办理，不敷之处经宜绵札会陕西巡抚秦承恩拨米接济，并委员携带银两沿途就近采办，劝谕有粮之户公平粜卖。① 是年十二月，据四川布政使林俊所奏："伏查安兵分路进剿兵进粮随，军糈最为紧要。臣先于上月加碾仓米五万石，业已接续转输，但恐各路需米浩繁，自应宽为筹备，兹复于成都所属州县再派米五万石，随后运供以资接济。惟查自苗疆有事迄今已阅三年，所有自成都以至川北、川东两路各州县仓谷，节经碾运存贮无多。前已借动社仓，自应早为筹划。"恰逢本年川南、川西等地区秋谷收成尚属丰稔，米价并不加昂。于是林俊乃禀明督臣宜绵，请在军需项下逐照例价发银采买谷60万石，并仍于其他收成较丰之处随时购办，广为备储。②

到嘉庆三年（1798）以后，随着教首姚之富、齐王氏等复率襄阳起义军自陕入川，参赞大臣额勒登保、德楞泰等路官兵亦先后追奔前来，加之达州、东乡等处起义军仍窜扰如故。刻下川省大兵云集，且乡勇又数倍于兵，各路军营日食所费已略显拮据。而此前经四川总督英善奏拨甘肃、湖北两省军粮业已陆续运抵夔州，兼之川省今岁年谷丰收，采买较为便易，"即可由水陆并运，决不致有匮乏之虞"③。再是年十二月，巴州之江口、苍溪之三会溪、广元之琉璃院均禀称有起义军窜入，而岳池、广安、合州、长寿等地亦有起义军往来纷扰，水陆粮运已被阻隔，

---

① 庆桂：《钦定剿平三省邪匪方略》正编卷43，《续修四库全书》，第392册，第290—291页。
② 《四川布政使林俊奏为筹办军粮军火等事》，嘉庆二年十二月初四日，中国第一历史档案馆藏军机处录副奏折，档案号：03-1708-048。
③ 庆桂：《钦定剿平三省邪匪方略》正编卷79，《续修四库全书》，第393册，第248—249页。

第二章 白莲教起义中清军的粮饷来源

其由成都、重庆各州县派拨达州兵米久未解到。经副都统福宁预令永宁道石作瑞乘时设法购买，宽为备贮，① 布政使林俊亦奏买稻谷100万石接续派碾，刻下川东各营军粮已属充裕，足供各营兵食所需。②

嘉庆四年（1799）七月，四川省各属仓谷动碾军粮已所剩无几，布政使林俊乃再次呈禀经略大臣勒保，于秋收后采买稻谷200万石以裕军储。勒保乃将此项购价及赈恤、兵饷等项汇总，恭请朝廷动拨军需银500万两来川应用。③ 但因此次奏议牵涉数额巨大，嘉庆帝并未同意，其中购办谷米一项亦连带搁置。④ 直到该年十月，川省各属秋收丰稔，复经林俊禀称："趁此收成之际，必须预为采办，至少亦必须一百万石。"方由四川总督魁伦奏请批准，"饬令于谷多价贱之州县先行出示，照例采办，俟饷银到日给还"⑤。再者，新任经略大臣额勒登保自年初以来，即统兵于川北广元、南江、通江、巴县一带追剿各路起义军，官兵往来追捕俱在深山老林中行走，粮米不能及时赶到，暂由随营粮员就近购买包谷、杂粮等添补支放，以济兵食。⑥ 嘉庆五年（1800）正月，通江蓝号冉添元、东乡白号张子聪等率各号起义军自定远县之石板沱抢渡嘉陵江，窜扰至遂宁、西充、蓬溪等川西、川南地区。此前川省起义军主要活动于达州、东乡等川东北一带，因此官兵所需军粮主要来自川西、川南等地区。目下此路粮运几经梗塞，不能畅运前来。"而万县之米仅有一万余石，合之达州存贮不过二万余石，若不宽为预备，诚恐将来缓不济急，且设站转运亦难克期通畅。"遂经副都御史广兴饬令达州知州刘佳琦设法采买碾运。⑦

---

① 庆桂：《钦定剿平三省邪匪方略》正编卷82，《续修四库全书》，第393册，第297页。
② 《四川布政使林俊奏为采买米石并拨马匹分解各路军营事》，嘉庆三年九月初三日，中国第一历史档案馆藏军机处录副奏折，档案号：03-1709-051。
③ 庆桂：《钦定剿平三省邪匪方略》正编卷110，《续修四库全书》，第394册，第82页。
④ 庆桂：《钦定剿平三省邪匪方略》正编卷110，《续修四库全书》，第394册，第84—85页。
⑤ 庆桂：《钦定剿平三省邪匪方略》正编卷126，《续修四库全书》，第394册，第354页。
⑥ 庆桂：《钦定剿平三省邪匪方略》正编卷130，《续修四库全书》，第394册，第413—414页。
⑦ 庆桂：《钦定剿平三省邪匪方略》正编卷133，《续修四库全书》，第395册，第124页。

表 2-2　　　　　　　白莲教起义中各省市场采买军粮数额　　　　　单位：万石

时间	采买省份	拨入省份	数额	资料来源
嘉庆元年	湖北省	湖北省	0.4—0.5	庆桂：《钦定剿平三省邪匪方略》正编卷5，《续修四库全书》，第391册，第210—211页
嘉庆元年	湖北省	湖北省	0.4	《安徽巡抚汪新奏为筹拨邻省米粮以济民食军需事》，嘉庆元年五月二十二日，中国第一历史档案馆藏军机处录副奏折，档案号：03-1707-016
嘉庆元年	江西省	湖北省	7	《江西巡抚陈淮奏报运楚省米石头运起程日期事》，嘉庆元年六月十三日，中国第一历史档案馆藏军机处录副奏折，档案号：03-1707-019
嘉庆二年	江西省	湖北省	0.5	《户部尚书禄康题为遵察湖北军需第八十一案饬赴江西采买米石用过价值水脚银两事》，嘉庆十一年九月十一日，中国第一历史档案馆藏内阁户科题本，档案号：02-01-04-18672-016
嘉庆二年	湖南省	湖北省	3.75	《湖北巡抚高杞奏为采买湖南平粜米石拨充军糈事》，嘉庆四年二月二十六日，中国第一历史档案馆藏宫中档朱批奏折，档案号：04-01-03-0139-003
嘉庆二年	四川省	四川省	稻谷60	《四川布政使林俊奏为筹办军粮军火等事》，嘉庆二年十二月初四日，中国第一历史档案馆藏军机处录副奏折，档案号：03-1708-048
嘉庆三年	四川省	四川省	稻谷100	《四川布政使林俊奏为采买米石并拨马匹分解各路军营事》，嘉庆三年九月初三日，中国第一历史档案馆藏军机处录副奏折，档案号：03-1709-051
嘉庆四年	四川省	四川省	稻谷200	庆桂：《钦定剿平三省邪匪方略》正编卷126，《续修四库全书》，第394册，第354页
嘉庆五年	湖北省	陕西省	0.1	庆桂：《钦定剿平三省邪匪方略》正编卷174，《续修四库全书》，第395册，第492页
嘉庆六年	江西省	湖北省	0.8	庆桂：《钦定剿平三省邪匪方略》正编卷254，《续修四库全书》，第397册，第401—402页
嘉庆六年	湖南省	陕西省	3.9	《湖南巡抚马慧裕奏为采买运济陕省军粮事》，嘉庆六年八月十八日，中国第一历史档案馆藏军机处录副奏折，档案号：03-1711-080
嘉庆六年	陕西省	陕西省	小麦2	《陕西巡抚陆有仁奏为遵旨筹买麦石以济兵食情形事》，嘉庆六年八月十八日，中国第一历史档案馆藏军机处录副奏折，档案号：03-1711-081

续表

时间	采买省份	拨入省份	数额	资料来源
嘉庆九年	陕西省	陕西省	0.4	庆桂：《钦定剿平三省邪匪方略》续编卷26，《续修四库全书》，第400册，第326页
嘉庆九年	四川省	湖北省	1.8	《湖广总督吴熊光奏为湖北采买军粮收贮备拨事》，嘉庆九年，中国第一历史档案馆藏宫中档朱批奏折，档案号：04-01-03-0148-007
嘉庆九年	湖北省	湖北省	1.0880642	《大学士管理户部事务禄康题为遵察湖北续案军需第四十一案荆州等府接运湖南各省米石转赴宜昌等处用过脚银两事》，嘉庆十二年十月初八日，中国第一历史档案馆藏内阁户科题本，档案号：02-01-04-18756-005

说明：1. 表中军粮种类除标注小麦、小米外，其余皆为大米；2. 稻谷系未脱壳的大米，碾运比例为2∶1，表中为展示文献原貌，未做更改。

三　其他来源

（一）截留漕粮

漕粮，是指中国帝制时期由南方省份经水路运往京师的税粮，其主要用于保障皇室王公的日常消费、中央官员的俸禄以及驻防军队的兵饷派发，是中国封建王朝赋税收支体系的重要组成部分。有清一代，湖北、湖南两省始终是中央政府重要的征漕地区。根据《钦定户部漕运全书》所载，道光九年（1829）湖北省武昌、汉阳、黄州、安陆、德安、荆州6府额征正兑正米94241.8985石、耗米38204.5057石；湖南省长沙、衡州、岳州、澧州4府州额征正兑正米95511.2646石、耗米38204.5057石，两省统计约占当时全国兑运总额的5.8%。[①] 而各省所征漕粮除运供京畿所需外，亦有因战争、灾害等突发性事件截留派拨的情况。如在白莲教起义中，湖北地方督抚便将本省及湖南省该年起运漕粮临时截留充作兵食，以应对境内军粝供应紧张的窘境。

嘉庆三年（1798）二月，湖北巡抚汪新前因前线各路军情告急，奏

[①] 载龄等修，福趾等纂：《钦定户部漕运全书》卷1《兑运额数》，《续修四库全书》，上海古籍出版社2002年影印本，第836册，第219—220页。

请截留湖南省应解漕粮20万石，分运武昌、荆州两府以为兵食。此时湖南苗疆兵戈方竣，诸多善后事宜仍然需用尚繁。湖南巡抚姜晟乃于接奉谕旨后，先行截拨漕米10万石协济湖北，而将余下10万石暂贮本省，待各属州县收成情况确定后，再酌量陆续起运。① 截至当年五月，湖南省此项漕粮已先后派运134770余石，② 其所剩65230余石及截存带征正、耗米2.2万余石则拨归苗疆官兵口粮之需。③ 同月，襄阳起义军因教首姚之富、齐王氏败亡陕境，遂经王廷诏、高均德等率领余部先后逃遁入蜀，欲同川东北起义军合队，以壮声势。刻下额勒登保、德楞泰等数路官兵仍与川省起义军反复纠缠，并且此前奏请添调的滇、黔官兵亦已奉召前来。各方大兵云集，军营需用甚多。四川总督英善乃咨会湖南巡抚姜晟，请于湖南省各属州县内协济军粮若干。其后，经湖广总督景安商议决定，鉴于"南省水道距川较远，诚恐缓不济急"。是以先在荆州满营兵粮项下派拨大米3万石，饬令委员雇船就近解赴四川省夔州府接收转运，再于湖南省本年留存湖北截剩漕米8万余石内如数归还。④ 再是年九月，据湖北巡抚高杞所奏："楚北有防堵兵勇，川陕兵食亦须接济，均当宽为筹备。若四路采买办运，转致多靡脚费，且恐市价增昂有妨民食。"⑤ 遂经嘉庆帝批准，将湖北省本年应行起运漕粮截留6万石以裕军储。⑥

嘉庆四年（1799）十月，据新任湖广总督倭什布所奏："湖北省本年各属额征正、耗漕米十五万一千二百三十七石有零……查湖北郧、宜两处防边兵勇应支食米必须宽为筹备，各属仓存谷连年借动已多……未

---

① 《湖南巡抚姜晟奏报截漕米石拨供留防兵食事》，嘉庆三年二月二十七日，中国第一历史档案馆藏军机处录副奏折，档案号：03-1742-063。
② 《湖南巡抚姜晟奏为协济四川军米等拨补数事》，嘉庆三年五月二十一日，中国第一历史档案馆藏军机处录副奏折，档案号：03-1742-084。
③ 载龄等修，福趾等纂：《钦定户部漕运全书》卷70《截留拨运》，《续修四库全书》，第837册，第454页。
④ 庆桂：《钦定剿平三省邪匪方略》正编卷71，《续修四库全书》，第393册，第108页。
⑤ 载龄等修，福趾等纂：《钦定户部漕运全书》卷70《截留拨运》，《续修四库全书》，第837册，第455页。
⑥ 中国第一历史档案馆编：《嘉庆道光两朝上谕档》，第3册，第116页。

便再行碾运。"遂奏请于本年起运漕粮内截留6万石充作军糈。[①] 但漕粮本为国家正供，兼之湖北省上年漕运已行截拨，"若外省动议截留，倘京师缺少米石，关系甚重。况外省尚可于邻境采买，京师则更无采买之处"。然而考虑到此时边防兵勇急需米粮供应，乃经嘉庆帝批准暂为截留湖北省本年起运漕米2万石以备接济。[②] 又嘉庆六年（1801）正月，陕西省剿捕事宜将及告竣，但军粮仍须宽为筹备。此时汉中、兴安一带大米紧缺，杂粮亦购买维艰。"本省西、同、凤各属尚有存贮之粮，现须预备东路军需。且应留为去岁灾区借粜之用，势不能拨济汉南。而邻近各路可通之湖北省现办军需，江西省甫经动拨，均未便再为挹注。"遂经陕西巡抚陆有仁奏请，传谕湖南巡抚祖之望于该省附近水次州县碾备大米15万石，委员由水路分起解送兴安以佐兵粮。[③] 是年二月，据湖南巡抚祖之望所奏，"查湖南粮艘前据粮储道陈兰森报称于正月初九日全数出境，此时计可行抵汉镇"，是以先在此项漕粮15.288万余石内截留8万石，即刻由汉阳府另雇小船装载，溯汉江经襄阳府运抵陕境。其余应解兵米7万石，则于附近各属仓储内如数动碾。[④] 再嘉庆六年（1801）以后，湖北省境内白莲教势力已剿捕殆尽，但各路征防兵勇尚未裁撤，军营所需更关紧要。遂由湖广总督吴熊光奏请，经嘉庆帝特旨允准，将该省江夏等州县本年带征元、二两年及荆门州带征五年漕米共4.78万余石截留备储。[⑤] 嘉庆七年（1802）四月，吴熊光又呈奏查有上年武昌等州县带征元、二两年初限南米26590余石，亦饬令湖北巡抚全保一并拨作军糈，由水路分运襄阳、宜昌两路军营食用。[⑥]

---

① 《湖广总督倭什布奏为派员押运并酌请截留米石事》，嘉庆四年十月十六日，中国第一历史档案馆藏军机处录副奏折，档案号：03-1743-014。
② 载龄等修，福趾等纂：《钦定户部漕运全书》卷70《截留拨运》，《续修四库全书》，第837册，第455—456页。
③ 庆桂：《钦定剿平三省邪匪方略》正编卷223，《续修四库全书》，第397册，第61—62页。
④ 《暂署湖南巡抚祖之望奏为筹拨陕省军粮委员分起艚运事》，嘉庆六年二月初四日，中国第一历史档案馆藏军机处录副奏折，档案号：03-1711-054。
⑤ 中国第一历史档案馆编：《嘉庆帝起居注》，广西师范大学出版社2006年影印本，第6册，第683—684页。
⑥ 庆桂：《钦定剿平三省邪匪方略》正编卷312，《续修四库全书》，第398册，第552页。

(二) 因粮于敌

孙子曰："善用兵者，役不再籍，粮不三载，取用于国，因粮于敌，故军食可足也。"① 所谓"因粮于敌"，是指在战争中通过掠食于敌境或夺取敌军谷米充作兵食的获粮方式。正如前文所述，清廷在平定白莲教起义的过程中，与起义军的各类大小战役统共不下千余次，故有部分军粮便来源于此。

如嘉庆元年（1796）八月，湖北巡抚惠龄与总兵富志那率兵扫荡枝江县灌湾脑，生擒首领张正谟、刘宏铎等，即将此次所夺获的"米、麦、杂粮数百石"充作军粮。② 同年十月，四川总督英善领兵围捕达州亭子铺附近起义军，乃将"该处搜得贼粮、衣物等件分赏兵勇"③。另有嘉庆二年（1797）四月，陕甘总督宜绵遣兵剿洗东乡县重石子、香炉坪一带起义军，其所得粮食即尽数散给出力兵勇，多余稻谷 1200 石则拨交附近粮台动碾备用。④ 而除赏给米、面等粮食作物外，官军亦常会将历次战役中所夺获的猪、牛、羊等牲畜添补兵食。例如嘉庆元年（1796）五月，施南府恩施县所属之花背桥等处有起义军聚众暴动，经知县尹应图、经历蒋遇春等带兵剿捕，生擒首领陈如相、胡光瑞等，并搜获粮食、牛、马、猪、羊等物无数。⑤ 又如嘉庆二年（1797）四月，领侍卫内大臣额勒登保与副都统福宁协力清剿鹤峰州黄柏山一带起义军，"搜出包谷、牛、羊等，当即分赏弁兵"⑥。再者，嘉庆七年（1802）十一月，参赞大臣德楞泰率兵在夔州府巫山县境内追捕起义军残余势力，即在黄泡池附近生擒首领陈侍学等，并抢获牛、猪等牲畜 30 余只，亦全数拨入军营供给兵食。⑦

---

① 中国人民解放军军事科学院战争理论研究部《孙子》注释小组：《孙子兵法新注》，第 16 页。
② 庆桂：《钦定剿平三省邪匪方略》正编卷 16，《续修四库全书》，第 391 册，第 426 页。
③ 庆桂：《钦定剿平三省邪匪方略》正编卷 20，《续修四库全书》，第 391 册，第 503 页。
④ 庆桂：《钦定剿平三省邪匪方略》正编卷 36，《续修四库全书》，第 392 册，第 162 页。
⑤ 庆桂：《钦定剿平三省邪匪方略》正编卷 9，《续修四库全书》，第 391 册，第 272 页。
⑥ 庆桂：《钦定剿平三省邪匪方略》正编卷 34，《续修四库全书》，第 392 册，第 105 页。
⑦ 庆桂：《钦定剿平三省邪匪方略》正编卷 348，《续修四库全书》，第 399 册，第 425 页。

（三）沿途采食

在白莲教起义中，因各省征防官兵往来剿捕皆在崇山峻岭之中，后路粮运不能按时赶上。遂经前线统兵大员随机协调，于沿途产粮地区酌量采食。如嘉庆二年（1797）十月，据明亮、德楞泰所奏："行军之际臣等出示晓谕，买卖货物俱照价发给。如有强买减价者，即许扭送，立即处治。或有在田蔬菜、包谷、草束经兵丁采取者，必皆先传业主倍给价值。是以大兵所到之处，民人皆负斗米、只鸡来营犒师，亦俱厚赏而去。"① 再嘉庆四年（1799）四月，参赞大臣德楞泰率兵于大宁、太平两县境内追捕起义军。其时因川省运道多有阻塞，军粮虽设法筹备亦不免缺乏。德楞泰乃令官兵随时向附近寨洞居民采买包谷、杂粮等物分食，稍资接济。② 同年十月，德楞泰复统兵在湖北郧阳、宜昌一带协剿，但该处"皆系山林僻径，并无市集贸易处所，居民亦甚寥落"。此时官兵口粮仍不能如数支给，各营兵丁遂无奈沿路寻觅野菽充饥。③ 又如嘉庆五年（1800）三月，据陕西按察使温承惠禀称："山径纷歧，贼匪出没无常，地方官运送粮饷往往因山中梗阻不能赶上。大兵愈行愈远，粮运愈赶愈迟。不但弁兵多有枵腹，即带兵大员亦时在野地拾取包谷充饥。"④

与此同时，清军沿途采食也并不总是采取合法手段，情急之下也往往会存在扰累附近百姓的情况。如嘉庆四年（1799）四月，成都将军富成带兵自四川赴甘肃助剿。其麾下官兵因随征日久，渐行疲乏，而所带乡勇又俱系各省凑集之人，"打仗既不得力，性情又复桀骜，沿途往往有滋扰之事"⑤。是年六月，经陕甘总督松筠按讯富成："至兵丁沿途俱知守法，惟乡勇人杂，乏食之日不无抢夺强买情事。"⑥ 又如嘉庆六年（1801）四月，参赞大臣德楞泰率兵驰赴湖北，即查得沿途曾有乡勇因

---

① 庆桂：《钦定剿平三省邪匪方略》正编卷54，《续修四库全书》，第392册，第504—505页。
② 庆桂：《钦定剿平三省邪匪方略》正编卷98，《续修四库全书》，第393册，第555页。
③ 庆桂：《钦定剿平三省邪匪方略》正编卷128，《续修四库全书》，第394册，第383页。
④ 庆桂：《钦定剿平三省邪匪方略》正编卷155，《续修四库全书》，第395册，第158页。
⑤ 庆桂：《钦定剿平三省邪匪方略》正编卷101，《续修四库全书》，第393册，第613页。
⑥ 庆桂：《钦定剿平三省邪匪方略》正编卷104，《续修四库全书》，第393册，第657—658页。

口粮无处购买，即持枪冒充起义军掳掠米石，亦有官兵勒索百姓抢夺粮食的情况。①

（四）商人捐献

除上述各主要军粮来源外，清军在平定白莲教起义的过程中，还有部分军粮来自商人捐献。如嘉庆元年（1796）十月，湖广总督毕沅饬令湖北各属州县雇募乡勇守御。其中，汉口乡勇即在官方添雇之外，亦经盐道保定督率盐商雇有3000人，并捐给米粮资助。②又如嘉庆六年（1801）十月，据新任湖广总督吴熊光奏称，有淮商捐职道员汪必相情愿捐米2万石预备军储。嘉庆帝鉴其急公好义，乃加恩赏收并交吏部议叙。③再嘉庆七年（1802）八月，据湖北布政使孙玉庭所奏："本年拨解各处截留漕、南二米及商捐米石共八万七千余石，业已全数解交襄、郧、宜昌等处，目前不致缺乏。"④据统计，自嘉庆三年（1798）起到嘉庆九年（1804）止，湖北省襄阳府先后共收到江夏、汉阳二县拨运商捐米20378.1443石，俱已派碾各属充作军粮。⑤

第二节　军饷来源

关于白莲教起义中清军的饷银来源，根据官方的说法："计三省用兵以来，各路所用饷银多至十千万有余，悉颁自内帑，丝毫不以累民，实从古所未有。"⑥意即此次战争中所需军饷，皆派自以户部银库和内务府

---

① 庆桂：《钦定剿平三省邪匪方略》正编卷254，《续修四库全书》，第397册，第400—401页。
② 庆桂：《钦定剿平三省邪匪方略》正编卷19，《续修四库全书》，第391册，第471页。
③ 中国第一历史档案馆编：《嘉庆帝起居注》，第6册，第538页。
④ 庆桂：《钦定剿平三省邪匪方略》正编卷331，《续修四库全书》，第399册，第148—149页。
⑤ 《大学士管理户部事务禄康题为遵察湖北续案军需第四十一案荆州等府接运湖南各省米石转赴宜昌等处用过水脚银两事》，嘉庆十二年十月初八日，中国第一历史档案馆藏内阁户科题本，档案号：02-01-04-18756-005。
⑥ 庆桂：《钦定剿平三省邪匪方略》正编卷308，《续修四库全书》，第398册，第488页。

广储司为代表的中央财政。然而，笔者通过检索相关文献资料后却发现，清军在平定白莲教起义的过程中，各路军饷除来自户部和内务府外，事实上还包括借拨各省封贮、地丁银及关税、盐课等项。同时亦涉及捐纳、报效、加派里民津贴、官员捐廉充饷、借贷商银等多种渠道。所谓"丝毫不以累民"，显然也仅是清廷方面的粉饰之词。有鉴于此，本节将重点结合湖北、陕西、四川三省战场形势的发展，分别就其军饷来源问题予以论述。

一 户部、内务府派拨

（一）湖北战场的军饷派拨

在白莲教起义中，湖北战场所需军饷主要由户部派拨。嘉庆元年（1796）春，湖北省白莲教起义爆发，清廷先后饬调河南、山东、直隶、山西等省兵5000名赴楚中会剿。此时湖北各路大兵云集，河南省亦有官兵过境，需费较多。四月，经嘉庆帝批准，先行派拨户部库银200万两运贮南阳府。① 并敕下河南巡抚景安于此项银两内酌拨100万两解往湖北，"将四十万两留贮襄阳道库以供郧、襄二郡各军营之用，以六十万两解贮荆州府库以供枝江、当阳、宜昌、施南、钟祥等处各军营之用"②。而截至七月，襄阳道库存贮饷银除支发外仅存银11万余两，荆州府库亦仅存银20余万两，彼时各营需用正繁，现存银两仅敷旬余之用。总统永保乃飞咨巡抚景安在前项豫省留存军饷100万两内再拨50万两，并奏请户部派银200万两迅解湖北，以济各项急需。③ 到该年十月，据湖广总督毕沅奏称"湖北自军兴以来已逾半载，前奉拨发内帑银四百万两分贮楚、豫二省备用。缘各军营招募乡勇、赈济难民，兼之抚恤灾区、估勘堤工各项陆续动支统计存银不满一百万两。查襄阳一路现有京营、直隶、山东劲旅前来合剿，各路官兵俱已会集，兵多用广，凡支发

---

① 庆桂：《钦定剿平三省邪匪方略》正编卷8，《续修四库全书》，第391册，第255页。
② 《督率调度楚北军务永保奏请即行酌拨银两以济军需灾赈等用事》，嘉庆元年七月十九日，中国第一历史档案馆藏军机处录副奏折，档案号：03-1707-022。
③ 《督率调度楚北军务永保奏请即行酌拨银两以济军需灾赈等用事》，嘉庆元年七月十九日，中国第一历史档案馆藏军机处录副奏折，档案号：03-1707-022。

饷项、制办军需并随营人夫、马骡均须宽给价值方可应手，而被贼、被水灾民尤应及早加赈"，即再次奏请户部拨银 200 万两来楚。① 亦经嘉庆帝传谕户部如数拨给，解交毕沅收贮备用。②

嘉庆二年（1797）以后，湖北省战场形势逐渐发生转变。时至当年二月，郧阳、荆州一带起义军已次第败亡，教首姚之富、齐王氏亦统率襄阳起义军进入河南省境内，仅剩下施南府地区仍有数股白莲教势力抵抗。有鉴于此，嘉庆帝遂传谕内阁曰："湖北贼匪迭经官兵痛剿，日就穷蹙。现因逃窜余匪尚须搜剿净尽，需费正多，着于部库内拨给银三百万两，并着梁肯堂委员赴京领运。至河南交界地方，景安即预行委员等候接替前进，运赴襄阳交与汪新等收领备用。"③ 其时湖北战场的搜剿压力已显著降低，湖北巡抚汪新即奉旨部署善后赈恤事宜，并再次奏请于部库内派拨饷银 200 万两来楚应用。④ 但好景不长，襄阳起义军自本年初离开湖北省后，又于七月间沿四川省云阳、奉节一线返回楚境，先后焚掠巴东、归州等处，其势渐趋荆、襄。总统惠龄督率侍卫明亮、德楞泰等带领大兵相继追奔而来，湖北巡抚汪新亦奏请添调吉林、黑龙江索伦兵 3000 名驰赴襄阳备战。是月，嘉庆帝又降旨户部动拨饷银 100 万两运赴豫省存贮备拨。⑤ 并经汪新奏请再拨部库银 300 万两，命直隶、河南各督抚遴派妥员，分起迅速解往湖北。⑥

嘉庆三年（1798）二月，随着教首姚之富、齐王氏覆灭陕境，其麾下各号襄阳起义军乃分道遁走川北。湖北省施南府一带起义军亦经额勒登保与福宁反复痛剿，首领林之华、覃加耀相继俘斩。彼时楚省全境虽已无白莲教徒窜扰，但因郧阳地区紧邻川省，仍须加紧筹办防堵、安抚事宜，湖北巡抚汪新即奏请拨解户部库银 100 万两供给军需。⑦ 而截至

---

① 庆桂：《钦定剿平三省邪匪方略》正编卷 20，《续修四库全书》，第 391 册，第 493 页。
② 庆桂：《钦定剿平三省邪匪方略》正编卷 20，《续修四库全书》，第 391 册，第 496—497 页。
③ 庆桂：《钦定剿平三省邪匪方略》正编卷 29，《续修四库全书》，第 392 册，第 4 页。
④ 庆桂：《钦定剿平三省邪匪方略》正编卷 39，《续修四库全书》，第 392 册，第 227 页。
⑤ 庆桂：《钦定剿平三省邪匪方略》正编卷 45，《续修四库全书》，第 392 册，第 335 页。
⑥ 庆桂：《钦定剿平三省邪匪方略》正编卷 46，《续修四库全书》，第 392 册，第 346 页。
⑦ 庆桂：《钦定剿平三省邪匪方略》正编卷 64，《续修四库全书》，第 392 册，第 679 页。

该年六月，此项部拨饷银即又动支无存。据湖广总督景安所奏："前抚臣汪新于本年二月内，因节办军需事宜奏请拨银一百万两甫解到襄。讵川省窜匪正由巫山阐入楚境焚扰，汪新因兵力单薄又多集乡勇堵御。而景安暨额勒登保等先后带兵来楚，所需兵勇盐菜、口粮及随营夫骡脚价即多且急。而调拨各处军火、粮料各州县钱粮多已蠲缓，无可动用，均资部饷办理，是以现存已不满三十万两。"刻下川东北各股起义军已分窜至大宁、云阳、开县等处，其间与湖北省路路可通，"不特郧阳防边兵勇不便撤退，更须添募健勇于房、竹交界扼要严防。而宜、施两府亦与川境在在毗连，宜昌府所属之巴东、归州紧邻巫山，犬牙交错尤为重要"。景安遂与新任湖北巡抚高杞联衔会奏，恳请于部库再拨银150万两解赴楚省应用。但经户部核查，由于现在湖北省境内并无剿捕事宜，"不过抚恤难民、修筑工程等事"，遂仅同意派拨100万两。①

嘉庆四年（1799）以后，湖北省境内复有起义军窜扰奔袭，各路军饷所需再显支绌。是年八月，四川达州青号起义军为官兵击溃逃散，首领徐添德乃带领余众遁入楚省郧阳府地区。清廷立调盛京兵2000名并吉林、黑龙江兵丁各1000名驰赴湖北郧阳一带协剿，加之上月已有山西兵3000名奉旨前来。目下大兵云集，军营需用浩繁。嘉庆帝即传谕内阁，下令于内务府库发银40万两，解交河南巡抚吴熊光存贮藩库，随时听候楚省拨用。② 该年十一月，又于户部库银内拨给50万两，照例解交吴熊光支发军需等项。③ 到嘉庆五年（1800）正月，据湖北巡抚高杞奏言："现在大兵临境，需用更多，藩库无项可支，又无闲款借动。而各属钱粮虽瞬届开征之期，非特缓不济急。并有应还司库借款，以便支发兵饷俸工等项，亦难日久悬待。惟有仰恳皇上天恩，敕部再拨银八十万两赶解来楚，以济急需。"然而此时各路官兵围剿的重点集中在四川、陕西两省，湖北省郧阳府地区虽有起义军滋扰，但情势尚可控制，兼之上年

---

① 庆桂：《钦定剿平三省邪匪方略》正编卷74，《续修四库全书》，第393册，第175—176页。
② 庆桂：《钦定剿平三省邪匪方略》正编卷115，《续修四库全书》，第394册，第163—164页。
③ 庆桂：《钦定剿平三省邪匪方略》正编卷134，《续修四库全书》，第394册，第501页。

朝廷已先后派发90万两留存豫省备用,未便再行动拨80万两之数。遂经嘉庆帝酌量情形,传谕户部拨银40万两交付高杞收贮藩库。① 是年六月,因河南省境内防堵、搜剿事宜相继完竣,河南布政使马慧裕即奉旨在所收50万两饷银内分拨10万两,委员解赴楚北各路军营。②

(二) 陕西战场的军饷派拨

在白莲教起义中,陕西战场的情况同湖北战场类似,其所需军饷亦主要由户部派拨。而到了战争中、后阶段,则有部分饷银来自内务府广储司。嘉庆元年(1796)十月,陕西巡抚秦承恩奏言,本年春间因湖北省白莲教徒聚众起事,先后添调陕西省官兵7000名赴楚中会剿。其派发行装、脚价等项已节次动用50余万两,合计约动用司库银100万两,请旨于邻省拨还。③ 次月,嘉庆帝传谕户部拨银140万两解交陕省存贮。其时川省亦有起义军滋扰,如四川或有需用,陕省即可在此项内协济若干。④ 再嘉庆二年(1797)四月,教首姚之富、齐王氏带领襄阳起义军经河南内乡、卢氏等处逃遁入陕,惠龄、庆成、明亮等路大军随之前来。嘉庆帝又挑派山西兵2000名、甘肃兵500名驰赴潼、商一带,并调宁夏、西宁、肃州兵2000名、循化撒拉尔回兵2000名赴西安听候拨用。是年五月,秦承恩又奏言:"部拨陕省军需银两除转解川省四十万两外,供支节次官兵俸赏行装、代办四川太平粮台抚恤难民、雇募乡勇等费所存无几。现在湖北大兵全入陕境,又奉调各路官兵军火、粮饷、夫骡价脚及挑补新兵、制备军械并续办抚恤各事宜,需用甚繁。"请旨派拨部库银200万两来陕接济。⑤ 同年八月,襄阳起义军复由湖北房县、竹山等处窜入陕境,此前留川的李全所部亦于九月间沿通江、太平一线进抵兴安,与姚之富、齐王氏等相会于汉江南岸。大兵云集,嘉庆帝乃再次

---

① 庆桂:《钦定剿平三省邪匪方略》正编卷146,《续修四库全书》,第394册,第695—696页。
② 庆桂:《钦定剿平三省邪匪方略》正编卷185,《续修四库全书》,第395册,第662页。
③ 《陕西巡抚秦承恩奏为陕省协办湖北军需等库银不敷动用请拨兵饷事》,嘉庆元年十月二十九日,中国第一历史档案馆藏军机处录副奏折,档案号:03-1707-043。
④ 《军机大臣和珅奏为遵旨议奏拨给军需银两事》,嘉庆元年十一月十二日,中国第一历史档案馆藏军机处录副奏折,档案号:03-1707-045。
⑤ 庆桂:《钦定剿平三省邪匪方略》正编卷38,《续修四库全书》,第392册,第189页。

传谕户部拨银200万两，照例迅速解往。①

嘉庆三年（1798）正月，陕西巡抚秦承恩又奏请拨银300万两来陕。缘上年九月间部拨饷银200万两尚未抵境，乃经前藩司倭什布截留川省饷银100万两以资支放。目下官兵正于兴、汉一带围剿起义军，军需仍在万分紧张之际，本省司库存银除供应各路兵勇、难民兼及拨还川饷外已属不敷。②二月，嘉庆帝即传谕户部拨银200万两解往陕省。③到该年五月，姚之富、齐王氏所部襄阳起义军相继覆灭，高均德、李全等率余部入川，欲依川北起义军重振声势。彼时陕省清剿任务虽告一段落，但各属防守、赈恤事宜所费更多，仍须妥为办理。是月，巡抚秦承恩奏言："前奉部拨陕省饷银二百万两，臣于接到后撙节动用。近因各路官兵入陕会剿，兼因贼匪扰及西安、凤翔、汉中、兴安、商州五府州境内，添募乡勇较前多至数倍。并随时赈恤难民及应还截留川饷，所存无几。现在贼匪扰至凤县，又应于汧陇一带募勇堵御，需用更为浩繁……恳请天恩再拨银三百万两速行解陕以应急需。"但嘉庆帝因"现在陕省窜匪经官兵乘胜穷追，大功克期告竣。该省连岁丰登，一切善后事宜无难从容筹办"，仅准在部库内拨银200万两交付。④截至十一月，前项部拨饷银除扣还山西20万两、四川50万两外，实存剩130万两。现在川省各股起义军复分窜陕境，大兵亦接续而至，应用粮饷更须急为储备。而陕省应征本年地丁钱粮，"西安一府仰蒙圣恩输免七十余万两，其余各属多有蠲缓，征收无几"。遂再经陕甘总督宜绵奏请，于部库拨银200万两接济。⑤

嘉庆四年（1799）四月，襄阳蓝号起义军张汉潮部、白号高均德部

---

① 庆桂：《钦定剿平三省邪匪方略》正编卷51，《续修四库全书》，第392册，第448页。
② 《署理陕西巡抚秦承恩奏为请拨兵饷事》，嘉庆三年正月二十四日，中国第一历史档案馆藏军机处录副奏折，档案号：03-1708-052。
③ 庆桂：《钦定剿平三省邪匪方略》正编卷63，《续修四库全书》，第392册，第649页。
④ 庆桂：《钦定剿平三省邪匪方略》正编卷72，《续修四库全书》，第393册，第126—128页。
⑤ 庆桂：《钦定剿平三省邪匪方略》正编卷83，《续修四库全书》，第393册，第314—315页。

先后自川返陕，参赞大臣明亮旋即回师阻截。此时陕省各路官兵去往无常，不仅营伍分例难以统一，其饷银派拨亦属无序："有自省局分拨汉、兴两府，由该道府转发各州县者；有州县径赴省局请领者，省局及道府等惟有支发，总其细款，一时骤难明晰。"遂经恒瑞、永保会奏议准，简派户部尚书松筠驻扎汉中，督率局员经理军需，并于部库内拨银150万两交松筠收贮。① 但此项饷银截至该年九月，除供支各处军营所需、归还司库借款等项外，目前仅剩83万余两。而"一切盐粮、衣履、骑马、驮骡、军装、军火并台站运脚及乡勇口食等项，在在需银支发"。嘉庆帝即再命户部拨银100万两，并准先于四川省军饷内暂行截留50万两。② 又前月河南省藩库存有内务府拨银40万两，本为留备楚省军营所需，此时亦奉旨解赴陕西省交收。③ 到本年年底，明亮斩张汉潮及其附从詹世爵、李槐、李潮等于五郎厅，德楞泰亦生擒高均德于镇安县境，陕西省战场形势由此逐渐好转，嘉庆帝乃传谕户部再发给陕西饷银50万两。④ 其未到款项，复经松筠奏请截留川饷20万两，暂资挹注。⑤

嘉庆五年（1800）二月，襄阳白号余党高二、马五等潜遁甘境，大兵征剿去留未定。当此军务吃紧之际，军需供应自然不可稍显拮据。嘉庆帝遂传谕陕甘总督长麟，准将上年解送川、陕饷银酌留60万两补给要需。⑥ 且以"现在川、陕、甘肃军务未竣，一切粮饷供支自应宽为预备"，又命户部拨银100万两存贮山西藩库听候拨用。⑦ 三月，据陕西巡抚台布奏称："臣于二十六日接办汉中军需，查点存银不满千两。各路兵饷俱放至正月底止，本月全未关支。督臣长麟奏明拨解汉中之二十万

---

① 庆桂：《钦定剿平三省邪匪方略》正编卷97，《续修四库全书》，第393册，第535—536页。
② 庆桂：《钦定剿平三省邪匪方略》正编卷123，《续修四库全书》，第394册，第304—306页。
③ 庆桂：《钦定剿平三省邪匪方略》正编卷123，《续修四库全书》，第394册，第308—309页。
④ 庆桂：《钦定剿平三省邪匪方略》正编卷135，《续修四库全书》，第394册，第512—513页。
⑤ 庆桂：《钦定剿平三省邪匪方略》正编卷138，《续修四库全书》，第394册，第558页。
⑥ 庆桂：《钦定剿平三省邪匪方略》正编卷149，《续修四库全书》，第395册，第63页。
⑦ 庆桂：《钦定剿平三省邪匪方略》正编卷150，《续修四库全书》，第395册，第75页。

两，除补放二月分盐菜各项外所余无几，现亦尚未解到。"嘉庆帝乃命山西巡抚伯麟在前项存银内分拨 50 万两，① 而台布亦已将川省军饷再行截留 20 万两。② 是月，台布又奏言："臣查西安、汉中两军需局应发之项，以及各州县乡勇核算一月饷银已应四十余万。现在经略额勒登保乘胜前来，统计一月总须五十万有奇始敷支放……伏念陕省请饷奏准拨给后，往往五十余日始能解到，因而前缺后空不能按时关发。当此机会最好之时，必须早为储备。"遂得旨派拨部库银 90 万两，③ 又另于户部、广储司内先后拨银 150 万两解赴陕西军营存贮。④ 再同年九月，因陕省军务将次告竣，各属善后事宜仍有需费，乃复于部库、广储司库动拨 20 万两交付应用。⑤ 嘉庆六年（1801）正月，又有新任巡抚陆有仁奏请截留部拨甘肃例饷 40 万两，亦统归于陕省军需项下支销。⑥

（三）四川战场的军饷派拨

四川战场的情形与湖北战场更为接近，在白莲教起义中，四川省节次动用军饷，有很大一部分来自户部。但是由于四川省饷道途经陕西省，所以其军饷便频繁出现被后者截留挪用的情况，故而该省军需供应亦会随之出现问题。嘉庆元年（1796）末，四川省达州、东乡一带爆发大规模的白莲教起义，彼时因川省兵力不敷，嘉庆帝乃命陕甘总督宜绵率师入川接办军务。又以事起仓促，川北军营需用暂由陕省派员沿途接济。嘉庆二年（1797）正月，办理太平粮务川北道李鈜以该处军需紧急，达州难以转运，恳请在陕西省借拨饷银 20 万两。恰逢此时有部拨陕省军饷 140 万两，宜绵乃札会陕西巡抚秦承恩分拨 40 万两解川备用。⑦ 该年六

---

① 庆桂：《钦定剿平三省邪匪方略》正编卷 155，《续修四库全书》，第 395 册，第 169—171 页。
② 庆桂：《钦定剿平三省邪匪方略》正编卷 156，《续修四库全书》，第 395 册，第 192 页。
③ 庆桂：《钦定剿平三省邪匪方略》正编卷 162、164，《续修四库全书》，第 395 册，第 286、314 页。
④ 庆桂：《钦定剿平三省邪匪方略》正编卷 171、180，《续修四库全书》，第 395 册，第 436、589 页。
⑤ 庆桂：《钦定剿平三省邪匪方略》正编卷 204，《续修四库全书》，第 396 册，第 283 页。
⑥ 庆桂：《钦定剿平三省邪匪方略》正编卷 230，《续修四库全书》，第 397 册，第 18 页。
⑦ 《陕西巡抚秦承恩奏为动拨库银解往成都等处以济急需事》，嘉庆二年正月初四日，中国第一历史档案馆藏军机处录副奏折，档案号：03-1708-002。

月，惠龄、庆成等率满、汉官兵尾追襄阳起义军入川，与明亮、德楞泰等分道进逼。而徐添德、王三槐等川北起义军也逃至此地，两方势力由此俱齐集川省。前月宜绵曾飞咨陕西、山西两省督抚临时协济饷银200万两，目下因支放兵勇盐菜等项需用，已属不敷。① 遂再经宜绵奏请，得旨于部库拨银400万两解赴达州备用。② 是月底，教首姚之富、齐王氏等带领襄阳起义军沿川东一线分道还楚，四川省境内搜剿压力虽然暂时得以减轻，但云阳、奉节等处又有数股新起势力响应，裹挟日众。兼之徐添德、王三槐等路起义军仍时常阻塞清军饷道，官兵缺衣乏食，疲于奔命。十一月，嘉庆帝即批准再于部库内拨银400万两，仍令直隶、山西、陕西各督抚，照例委员迅速解往川省备用。③

嘉庆三年（1798）正月，襄阳白号高均德部窜入陕西省汉中府地区，并于城固、洋县等处焚掠滋扰，川、陕运道频繁受阻，饷鞘暂且留贮宝鸡、凤县一带。而上年九月间因陕省军饷不敷，乃经藩司倭什布奏请截留川省饷银100万两。彼时四川省军需动支早已不敷，且尚有应领未发及各项借垫银两。④ 是年三月，据四川总督英善所奏："查川省军饷前蒙恩准拨银四百万两，刻下因陕省截留尚未解齐。节据军营总理及各粮员禀报积欠甚多，即省城藩库亦已无银支放。臣等通盘核算，截至本年二月底止，凡军营并川北、川东各站所欠兵丁、乡勇饷银、站夫运脚、马骡脚价及各营季饷、新兵月饷、采买谷价、军火价值、运米水脚等项计共三百余万，均系挪借垫给。是前次之四百万两即使全数解到，逐一支放所余无几。"遂奏请于户部内库另拨银400万两照例解往应用。⑤ 到该年十月，部拨饷银虽已陆续抵达川境，但此时襄阳起义军又全数入川，各路官兵亦相继追蹑而至，数月以来用项纷繁，"刻下省局除制办军火、军装、给发各站运脚等项，实用银三十九万六千余两。又发采买谷价五十九万两，并归还台费借项及兵饷银五十八万二千余两外，只存银四十

---

① 庆桂：《钦定剿平三省邪匪方略》正编卷37，《续修四库全书》，第392册，第174页。
② 庆桂：《钦定剿平三省邪匪方略》正编卷42，《续修四库全书》，第392册，第282页。
③ 庆桂：《钦定剿平三省邪匪方略》正编卷55，《续修四库全书》，第392册，第516页。
④ 庆桂：《钦定剿平三省邪匪方略》正编卷66，《续修四库全书》，第393册，第12页。
⑤ 庆桂：《钦定剿平三省邪匪方略》正编卷68，《续修四库全书》，第393册，第54、56页。

余万两。其应给各营季饷,并各州县请领赈恤及应行找发、赏恤行装等项尚未发给。至保宁、达州两处除支发各路军营官兵盐菜、马乾及各台站运脚等项外,现存银止七十余万两。通盘核计,仅敷月余之用"。嘉庆帝即传谕户部再拨银300万两,以备川省供支。①

时至嘉庆四年(1799)二月,据办理军需大员福宁禀称,四川省节次奏拨饷银已不下1800万两,而合计成都、保宁、达州三局所存饷项仅敷本年春令之用。②乃再经户部议准,照例拨银250万两来川。③但此项军需因五月间陕省陇州、凤翔等处有起义军滋扰,秦岭栈道阻塞,饷银只得暂于宝鸡、凤县城内存贮,④迁延至六月初方才运抵川境。⑤由此便导致川中各局骤添数月积欠,新收饷银除找发四、五两月各路旧欠并六月内应支款项外,仅敷四五十日之用。刻下前线军营及后路台站、州县所需兵勇盐菜、夫骡运脚、制办军装、军火等项需银甚多,而本省应征地丁早经奉旨蠲免过半,关税、盐课又收不足额,因此入不敷出。勒保遂奏请户部再派发饷银500万两来川,并飞咨山西巡抚伯麟先行借拨若干。⑥然而此次勒保所奏牵涉数额巨大,兼之前项250万两甫经抵境便有此奏,嘉庆帝认为其所请"尤属荒唐""全不筹及国计",并未同意。⑦是年八月,户部接奉谕旨派发饷银150万两交付陕甘总督松筠,听候川省拨用。⑧吏部尚书魁伦奉旨入川督办军需,即因"现在需饷甚急,若俟臣到川后通盘核算再行奏拨,诚恐缓不济急",恳请朝廷先行接济。嘉庆帝乃降旨拨给部库银50万两,并连前次150万两径行解赴达州军需

---

① 庆桂:《钦定剿平三省邪匪方略》正编卷81,《续修四库全书》,第393册,第271、273页。
② 庆桂:《钦定剿平三省邪匪方略》正编卷90,《续修四库全书》,第393册,第416页。
③ 庆桂:《钦定剿平三省邪匪方略》正编卷91,《续修四库全书》,第393册,第438页。
④ 庆桂:《钦定剿平三省邪匪方略》正编卷100,《续修四库全书》,第393册,第585—586页。
⑤ 庆桂:《钦定剿平三省邪匪方略》正编卷104,《续修四库全书》,第393册,第662—663页。
⑥ 庆桂:《钦定剿平三省邪匪方略》正编卷110,《续修四库全书》,第394册,第81—82页。
⑦ 庆桂:《钦定剿平三省邪匪方略》正编卷110,《续修四库全书》,第394册,第84—85页。
⑧ 庆桂:《钦定剿平三省邪匪方略》正编卷115,《续修四库全书》,第394册,第163—164页。

局备用。① 到该年年底，云阳蓝号萧占国、张长更、包正洪等白莲教势力先后覆灭，东乡白号首领冷天禄亦为官军射杀。教中人心涣散，势渐穷蹙，嘉庆帝即认为川省军务将及告成，遂传谕户部再拨给四川饷银100万两充作善后事宜之用。②

而嘉庆五年（1800）正月，随着通江蓝号冉天元、东乡白号张子聪等率部由定远县之石板沱抢渡嘉陵江，窜袭至遂宁、西充、蓬溪等地，川西完善州县又陷入动乱之中。上年十一月间部拨四川饷银100万两，复经陕省奏请截留20万两。③ 并且因栈道不靖，所余80万两亦尚在凤县一带停留。现在成都各属存银无几，川西前线军需俱赖省局支发，重庆、顺庆两府亦须预贮银两以备动拨。四川总督魁伦乃与副都御史广兴会商，先于达州存银内酌调40万两，分解成都、顺庆、重庆各局。④ 三月，据广兴奏言："值贼匪窜渡嘉陵江西，不但被贼滋扰之区在在需银接济，即附近贼氛处所亦需厚集乡勇、官兵预为防堵。而川东、川北旧日各州县驻扎防兵、乡勇盐菜、工价需费仍属照常。即省局制办军装、军火、运送粮石等项用度亦均增倍，不能稍为节省。现在成都、保宁、达州三局存银不及三十万两，即京、浙两项饷银全数来川亦不敷三月之用。京师距川遥远，向来饷银行走即栈道无阻，亦必须三月之久始得解到，必当亟行筹备。惟有仰恳皇上天恩酌拨京饷来川应用，实为有裨。"本月初，嘉庆帝曾降旨户部拨银100万两交山西巡抚伯麟存贮藩库，听候川、陕两省咨拨。目下即传谕伯麟分拨50万两，委员迅速解赴达州军需局。⑤ 闰四月间，再经副都统托津奏请，得旨于部库内拨银20万两、广储司拨银20万两交付川省应用。⑥ 时至年底，各路起义军半已擒渠，余

---

① 庆桂：《钦定剿平三省邪匪方略》正编卷116，《续修四库全书》，第394册，第181、186页。

② 庆桂：《钦定剿平三省邪匪方略》正编卷135，《续修四库全书》，第394册，第512—513页。

③ 庆桂：《钦定剿平三省邪匪方略》正编卷138，《续修四库全书》，第394册，第556页。

④ 庆桂：《钦定剿平三省邪匪方略》正编卷147，《续修四库全书》，第395册，第2页。

⑤ 庆桂：《钦定剿平三省邪匪方略》正编卷155，《续修四库全书》，第395册，第171—172页。

⑥ 庆桂：《钦定剿平三省邪匪方略》正编卷177，《续修四库全书》，第395册，第533页。

党经官军数度剿洗将及殆尽。嘉庆帝乃传谕户部、广储司再拨库银 40 万两解赴四川。①

表 2-3　　白莲教起义中户部、内务府派拨各省军饷数额　　单位：万两

时间	派拨机构	拨入省份	数额	资料来源
嘉庆元年	户部	湖北省	100	《督率调度楚北军务永保奏请即行酌拨银两以济军需灾赈等用事》，嘉庆元年七月十九日，中国第一历史档案馆藏军机处录副奏折，档案号：03-1707-022
嘉庆元年	户部	湖北省	200	《督率调度楚北军务永保奏请即行酌拨银两以济军需灾赈等用事》，嘉庆元年七月十九日，中国第一历史档案馆藏军机处录副奏折，档案号：03-1707-022
嘉庆元年	户部	湖北省	200	庆桂：《钦定剿平三省邪匪方略》正编卷 20，《续修四库全书》，第 391 册，第 496—497 页
嘉庆元年	户部	陕西省	100	《军机大臣和珅奏为遵旨议奏拨给军需银两事》，嘉庆元年十一月十二日，中国第一历史档案馆藏军机处录副奏折，档案号：03-1707-045
嘉庆二年	户部	四川省	40	《陕西巡抚秦承恩奏为动拨库银解往成都等处以济急需事》，嘉庆二年正月初四日，中国第一历史档案馆藏军机处录副奏折，档案号：03-1708-002
嘉庆二年	户部	湖北省	300	庆桂：《钦定剿平三省邪匪方略》正编卷 29，《续修四库全书》，第 392 册，第 4 页
嘉庆二年	户部	陕西省	200	庆桂：《钦定剿平三省邪匪方略》正编卷 38，《续修四库全书》，第 392 册，第 189 页
嘉庆二年	户部	湖北省	200	庆桂：《钦定剿平三省邪匪方略》正编卷 39，《续修四库全书》，第 392 册，第 227 页
嘉庆二年	户部	四川省	400	庆桂：《钦定剿平三省邪匪方略》正编卷 42，《续修四库全书》，第 392 册，第 282 页
嘉庆二年	户部	湖北省	300	庆桂：《钦定剿平三省邪匪方略》正编卷 46，《续修四库全书》，第 392 册，第 346 页
嘉庆二年	户部	陕西省	200	庆桂：《钦定剿平三省邪匪方略》正编卷 51，《续修四库全书》，第 392 册，第 448 页

---

① 庆桂：《钦定剿平三省邪匪方略》正编卷 210，《续修四库全书》，第 396 册，第 369 页。

续表

时间	派拨机构	拨入省份	数额	资料来源
嘉庆二年	户部	四川省	400	庆桂：《钦定剿平三省邪匪方略》正编卷55，《续修四库全书》，第392册，第516页
嘉庆三年	户部	陕西省	200	庆桂：《钦定剿平三省邪匪方略》正编卷63，《续修四库全书》，第392册，第649页
嘉庆三年	户部	湖北省	100	庆桂：《钦定剿平三省邪匪方略》正编卷64，《续修四库全书》，第392册，第679页
嘉庆三年	户部	四川省	400	庆桂：《钦定剿平三省邪匪方略》正编卷68，《续修四库全书》，第393册，第54、56页
嘉庆三年	户部	陕西省	200	庆桂：《钦定剿平三省邪匪方略》正编卷72，《续修四库全书》，第393册，第126—128页
嘉庆三年	户部	湖北省	100	庆桂：《钦定剿平三省邪匪方略》正编卷74，《续修四库全书》，第393册，第175—176页
嘉庆三年	户部	四川省	300	庆桂：《钦定剿平三省邪匪方略》正编卷81，《续修四库全书》，第393册，第271、273页
嘉庆三年	户部	陕西省	200	庆桂：《钦定剿平三省邪匪方略》正编卷83，《续修四库全书》，第393册，第314—315页
嘉庆四年	户部	四川省	250	庆桂：《钦定剿平三省邪匪方略》正编卷91，《续修四库全书》，第393册，第438页
嘉庆四年	户部	陕西省	150	庆桂：《钦定剿平三省邪匪方略》正编卷97，《续修四库全书》，第393册，第535—536页
嘉庆四年	户部	四川省	200	庆桂：《钦定剿平三省邪匪方略》正编卷116，《续修四库全书》，第394册，第181、186页
嘉庆四年	户部	陕西省	100	庆桂：《钦定剿平三省邪匪方略》正编卷123，《续修四库全书》，第394册，第304—306页
嘉庆四年	内务府	陕西省	40	庆桂：《钦定剿平三省邪匪方略》正编卷123，《续修四库全书》，第394册，第308—309页
嘉庆四年	户部	陕西省	50	庆桂：《钦定剿平三省邪匪方略》正编卷135，《续修四库全书》，第394册，第512—513页
嘉庆四年	户部	四川省	100	庆桂：《钦定剿平三省邪匪方略》正编卷135，《续修四库全书》，第394册，第512—513页
嘉庆四年	户部	湖北省	40	庆桂：《钦定剿平三省邪匪方略》正编卷146，《续修四库全书》，第394册，第695—696页
嘉庆四年	户部	湖北省	10	庆桂：《钦定剿平三省邪匪方略》正编卷185，《续修四库全书》，第395册，第662页

第二章 白莲教起义中清军的粮饷来源

续表

时间	派拨机构	拨入省份	数额	资料来源
嘉庆五年	户部	陕西省	50	庆桂：《钦定剿平三省邪匪方略》正编卷155，《续修四库全书》，第395册，第169—171页
嘉庆五年	户部	四川省	50	庆桂：《钦定剿平三省邪匪方略》正编卷155，《续修四库全书》，第395册，第171—172页
嘉庆五年	户部	陕西省	50	庆桂：《钦定剿平三省邪匪方略》正编卷162，《续修四库全书》，第395册，第286页
嘉庆五年	户部	陕西省	40	庆桂：《钦定剿平三省邪匪方略》正编卷164，《续修四库全书》，第395册，第314页
嘉庆五年	户部、内务府	陕西省	100	庆桂：《钦定剿平三省邪匪方略》正编卷171，《续修四库全书》，第395册，第436页
嘉庆五年	户部、内务府	四川省	40	庆桂：《钦定剿平三省邪匪方略》正编卷177，《续修四库全书》，第395册，第533页
嘉庆五年	户部、内务府	陕西省	50	庆桂：《钦定剿平三省邪匪方略》正编卷180，《续修四库全书》，第395册，第589页
嘉庆五年	户部、内务府	陕西省	20	庆桂：《钦定剿平三省邪匪方略》正编卷204，《续修四库全书》，第396册，第283页
嘉庆五年	户部、内务府	四川省	40	庆桂：《钦定剿平三省邪匪方略》正编卷210，《续修四库全书》，第396册，第369页
嘉庆六年	户部	陕西省	40	庆桂：《钦定剿平三省邪匪方略》正编卷230，《续修四库全书》，第397册，第18页

二 各省借拨

（一）湖北战场的军饷借拨

嘉庆元年（1796）二月，据湖广总督毕沅奏称，湖北省向来有封贮银40万两为留备军需之用。乾隆五十九年（1794）经户部将此项银两拨供本省六十年兵饷，俟来岁地丁征解之时归还原款。经查，乾隆六十年（1795）湖北本省秋拨案内实存留协邻省银487482两，嘉庆元年（1796）春拨案内实存银138186两。而彼时因湘、黔苗民起义爆发，湖北省奉旨拨解贵州省军饷40万两，又供支本省官兵饷银245391两，此外尚不敷银19720两。是以截至目前，不仅乾隆六十年（1795）征存地丁留拨银两已全数拨供无存，并且嘉庆元年（1796）地丁银也未能解有成数。刻下湖北省境内白莲教起义方兴未艾，调赴枝江、宜都等处官兵

93

各项需用甚急，亟须支拨。① 毕沅乃奏请先行于附近安徽省地丁项下拨银50万两，② 河南省拨银20万两。③ 复经总统永保动拨本省藩库封贮银40万两，盐道、粮道两库借银10万两，暂可解燃眉之急。④ 再郧阳府一线，西安将军恒瑞奉命带满兵2000名、兴汉镇兵1000名入楚协剿。该路抚恤赈济、官兵行装口粮、驮运夫骡等项，亦暂由陕省司库借拨50余万两供给。⑤ 本年十月，江西巡抚陈淮又接准毕沅咨会，因湖北省灾赈、军需等项支用浩繁，而部拨200万两尚未抵境，请于江西省藩库内协济饷银若干。陈淮旋即饬令藩司万宁借拨饷银40万两，并札商九江关监督全德再借拨关税银20万两交付毕沅应用。⑥

嘉庆二年（1797）七月，襄阳起义军由四川省云阳、奉节等处窜返楚境，总统惠龄旋即督率恒瑞、明亮等带领川、楚官兵前往阻截。吉林、黑龙江索伦兵及山西、山东等省兵6500名亦已奔赴襄阳备战。目下不仅起义军纷窜无常，并且临近州县均须集合兵勇严堵防守，各项需费倍多且急。本年二月间，嘉庆帝曾传谕户部拨给楚省军饷300万两，此时尚未抵境，而现存饷银已不敷匝月之用。言念及此，湖北巡抚汪新遂飞咨江西抚臣张诚基，请其于藩库、关税等项内协济50万两。⑦ 是年九月，江西巡抚张诚基乃札会九江关监督全德，将征存正、余税银45万两尽数动拨。又于本省藩库内凑拨饷银5万两，以敷湖北省请拨之数。⑧ 到嘉

---

① 《湖广总督毕沅奏请酌拨军需银两事》，嘉庆元年二月三十日，中国第一历史档案馆藏军机处录副奏折，档案号：03-1707-005。
② 《大学士管理户部事务和珅奏为遵议拨还湖北封贮银款并酌拨军需银两事》，嘉庆元年三月初六日，中国第一历史档案馆藏宫中档朱批奏折，档案号：04-01-01-0470-012。
③ 《河南巡抚景安奏为司库存银无多请拨邻省饷银以备军需事》，嘉庆元年十月二十二日，中国第一历史档案馆藏军机处录副奏折，03-1833-017。
④ 《督率调度楚北军务永保奏请即行酌拨银两以济军需灾赈等用事》，嘉庆元年七月十九日，中国第一历史档案馆藏军机处录副奏折，档案号：03-1707-022。
⑤ 《陕西巡抚秦承恩奏为库省协办湖北军需等库银不敷动用请拨兵饷事》，嘉庆元年十月二十九日，中国第一历史档案馆藏军机处录副奏折，档案号：03-1707-043。
⑥ 《江西巡抚陈淮奏为拨解湖北备用银两事》，嘉庆元年十月二十九日，中国第一历史档案馆藏军机处录副奏折，档案号：03-1707-044。
⑦ 《湖北巡抚汪新奏为拨解军需饷银事》，嘉庆二年八月十三日，中国第一历史档案馆藏军机处录副奏折，档案号：03-1708-034。
⑧ 《江西巡抚张诚基奏为筹解湖北军需银两全数出境事》，嘉庆二年九月十八日，中国第一历史档案馆藏军机处录副奏折，档案号：03-1708-036。

第二章 白莲教起义中清军的粮饷来源

庆四年（1799）以后，湖北省境内起义军已基本肃清，但因郧阳、施南、宜昌所属地方与川、陕两省接壤，频繁有起义军肆扰。遂经该省督抚商议，在沿边各属要隘分设营卡，派令官兵、乡勇防守。故此，各营每月所需粮饷及转输军火粮石、台站人夫水、陆运脚等费骤然增多。湖广总督倭什布除动用部拨饷银外，又在藩库正、杂各款内借银66万两，现已支用无存，遂奏请朝廷敕下安徽、江西两省督抚各协济饷银50万两来楚应用。① 同年七月，江西巡抚张诚基照例拨解九江关税银30万两，并在藩库内添拨20万两装鞘起运。② 安徽省方面据两江总督费淳奏报，已于芜湖庐、凤两关拨银18万两、藩库拨银15万两。其不敷银17万两，则分别于江安粮道库贮及两淮运库盐课内找发足数。③

嘉庆五年（1800）闰四月，两广总督吉庆奏请将运库公费银20万两并修船节省银12万两解交部库听候拨用。恰逢此时达州青号徐添德部又窜入湖北省境内，各路剿捕、防守事宜尚有需用之项。嘉庆帝即传谕江西巡抚张诚基，待此次广东解京银两路过江西时，先将12万两解赴湖北省交总督姜晟收贮备用。④ 该年六月，参赞大臣明亮与总兵孙青元、德昌三路会剿徐添德部于均州、房县一带，起义军渡陡河进抵竹山、竹溪等处，后队陆续窜袭至荆门一带，势将由郧县奔逃入陕。孙清元与明亮分带兵勇相机进剿，其征调广东、广西两省官兵及黑龙江、吉林等省马队6500名亦先后奉调前来。刻下兵数繁多，粮饷倍增，核计每月需饷已不下10万两，而湖北省先前所请饷银亦将次告罄。总督姜晟遂咨商湖南巡抚祖之望，就近于湖南省藩库存款内挪借15万两先行接济。⑤ 七月，嘉庆帝又降旨两广总督吉庆，敕令其将粤海关征存库银再行分拨30

---

① 庆桂：《钦定剿平三省邪匪方略》正编卷109，《续修四库全书》，第394册，第64—65页。
② 《江西巡抚张诚基奏报遵旨拨解楚北备用银两事》，嘉庆四年七月二十四日，中国第一历史档案馆藏宫中档朱批奏折，档案号：04-01-35-0936-002。
③ 《两江总督费淳奏报筹拨湖北军饷银两事》，嘉庆四年七月三十日，中国第一历史档案馆藏宫中档朱批奏折，档案号：04-01-35-0936-003。
④ 《江西巡抚张诚基奏报广东解京饷银分别转解湖北陕西事》，嘉庆五年闰四月初五日，中国第一历史档案馆藏宫中档朱批奏折，档案号：04-01-35-0936-037。
⑤ 《湖南巡抚祖之望奏为筹拨饷银接济湖北军需事》，嘉庆五年六月十六日，中国第一历史档案馆藏宫中档朱批奏折，档案号：04-01-01-0478-007。

万两,迅速解赴楚省备用。① 到本年十一月间,湖北省办理防堵事宜,境内驻守官兵尚未裁撤,应用粮饷仍须源源接济。而前月因陕西抚臣奏报本省军饷支绌无存,奏请敕下广东省拨解陕省饷银50万两,乃再经姜晟奏请,得旨于此项银两过境时暂为截留20万两。与此同时,湖北省本年地丁钱粮也已征解若干,亦经姜晟饬令藩司酌拨垫支。②

嘉庆六年(1801)四月,达州青号徐添德部与襄阳黄号樊人杰、太平黄号王国贤、通江蓝号陈朝观等合队西窜,将由郧县赴河南。参赞大臣德楞泰与明亮、庆成等分路截击,起义军乘势逃散,官兵亦随之进山追捕。其时因楚省办理军需事务未能妥善,以致后路粮饷不能按时接济。彼时襄阳军需局所存饷银,到四月底仅剩8万余两。嘉庆帝遂传谕两淮盐政书鲁,在两淮盐课内拨解湖北省30万两。③ 但截至五月中旬,两淮饷银仍无抵境之信。乃经新任湖广总督吴熊光借拨河南省藩库银15万两,④ 并与山东巡抚惠龄商酌,由该省库贮内凑拨15万两。⑤ 但即便如此,湖北省军饷供应形势仍捉襟见肘。据吴熊光所奏:"计自上年腊月以来,节次蒙恩赏拨饷银一百五十万两,又借动本省司库银二十九万,共银一百七十九万。除归还上年不敷挂欠各项约二十余万外,又自正月至今支用兵饷、运费一切约需银一百三十余万,统计所支已几及一百六十余万两,现在襄、郧、宜各局存饷合算不满二十万两。"吴熊光遂先于本省地丁项下挪借19万两,并经嘉庆帝传谕两广总督吉庆、江西巡抚张诚基,分别在广东省盐库和江西省藩库存项内各拨银20万两。⑥ 嘉庆

---

① 《两广总督吉庆奏报广东委员解运关饷速赴四川湖北事》,嘉庆五年八月十六日,中国第一历史档案馆藏宫中档朱批奏折,档案号:04-01-35-0937-004。
② 庆桂:《钦定剿平三省邪匪方略》正编卷218,《续修四库全书》,第396册,第474、492页。
③ 《安徽巡抚荆道乾奏为护送陕西湖北军需趱出安徽境事》,嘉庆六年五月初九日,中国第一历史档案馆藏军机处录副奏折,档案号:03-1711-066。
④ 《河南巡抚颜检奏报遵旨拨解银两迅速赴楚事》,嘉庆六年五月二十一日,中国第一历史档案馆藏军机处录副奏折,档案号:03-1833-085。
⑤ 《山东巡抚惠龄奏报遵旨拨解银两迅速赴楚事》,嘉庆六年五月十九日,中国第一历史档案馆藏军机处录副奏折,档案号:03-1833-084。
⑥ 庆桂:《钦定剿平三省邪匪方略》正编卷272,《续修四库全书》,第397册,第661、664页。

七年（1802）四月，嘉庆帝又传谕河南巡抚颜检，于浙江、广东及各关存贮银内动拨 20 万两，江西巡抚张诚基动拨地丁银 20 万两。①八月，又降旨新任河南巡抚马慧裕动拨两淮存贮银 30 万两，并传谕两淮盐政佶山在盐课内凑银 20 万两，悉数委员解楚应用。②

（二）陕西战场的军饷借拨

与湖北战场在战争初期即向外省大规模借拨军饷的情况不同，陕西战场借拨军饷的时段主要集中在战争中、后阶段。而在白莲教起义初期，由于陕西本省的库贮情况较好，因此仍足以协济邻省并供给境内官兵所需。嘉庆元年（1796）三月，湖北省郧阳府属竹溪、竹山、保康等县有起义军肆扰，西安驻防满兵及兴汉镇兵 3000 名奉旨入楚协剿。其军饷供应据西安将军恒瑞所奏："臣等由陕赴楚剿洗逆匪，所有粮饷、军火因竹溪、竹山梗塞，均由陕西兴安运送供支。"③ 与之类似，四川省方面因徐添德、王三槐等路起义军频繁阻截达州、东乡运道，各路官兵所需军饷皆暂由陕西省就近转运太平，随时拨供接济。而同年十一月，陕西省兴安府境内亦有冯得仕、翁禄玉等白莲教势力聚众起事，陕西抚臣秦承恩饬调西安驻防满兵 1000 名前赴围剿，官兵饷银悉数从兴安府库贮内派拨。④ 再嘉庆二年（1797）四月，总统惠龄带领大兵追捕襄阳起义军由商洛分路入陕，其势渐趋兴安。随征兵勇饷银据巡抚秦承恩奏言："军火粮饷俱自西安省城由商州、孝义两路分设台站挨次滚送……至兴安府属之汉阴厅地方，贼匪会合，先后西窜距西安较远。是以另由西安府安设总台，一由紫阳，一由汉中，俱汇聚西乡分运。"⑤ 彼时前线军需虽已骤然增多，但陕西督抚并未选择求助于外省协济，而是依然凭借本省库贮供给。兼之清廷方面亦先后派拨饷银来陕，故而此时陕西省的财政情况尚能够满足各路征剿需用。

而随着前线形势的迅速发展，陕西战场单纯依赖本省库贮供支军饷

---

① 庆桂：《钦定剿平三省邪匪方略》正编卷 313，《续修四库全书》，第 398 册，第 571 页。
② 庆桂：《钦定剿平三省邪匪方略》正编卷 331，《续修四库全书》，第 399 册，第 150 页。
③ 庆桂：《钦定剿平三省邪匪方略》正编卷 9，《续修四库全书》，第 391 册，第 279 页。
④ 庆桂：《钦定剿平三省邪匪方略》正编卷 23，《续修四库全书》，第 391 册，第 584 页。
⑤ 庆桂：《钦定剿平三省邪匪方略》正编卷 41，《续修四库全书》，第 392 册，第 268 页。

的情况很快便出现转变。嘉庆二年（1797）八月，襄阳起义军因奔袭襄、樊不遂，复折回房县、竹山一带，并再度经白河、洵阳等处进抵陕境。其时陕西省藩库除备供川省粮饷外，仍有支发各路军需以及乡勇、壮丁口食、抚恤难民等款，是以藩库存银已动用无几。嘉庆三年（1798）正月，乃经陕西巡抚秦承恩奏请朝廷派拨部库银300万两来陕，并飞咨山西巡抚倭什布先行借拨饷银若干以济军需。① 是年二月，倭什布即照所请于地丁项下动银17万两，并于社、义二仓息谷价银项下动银13万两。② 嘉庆四年（1799）三月，襄阳蓝号、白号两路起义军趁势由川入陕，窜扰两省边界，并先后分为数股与官军交战于陕西、甘肃各州县境内。八月，即经陕甘总督松筠奏请，传谕两浙盐政苏楞额在运库征存盐课内借拨银16.6万两。③ 同年九月，嘉庆帝再传谕闽浙总督书麟，命其在本省地丁项下凑拨银19.4万两。④ 十月初，又传谕书麟于漕项、地丁项下拨银14万两，皆分批解赴陕省军营。⑤ 但即便如此，陕西省前线的军饷缺口仍是相当庞大的。如据陕西布政使马慧裕所奏："除径解汉中军需局及各粮台，并运送那彦成大营共银三十三万二十三百余两。又支发近省咸、长等各州县军需，并各营恤赏等项银五万六千余两，支放各提镇营冬春兵饷银十万四千八百八十余两外，仅存剩银六千两有余。"故即使浙省协银到境，亦属缓不济急。⑥ 由此可见，目下陕西战场的军饷供应形势已再难恢复到此前的状态。

嘉庆五年（1800）以后，陕西战场的军饷供支开始成规模地寻求外

---

① 《署理陕西巡抚秦承恩奏为请拨兵饷事》，嘉庆三年正月二十四日，中国第一历史档案馆藏军机处录副奏折，档案号：03-1708-052。
② 《山西巡抚倭什布奏为借拨陕西省银两以济军需事》，嘉庆三年二月初一日，中国第一历史档案馆藏军机处录副奏折，档案号：03-1811-018。
③ 《两浙盐政苏楞额奏为遵旨委员起解奉拨军需银两抵豫交纳接解甘省应用事》，嘉庆四年八月初七日，中国第一历史档案馆藏宫中档朱批奏折，档案号：04-01-01-0473-026。
④ 《闽浙总督书麟奏报浙江拨解陕西饷银起解日期事》，嘉庆四年十月初六日，中国第一历史档案馆藏朱批奏折，档案号：04-01-35-0936-010。
⑤ 《闽浙总督书麟奏报浙江拨解陕西饷银委员起解日期事》，嘉庆四年十月初九日，中国第一历史档案馆藏宫中档朱批奏折，档案号：04-01-35-0936-011。
⑥ 庆桂：《钦定剿平三省邪匪方略》正编卷138，《续修四库全书》，第394册，第555—556页。

第二章 白莲教起义中清军的粮饷来源

省借拨。其时因张汉潮、高均德所部余党频繁窜扰陕、甘两省边境,陕西本省库贮早已动用无存,各路军营拨发粮饷均先在藩库挪借。战事迁延数月以致积欠浩繁,陕省督抚遂在奏请朝廷派拨的同时,逐渐转向依赖外省协济。闰四月间,两广总督吉庆奏请将运库公费银20万两并修船节省银12万两解交部库听候拨用。嘉庆帝即传谕江西巡抚张诚基,待此项银两路过江西时,将20万两解赴陕西交陕甘总督长麟存贮备用。① 七月,嘉庆帝又传谕两浙盐政延丰,命其在库贮各项内动拨50万两解赴陕省。延丰即借垫运库盐课银30万两先期运往,其不敷银20万两则奏请于冬令引盐旺销之时再行派拨。② 而是月底,据陕西巡抚台布奏陈:"臣自二月二十六日接办粮饷以来,节奉发给饷银二百九十万两。除遵旨转解甘省五十万两及现拨浙商公捐银五十万两尚无起运信息,约计九月初方可到陕不计外,实收银一百九十万两。陕省每月应需银数早经奏蒙圣鉴,自三月起至现在七月止共六个月,所有不敷之数俱系前后牵扯,并于藩库发兵饷银两内暂借动用。现届开放例饷之期,浙江拨项缓不济急,且到陕后止可留支军需,不便轻动,实在别无可筹。"③ 遂再经嘉庆帝传谕山西巡抚伯麟于库贮各款内垫拨70万两接济。④ 再同年十一月,又有广东省解陕饷银50万两。彼时因湖北战场需用甚多,经该省督抚奏请暂行截留20万两以资接济,而陕省短少饷银之处则由山西省就近借拨20万两添补足数。⑤

嘉庆五年(1800)十二月,陕西巡抚陆有仁奏言:"臣查现在军需饷项仰蒙皇上随时拨发,兹据署藩司台斐音禀称,本年陕省秋、冬二季应发各营例饷,因六、七、八等月军饷不敷,借动银十二万数千两。今就其中尚可稍缓营分,请俟来春再发外,通计现在必须银三十万两。此时军营需

---

① 《江西巡抚张诚基奏报广东解京饷银分别转解湖北陕西事》,嘉庆五年闰四月初五日,中国第一历史档案馆藏宫中档朱批奏折,档案号:04-01-35-0936-037。
② 《两浙盐政延丰奏请办理浙商捐输银两解往陕西事》,嘉庆五年七月初四日,中国第一历史档案馆藏宫中档朱批奏折,档案号:04-01-35-0936-045。
③ 庆桂:《钦定剿平三省邪匪方略》正编卷194,《续修四库全书》,第396册,第135页。
④ 《山西巡抚伯麟奏为续拨陕饷银两事》,嘉庆五年九月二十二日,中国第一历史档案馆藏宫中档朱批奏折,档案号:04-01-01-0475-071。
⑤ 庆桂:《钦定剿平三省邪匪方略》正编卷218,《续修四库全书》,第396册,第474页。

饷浩繁,势不能归还例饷,应请于附近省分暂为借拨。臣覆加查核,司库别无存项可以通融。所拨山东、江西、山西、广东等省军需饷银一百万两虽年底、明春俱可陆续到陕,而各路军营兵勇盐菜、口粮及一切买粮运费等项俱系设法先行垫办,饷到补发已不免前缺后空。合无仰恳圣恩俯准于河南藩库暂借拨银三十万两,以应陕省急需。"① 嘉庆六年(1801)正月,河南巡抚吴熊光接奉谕旨,随即在藩库内凑拨饷银30万两。② 五月,嘉庆帝又传谕两淮盐政书鲁动拨盐课银20万两,③ 山西巡抚伯麟动拨地丁银30万两,④ 均解交陕省应用。而是年八月,陆有仁再奏需用紧急。恰逢此时有山东、山西、河南三省运赴甘肃备赈银120万两,即经嘉庆帝首肯,准其在此项内截留20万两充入军需。⑤ 到该年底,官军开始向流窜于川、陕边界的残余起义军发动全面清剿,各省白莲教力量由此更加分散。嘉庆帝乃于十一月间再行传谕两淮盐政书鲁,以现在"川、陕办理军务,大功指日告竣,一切赏项及善后事宜需用较多"。命其动拨盐课节省银40万两,分别解交四川、陕西两省督抚收贮备用。⑥ 嘉庆七年(1802)五月,粤海关监督三义助凑拨关税银10万两解豫存贮,嘉庆帝迅即命河南巡抚颜检转解陕省。⑦ 并传谕两广总督吉庆,于关税、盐课、地丁项下再凑拨30万两来陕。⑧ 而截至七月,粤饷仍未有解到日期,乃先经河南巡抚马慧裕动拨库贮银30万两予以接济。⑨ 嘉庆九年(1804)

---

① 庆桂:《钦定剿平三省邪匪方略》正编卷225,《续修四库全书》,第396册,第597—598页。
② 《河南巡抚吴熊光奏报拨解陕饷三十万两事》,嘉庆六年正月十一日,中国第一历史档案馆藏军机处录副奏折,档案号:03-1833-073。
③ 《两淮盐政书鲁奏报二次奉拨陕省饷银起程日期事》,嘉庆六年五月初一日,中国第一历史档案馆藏军机处录副奏折,档案号:03-1833-080。
④ 《山西巡抚伯麟奏报拨解陕省军饷起程日期事》,嘉庆六年五月二十五日,中国第一历史档案馆藏军机处录副奏折,档案号:03-1711-070。
⑤ 庆桂:《钦定剿平三省邪匪方略》正编卷272,《续修四库全书》,第397册,第666页。
⑥ 庆桂:《钦定剿平三省邪匪方略》正编卷284,《续修四库全书》,第398册,第126页。
⑦ 庆桂:《钦定剿平三省邪匪方略》正编卷317,《续修四库全书》,第398册,第617页。
⑧ 《两广总督吉庆奏报遵旨拨解银两速赴陕省以备应用事》,嘉庆七年六月初五日,中国第一历史档案馆藏军机处录副奏折,档案号:03-1833-105。
⑨ 《河南巡抚马慧裕奏为筹拨解陕省军饷事》,嘉庆七年七月二十三日,中国第一历史档案馆藏军机处录副奏折,档案号:03-1712-024。

六月，户部又议请于九江、龙江、淮安、浒墅等关拨银50万两，并拨陕西实存杂项银10万两，以供该省军需支用。①

（三）四川战场的军饷借拨

四川战场的军饷借拨主要集中在战争前、后两个阶段，并且该省所需军饷对中央财政派拨更为依赖，获取军饷的渠道也更为丰富（详见第三小节"其他来源"），由此，其借拨外省军饷的规模要远低于湖北、陕西两省。嘉庆元年（1796）十月，四川省爆发大规模白莲教起义，陕甘总督宜绵奉旨入川接办军务。但彼时因起义军频繁阻截达州、东乡运道，前线所需粮饷遂暂由陕西省就近办理。嘉庆二年（1797）五月，据督办川省军需大员福宁所奏："臣等督兵会剿，所有本省汉、土官兵以及陕甘、云南等处兵丁均已先后到齐，粮饷尤关紧要。查司库存银陆续支放，所存无几，现在各路兵勇应支盐菜、口粮以及站夫工价、抚恤难民并制备军火、军装等项在在需用，自应宽为预备。仰恳皇上天恩，于邻省动拨银二百万两分起趱运来川。"是月，即经户部议准于四川本省拨出地丁银20万两、陕西省拨解地丁银30万两交付应用，而其不敷银150万两，则于山西省本年已征存地丁项下尽数拨解。②再嘉庆四年（1799）七月，因年初部拨川省饷银支发各路征防兵勇盐粮分例并后路台站、州县所需夫骡运脚以及制办军装、军火等项早经垫用无存，而该省本年应征地丁款项也已奉旨蠲免过半，关税、盐课又收不足额，是以入不敷出。"以刻下各局现贮饷银计算，只敷四、五十日之用。"③言念及此，经略大臣勒保乃先行飞咨山西巡抚伯麟在库贮地丁项下借拨40万两来川，并已于该年八月内陆续起运。④

嘉庆五年（1800）七月，据四川总督勒保奏言："川北一带目下军务尚简，川北道李鋐本驻保宁，尽可檄委该道就近总理川北一路粮运。

---

① 庆桂：《钦定剿平三省邪匪方略》续编卷29，《续修四库全书》，第400册，第366页。
② 庆桂：《钦定剿平三省邪匪方略》正编卷37，《续修四库全书》，第392册，第173—174页。
③ 庆桂：《钦定剿平三省邪匪方略》正编卷110，《续修四库全书》，第394册，第82页。
④ 庆桂：《钦定剿平三省邪匪方略》正编卷114，《续修四库全书》，第394册，第152—153页。

凡有支用粮饷及筹拨各项军需，均令该道随时禀明，并知照省局核办以归划一。"此时四川省境内的白莲教势力经官兵反复剿洗，已渐形穷蹙，军需供应较此前已能从容办理。① 是年八月，嘉庆帝即传旨两广总督吉庆，以现在川省剿捕任务即将完竣，一切善后事宜尚需饷项接济，谕令其将粤海关征存库银 20 万两迅速解赴成都府备用。② 嘉庆六年（1801）三月，再行传谕吉庆于盐课存项内动拨饷银 20 万两运往四川军营交收。③ 而八月中旬，又有数股起义军残部自陕西省安康、平利等处窜向川东、川北一带，经略大臣额勒登保、参赞大臣德楞泰等领兵围剿，大军云集川境，需用饷项立时增多。恰逢前月江西巡抚张诚基曾奏报该省藩库现有存银 84 万余两，堪以拨用。④ 嘉庆帝即命其于此项饷银内如数动拨 30 万两解交总督勒保收贮。⑤ 十一月间，再经嘉庆帝传谕两淮盐政书鲁动拨盐课节省银 20 万两来川应用。⑥

嘉庆七年（1802）二月，据四川布政使杨揆所奏："各路官兵聚会川省，一切供支粮饷尤关紧要。上年拨饷共一百三十五万两，合之捐监、津贴仅止二百余万。非不勉力节省，但需用孔殷，每当短绌之时，只得挪垫筹借先资应付。臣通盘核算各路军营官兵盐菜、夫骡以及川东、川北防兵月款、运脚并重、夔两府请领备用，每月需银三十余万，计三月支发，即需一百余万两。又未发满汉屯土官兵、乡勇犒赏、坐饷，共计已有五、六十万两。且藏功在迩料理旋兵遣散乡勇，找清夫骡脚价用款更钜。计算总须二百余万，方能先其所急用。"是月，嘉庆帝即传谕河南、山东、山西三省巡抚，传旨于河南、山东两省库贮项下各拨银 50 万两，山西省拨银 100 万两，迅速筹划凑足解往四川，交勒保、杨揆收贮

---

① 庆桂：《钦定剿平三省邪匪方略》正编卷 189，《续修四库全书》，第 396 册，第 57 页。
② 《两广总督吉庆奏报广东委员解运关饷速赴四川湖北事》，嘉庆五年八月十六日，中国第一历史档案馆藏宫中档朱批奏折，档案号：04-01-35-0937-004。
③ 《两广总督吉庆奏报遵旨拣员拨解银两赴四川事》，嘉庆六年四月十八日，中国第一历史档案馆藏军机处录副奏折，档案号：03-1833-081。
④ 庆桂：《钦定剿平三省邪匪方略》正编卷 269，《续修四库全书》，第 397 册，第 621 页。
⑤ 《江西巡抚张诚基奏报拨解川省饷银起程日期事》，嘉庆六年八月二十八日，中国第一历史档案馆藏军机处录副奏折，档案号：03-1833-096。
⑥ 庆桂：《钦定剿平三省邪匪方略》正编卷 284，《续修四库全书》，第 398 册，第 126 页。

第二章 白莲教起义中清军的粮饷来源

备用。① 十月，又分别传谕两淮盐政佶山于盐课项下拨银 30 万两，粤海关监督三义助于关税项下拨银 20 万两解赴川省交收。② 截至嘉庆九年（1804）正月，四川省境内白莲教势力已基本肃清，但仍然有部分应行支发款项。此时据粤海关监督三义助奏称有解京关税银 55.7 万余两。遂经嘉庆帝批准，除先将此项银两就近截拨四川省外，又谕令三义助再于征存关税项下拨银 44 万余两，共凑出 100 万两解赴四川军营。③ 同年十一月，山西巡抚同兴亦接奉谕旨，在本省藩库存项内如数凑拨饷银 40 万两解往成都府兑收。④

表 2-4　　　白莲教起义中各省借拨军饷数额　　　单位：万两

时间	借拨省份	拨入省份	数额	资料来源
嘉庆元年	安徽省	湖北省	50	《大学士管理户部事务和珅奏为遵议拨还湖北封贮银款并酌拨军需银两事》，嘉庆元年三月初六日，中国第一历史档案馆藏宫中档朱批奏折，档案号：04-01-01-0470-012
嘉庆元年	河南省	湖北省	20	《河南巡抚景安奏为司库存银无多请拨邻省饷银以备军需事》，嘉庆元年十月二十二日，中国第一历史档案馆藏军机处录副奏折，03-1833-017
嘉庆元年	湖北省	湖北省	50	《督率调度楚北军务永保奏请即行酌拨银两以济军需灾赈等用事》，嘉庆元年七月十九日，中国第一历史档案馆藏军机处录副奏折，档案号：03-1707-022
嘉庆元年	陕西省	湖北省	50	《陕西巡抚秦承恩奏为陕省协办湖北军需等库银不敷动用请拨兵饷事》，嘉庆元年十月二十九日，中国第一历史档案馆藏军机处录副奏折，档案号：03-1707-043

---

① 庆桂：《钦定剿平三省邪匪方略》正编卷 299，《续修四库全书》，第 398 册，第 356、358 页。
② 《两淮盐政佶山奏为奉拨四川饷银委员起解事》，嘉庆七年十月二十九日，中国第一历史档案馆藏军机处录副奏折，档案号：03-1833-115。
③ 《粤海关监督三义助奏报遵旨拨解川省银两数目委员起程日期事》，嘉庆九年二月初三日，中国第一历史档案馆藏宫中档朱批奏折，档案号：04-01-35-0362-002。
④ 《山西巡抚同兴奏为遵旨凑拨川省银两委员分起解往事》，嘉庆九年十一月初七日，中国第一历史档案馆藏宫中档朱批奏折，档案号：04-01-03-0142-017。

续表

时间	借拨省份	拨入省份	数额	资料来源
嘉庆元年	江西省	湖北省	60	《江西巡抚陈淮奏为拨解湖北备用银两事》，嘉庆元年十月二十九日，中国第一历史档案馆藏军机处录副奏折，档案号：03-1707-044
嘉庆二年	四川、陕西、山西	四川省	200	庆桂：《钦定剿平三省邪匪方略》正编卷37，《续修四库全书》，第392册，第173—174页
嘉庆二年	江西省	湖北省	50	《江西巡抚张诚基奏为筹解湖北军需银两全数出境事》，嘉庆二年九月十八日，中国第一历史档案馆藏军机处录副奏折，档案号：03-1708-036
嘉庆三年	山西省	陕西省	30	《山西巡抚倭什布奏为借拨陕西省银两以济军需事》，嘉庆三年二月初一日，中国第一历史档案馆藏军机处录副奏折，档案号：03-1811-018
嘉庆四年	江西省	湖北省	50	《江西巡抚张诚基奏报遵旨拨解楚北备用银两事》，嘉庆四年七月二十四日，中国第一历史档案馆藏宫中档朱批奏折，档案号：04-01-35-0936-002
嘉庆四年	安徽省	湖北省	50	《两江总督费淳奏报筹拨湖北军饷银两事》，嘉庆四年七月三十日，中国第一历史档案馆藏宫中档朱批奏折，档案号：04-01-35-0936-003
嘉庆四年	山西省	四川省	40	庆桂：《钦定剿平三省邪匪方略》正编卷114，《续修四库全书》，第394册，第152—153页
嘉庆四年	浙江省	陕西省	16.6	《两浙盐政苏楞额奏为遵旨委员起解奉拨军需银两抵豫交纳接解甘省应用事》，嘉庆四年八月初七日，中国第一历史档案馆藏宫中档朱批奏折，档案号：04-01-01-0473-026
嘉庆四年	浙江省	陕西省	19.4	《闽浙总督书麟奏报浙江拨解陕西饷银起解日期事》，嘉庆四年十月初六日，中国第一历史档案馆藏朱批奏折，档案号：04-01-35-0936-010
嘉庆四年	浙江省	陕西省	14	《闽浙总督书麟奏报浙江拨解陕西饷银委员起解日期事》，嘉庆四年十月初九日，中国第一历史档案馆藏宫中档朱批奏折，档案号：04-01-35-0936-011
嘉庆五年	广东省	陕西、湖北	32	《江西巡抚张诚基奏报广东解京饷银分别转解湖北陕西事》，嘉庆五年闰四月初五日，中国第一历史档案馆藏宫中档朱批奏折，档案号：04-01-35-0936-037

第二章 白莲教起义中清军的粮饷来源

续表

时间	借拨省份	拨入省份	数额	资料来源
嘉庆五年	浙江省	陕西省	30	《两浙盐政延丰奏请办理浙商捐输银两解往陕西事》，嘉庆五年七月初四日，中国第一历史档案馆藏宫中档朱批奏折，档案号：04-01-35-0936-045
嘉庆五年	广东省	湖北、四川	50	《两广总督吉庆奏报广东委员解运关饷速赴四川湖北事》，嘉庆五年八月十六日，中国第一历史档案馆藏宫中档朱批奏折，档案号：04-01-35-0937-004
嘉庆五年	山西省	陕西省	70	《山西巡抚伯麟奏为续拨陕饷银两事》，嘉庆五年九月二十二日，中国第一历史档案馆藏宫中档朱批奏折，档案号：04-01-01-0475-071
嘉庆五年	广东省	陕西省	30	庆桂：《钦定剿平三省邪匪方略》正编卷218，《续修四库全书》，第396册，第474页
嘉庆五年	广东省	湖北省	20	庆桂：《钦定剿平三省邪匪方略》正编卷218，《续修四库全书》，第396册，第474页
嘉庆五年	山西省	陕西省	20	庆桂：《钦定剿平三省邪匪方略》正编卷218，《续修四库全书》，第396册，第474页
嘉庆六年	河南省	陕西省	30	《河南巡抚吴熊光奏报拨解陕饷三十万两事》，嘉庆六年正月十一日，中国第一历史档案馆藏军机处录副奏折，档案号：03-1833-073
嘉庆六年	广东省	四川省	20	《两广总督吉庆奏报遵旨拣员拨解银两赴四川事》，嘉庆六年四月十八日，中国第一历史档案馆藏军机处录副奏折，档案号：03-1833-081
嘉庆六年	江苏省	陕西省	20	《两淮盐政书鲁奏报二次奉拨陕省饷银起程日期事》，嘉庆六年五月初一日，中国第一历史档案馆藏军机处录副奏折，档案号：03-1833-080
嘉庆六年	山西省	陕西省	30	《山西巡抚伯麟奏报拨解陕省军饷起程日期事》，嘉庆六年五月二十五日，中国第一历史档案馆藏军机处录副奏折，档案号：03-1711-070
嘉庆六年	江苏省	湖北省	30	《安徽巡抚荆道乾奏为护送陕西湖北军需趱出安徽境事》，嘉庆六年五月初九日，中国第一历史档案馆藏军机处录副奏折，档案号：03-1711-066
嘉庆六年	河南省	湖北省	15	《河南巡抚颜检奏报遵旨拨解银两迅速赴楚事》，嘉庆六年五月二十一日，中国第一历史档案馆藏军机处录副奏折，档案号：03-1833-085

续表

时间	借拨省份	拨入省份	数额	资料来源
嘉庆六年	山东省	湖北省	15	《山东巡抚惠龄奏报遵旨拨解银两迅速赴楚事》，嘉庆六年五月十九日，中国第一历史档案馆藏军机处录副奏折，档案号：03-1833-084
嘉庆六年	湖北、广东、江西	湖北省	59	庆桂：《钦定剿平三省邪匪方略》正编卷272，《续修四库全书》，第397册，第661、664页
嘉庆六年	山东、山西、河南	陕西省	20	庆桂：《钦定剿平三省邪匪方略》正编卷272，《续修四库全书》，第397册，第666页
嘉庆六年	江西省	四川省	30	《江西巡抚张诚基奏报拨解川省饷银起程日期事》，嘉庆六年八月二十八日，中国第一历史档案馆藏军机处录副奏折，档案号：03-1833-096
嘉庆六年	江苏省	四川、陕西	40	庆桂：《钦定剿平三省邪匪方略》正编卷284，《续修四库全书》，第398册，第126页
嘉庆七年	河南、山东、山西	四川省	200	庆桂：《钦定剿平三省邪匪方略》正编卷299，《续修四库全书》，第398册，第358页
嘉庆七年	浙江、广东、江西	湖北省	40	庆桂：《钦定剿平三省邪匪方略》正编卷313，《续修四库全书》，第398册，第571页
嘉庆七年	广东省	陕西省	40	《两广总督吉庆奏报遵旨拨解银两速赴陕省以备应用事》，嘉庆七年六月初五日，中国第一历史档案馆藏军机处录副奏折，档案号：03-1833-105
嘉庆七年	河南省	陕西省	30	《河南巡抚马慧裕奏为筹拨陕省军饷事》，嘉庆七年七月二十三日，中国第一历史档案馆藏军机处录副奏折，档案号：03-1712-024
嘉庆七年	江苏省	湖北省	50	庆桂：《钦定剿平三省邪匪方略》正编卷331，《续修四库全书》，第399册，第150页
嘉庆七年	江苏、广东	四川省	50	《两淮盐政佶山奏为奉拨四川饷银委员起解事》，嘉庆七年十月二十九日，中国第一历史档案馆藏军机处录副奏折，档案号：03-1833-115
嘉庆九年	广东省	四川省	100	《粤海关监督三义助奏报遵旨拨解川省银两数目委员起程日期事》，嘉庆九年二月初三日，中国第一历史档案馆藏宫中档朱批奏折，档案号：04-01-35-0362-002

续表

时间	借拨省份	拨入省份	数额	资料来源
嘉庆九年	江西、江苏、安徽、陕西	陕西省	60	庆桂：《钦定剿平三省邪匪方略》续编卷29，《续修四库全书》，第400册，第366页
嘉庆九年	山西省	四川省	40	《山西巡抚同兴奏为遵旨凑拨川省银两委员分起解往事》，嘉庆九年十一月初七日，中国第一历史档案馆藏宫中档朱批奏折，档案号：04-01-03-0142-017

三 其他来源

（一）捐纳、报效

终清一世，统治阶层在面对诸如战乱、灾害等重大突发事件时，除积极动拨中央和地方财政外，还会开设"捐项"以弥补巨额的经费缺口。从严格意义上来说，"捐项"同样属于国家财政的范畴。但是，由于"捐项"的设立往往具有临时性的特点，与"维正之供"的田赋、关税、盐课等并不相同，因此仍需对其进行专门论述。在平定白莲教起义的过程中，清廷方面即有通过设立"捐项"以获取军饷的情况。而根据捐银主体的不同，又可以具体分为"捐纳"和"报效"两种途径。

"捐纳"又称捐例、赀选，是指由政府制订相关条例，士民通过捐资以获得官衔的财政制度，亦即所谓"卖官鬻爵"。中国传统社会虽然以科举为重，但是官方往往临时设捐，另觅财源，以应朝廷急需。故此，便给予了普通民众异途入仕的机会。清代在继承前代统治经验的基础上，继续发展并完善了捐纳制度。根据许大龄先生的研究，清代开办捐纳多因事而设，其情形包括：军需、河工、赈灾、营田4种。[1]并且捐纳的范围涉及甚广且类型多样，"有实官、有虚衔、有封典、有贡监、有分发指省、加级、记录，官吏于降革、留任、离任、原衔、原资、原翎得捐复、坐补原缺、试俸历俸、实授保举、实用离任、引见、投供、验看、

---

[1] 许大龄：《清代捐纳制度》，燕京大学哈佛燕京学社1950年版，第13页。

回避得捐免"①。如在白莲教起义中，清廷即通过开设捐例以添补军需。嘉庆三年（1798）三月，户部左侍郎蒋赐棨奏言："窃查川、楚等省自勘定苗疆、剿办教匪以来，陆续拨发军需不下七、八千万两。现在各省官兵屡次奏捷，首逆奸擒，其余匪党已极穷蹙，不日即可蒇功。惟嗣后一切善后事宜及抚恤各处难民需费甚钜，仰惟圣主惠爱黎元，恩施稠渥不靳此区区。但国家经费有常，度支有数究应权其出纳宽为储备。查从前平定金川时曾开'川运军粮事例'，原仿古人输粟于边之义。此次办理军务阅时三载，而所发军需银数已较金川为多，似可暂开捐例以济要需。"②嘉庆帝乃传诏大学士及九卿、科道官议奏，仿照乾隆朝"金川运米例"权宜举行。③收捐日期起于本年七月初一日，到明年正月停止，谓之"川楚善后筹备事例"④。大致"内而郎中以下，外而道员以下，价高者银万有余两……若以举人补知县者，先补纳银者四员，然后补不纳银者一员，他皆类是。然而纳银有先后，以次补员，候缺甚苦"⑤。起初，户部对于捐纳人员的出身尚有限制，"除进士、举人及恩、拔、副、岁、优贡生并当时应升人员始准报捐外，其它出身一概不准"⑥。但随着各省赴京报捐者不断增多，此项限制便逐渐放开，乃至俊秀附生亦准捐纳道、府、知州、知县等正印。⑦此次捐例期满后复行展限，到嘉庆六年（1801）仍未能停止，⑧前后所收捐银达3000余万两。⑨为清代捐例规模最大、入银最多者，"乾隆六十年间，止川运一次，不及嘉庆以来十之一"⑩。这些捐银最终经由户部下拨湖北、陕西、四川等省充入军需。

---

① 许大龄：《清代捐纳制度》，第79—80页。
② 《户部左侍郎蒋赐棨奏请在川楚等省援例暂准开捐事》，嘉庆三年三月二十八日，中国第一历史档案馆藏军机处录副奏折，档案号：03-1791-003。
③ 中国第一历史档案馆编：《嘉庆道光两朝上谕档》，第3册，第51—52页。
④ 魏源：《圣武记》卷9《教匪·嘉庆川湖陕靖寇记三》，第397页。
⑤ ［朝］柳得恭：《燕台再游录》，《清中期五省白莲教起义资料》，第5册，第333页。
⑥ 许大龄：《清代捐纳制度》，第79—80页。
⑦ 中国第一历史档案馆编：《嘉庆道光两朝上谕档》，第4册，第53页。
⑧ 中国第一历史档案馆编：《嘉庆道光两朝上谕档》，第6册，第28页。
⑨ 魏源：《圣武记》卷11《武事余记·兵制兵饷》，第474页。
⑩ 魏源：《古微堂集》外集卷8《复何竹芗同年论会计书》，《清代诗文集汇编》，上海古籍出版社2010年影印本，第585册，第433页。

第二章 白莲教起义中清军的粮饷来源

作为捐纳制度的重要组成部分,"捐监"一项的收益十分显著。嘉庆四年（1799）十一月，因数年来拨供前线军需，各省封贮银两节经动用无存，遂经户部奏请，援照乾隆年间成案："外省捐纳监生概收折色，径赴藩库交纳。并著责成各该巡抚、藩司妥为经理、实力稽查，毋任地方官吏稍有勒索、侵扣等弊。"① 同年十二月，户部又奏请酌定各省捐监章程，再次强调："至各省报捐，原以筹备封贮银两。著各该抚查明报捐后，无论何省，一俟封贮银两足数，先行具奏停止，仍令赴京报捐以符旧例。"② 不难发现，此时清廷方面对于捐监银的作用尚有限制，态度亦更为谨慎。翌年，各省相继奉旨开捐，报捐者踊跃乐从，藩库封贮存银也很快添补足数。然而目下军费支出仍属浩繁，中央和地方财政也已捉襟见肘，恰逢此时各省报捐皆取得巨额收益，乃再经户部奏请，"令凑至成数，随时解京，俟军务完竣后补足封贮原额，将外省捐监一并停止。"③ 随后，嘉庆帝又谕令各省捐监银"收足十万两，即行解部"④。至此，清廷方面已正式将"捐监银"的作用由归补封贮欠款转向供给前线军需。

嘉庆五年（1800）十月，江西巡抚张诚基、山东巡抚惠龄先后呈报收得捐监银各34万余两，奏请展限。彼时陕西省剿捕事宜将次完竣，但尚需宽贮银两预备后续供支。嘉庆帝立时传谕江西、山东两省督抚，即在捐监项下各拨银25万两，迅速解交陕西巡抚陆有仁收贮备用。⑤ 十一月，两广总督吉庆奏广东省捐监银两除补足封贮银原数30余万两外，尚余银20余万两。即再经嘉庆帝传旨广东巡抚瑚图礼，于捐监、封贮及盈余项下拨银50万两来陕，⑥ 并谕令浙江省将捐监银20万两一同解往。⑦ 又因湖广总督倭什布奏请拨给饷银接济，乃传谕江西、山东两省督抚各

---

① 中国第一历史档案馆编：《嘉庆道光两朝上谕档》，第4册，第440—441页。
② 中国第一历史档案馆编：《嘉庆道光两朝上谕档》，第4册，第532页。
③ 中国第一历史档案馆编：《嘉庆道光两朝上谕档》，第6册，第28页。
④ 中国第一历史档案馆编：《嘉庆道光两朝上谕档》，第6册，第323页。
⑤ 《山东巡抚惠龄奏报拨解捐监银两迅速赴陕西事》，嘉庆五年十一月初一日，中国第一历史档案馆藏宫中档朱批奏折，档案号：04-01-35-0937-024。
⑥ 庆桂：《钦定剿平三省邪匪方略》正编卷216，《续修四库全书》，第396册，第446页。
⑦ 庆桂：《钦定剿平三省邪匪方略》正编卷230，《续修四库全书》，第397册，第18页。

备捐监银20万两拨赴湖北。① 其中，山东省筹措捐监银15.758万两，不敷银4.242万两即在城工、漕工及司库充公项下凑足。② 而嘉庆六年（1801）正月，前项所拨粤饷在经过湖北省境内时被截留20万两，旋因楚省需用较多，经嘉庆帝传谕湖南巡抚祖之望将该省捐监银10万两一并运赴湖北。③ 同年三月，又传谕广东和福建两省派员押解捐监银45万两前往川省军营。④ 五月，再经湖广总督吴熊光奏请，传谕山东省督抚于捐监项内拨银15万两以资接济。此项饷银除8万两系捐监所出外，其余7万两则由该省地丁项下凑足。⑤ 随后直至嘉庆九年（1804）十一月，前线战事逐渐进入尾声，清廷方面又先后从湖南、山西、安徽、江西等省调动捐监银共40万两，分拨湖北、陕西、四川三省战场以为善后之用。⑥

除通过捐纳制度筹措军需经费外，鼓励盐商"报效"亦是清廷方面获取军饷的重要途径。清代主要实行"官督商销"的食盐运销体制，即由政府掌握食盐专卖权，招商认引领盐，划界行销，并承包税课。⑦ 而也正是在这样的制度安排下，盐商群体享有很高的销盐特权，他们便借此机会通过垄断盐价等手段谋求高额利润。与此同时，盐商也经常会向地方或中央政府进献财物，以寻求后者的庇护并进而稳固自身享有的经济特权。所以在盐商和清廷统治者之间，便逐渐形成了彼此勾连的利益链条。即所谓"官以商之富也而朘之，商以官之可以护己也而豢之"⑧。

---

① 庆桂：《钦定剿平三省邪匪方略》正编卷221，《续修四库全书》，第396册，第530—531页。

② 《山东巡抚惠龄奏为遵旨拨解楚省银两事》，嘉庆五年十二月十二日，中国第一历史档案馆藏宫中档朱批奏折，档案号：04-01-01-0476-012。

③ 庆桂：《钦定剿平三省邪匪方略》正编卷239，《续修四库全书》，第397册，第169页。

④ 庆桂：《钦定剿平三省邪匪方略》正编卷241，《续修四库全书》，第397册，第201页。

⑤ 《山东巡抚惠龄奏报遵旨拨解银两迅速赴楚事》，嘉庆六年五月十九日，中国第一历史档案馆藏军机处录副奏折，档案号：03-1833-084。

⑥ 庆桂：《钦定剿平三省邪匪方略》正编卷294、295、298、309，续编卷26，《续修四库全书》，第398、400册，第275、296、338、505、330页。

⑦ 陈锋：《清代盐政与盐税》，武汉大学出版社2013年第2版，第121页。

⑧ 盛昱：《意园文略》卷1《两淮盐法录要序》，《续修四库全书》，上海古籍出版社2002年影印本，第1567册，第240页。

第二章 白莲教起义中清军的粮饷来源

故当朝廷财政出现紧缺之时，鼓励盐商报效便显得极具合理性。而作为回报，官方亦会对其奖掖优叙。据陈锋教授统计，清代的盐商报效可分为：军需报效、水利报效、赈济报效和备公报效4种情形，其中尤以军需报效最为主要。[1] 嘉庆初年因受白莲教起义影响，各省军费支出骤增，因此这一时期的盐商报效次数频繁、数额巨大。如两淮盐区共有6次、两广盐区有5次、两浙盐区有5次、长芦盐区有1次、山东盐区有1次，前后军需报效达1234万两。（参见表2-5）

表2-5　　　　　　白莲教起义中各省盐商报效数额　　　　　单位：万两

时间	盐商身份	数额	事由	资料来源
嘉庆四年	长芦盐商	39.6	善后事宜	第4册，第98—99页
嘉庆四年	山东盐商	20.4	善后事宜	
嘉庆四年	两淮盐商	200	善后事宜	第4册，第109—110页
嘉庆四年	两浙盐商	100	凯旋赏需	第4册，第130—131页
嘉庆四年	两广盐商	12	凯旋赏需	第4册，第206—207页
嘉庆四年	广东洋商	12	凯旋赏需	
嘉庆五年	两淮盐商	100	赏赍需用	第5册，第62页
嘉庆五年	两浙盐商	50	赏赍需用	第5册，第70—71页
嘉庆五年	两广盐商、洋商	20	凯旋赏需	第5册，第77页
嘉庆五年	两淮盐商	50	赏赍需用	第5册，第119—120页
嘉庆五年	两广盐商、洋商	30	凯旋赏需	第5册，第247页
嘉庆五年	两浙盐商	50	凯旋赏需	第5册，第316页
嘉庆五年	两淮盐商	50	赏赍需用	第5册，第398—399页
嘉庆六年	两广盐商	15	赏赍需用	第6册，第50—51页
嘉庆六年	广东洋商	15	赏赍需用	
嘉庆六年	两浙盐商	50	赏赍需用	第6册，第113—114页
嘉庆六年	两淮盐商	200	善后事宜	第6册，第221页

---

[1] 陈锋：《清代盐政与盐税》，第285页。

续表

时间	盐商身份	数额	事由	资料来源
嘉庆七年	两浙盐商	100	善后事宜	第7册，第45页
嘉庆七年	两广盐商、洋商	20	凯旋赏需	第7册，第251—252页
嘉庆八年	两淮盐商	100	抚恤赏需	第8册，第19页

说明：本表主要依据中国第一历史档案馆编：《嘉庆道光两朝上谕档》第4—8册整理而成。

嘉庆四年（1799）七月，襄阳蓝号、白号两路起义军先后由陕西窜入甘肃省境内，焚掠至徽县、凤县一带。此时甘肃省库贮各项早已借动无存，陕甘总督松筠乃奏请朝廷及时拨发饷银接济。① 次月，长芦盐政董椿接奉上谕，即在所得商捐项下拨银24万两转解陕省军营。② 同年十月，据四川总督魁伦奏称："臣前所请发之二百万两到时，即应将五十九万两拨发采买谷价。而所买谷石亦系支给通省兵米，不专为军需之用。所余一百四十余万分拨各局，约计亦只可敷十月、十一月供支。总之贼匪一日不平，即军需不能一日不备……虽各逆人数比前已为大减，而股数尚多。分股窜突，官兵既须分路追剿，粮饷亦即须随时分路赶运。盛京、吉林之兵计此时已到陕省剿办张逆，藏事后明亮等即应会合带兵全数入川，彼时所需粮饷更多。臣辗转思维，不得不预为筹划。惟有仰恳圣恩，量拨数百万两来川备用，臣与广兴妥立章程，逐款按例核实支用。"③ 遂再经嘉庆帝传谕户部拨银200万两，其中，于两淮商捐项下拨银505725.06两，④ 两浙商捐项下拨银624540两，不敷款项则于部库并江西秋拨项下凑足。⑤ 又嘉庆五年（1800）六月，因甘肃省军需紧急，

---

① 庆桂：《钦定剿平三省邪匪方略》正编卷109，《续修四库全书》，第394册，第54—55页。
② 《长芦盐政董椿奏报奉拨饷银起解日期事》，嘉庆四年八月初十日，中国第一历史档案馆藏宫中档朱批奏折，档案号：04-01-35-0936-005。
③ 庆桂：《钦定剿平三省邪匪方略》正编卷126，《续修四库全书》，第394册，第354—355页。
④ 《两淮盐政书鲁奏为奉拨军饷不敷银两请敕部另行筹拨事》，嘉庆四年十月十八日，中国第一历史档案馆藏宫中档朱批奏折，档案号：04-01-35-0936-013。
⑤ 《两浙盐政延丰奏报筹解川省备用银两事》，嘉庆四年十月，中国第一历史档案馆藏宫中档朱批奏折，档案号：04-01-35-0936-016。

陕西巡抚台布奏请将前月部拨陕西省军饷50万两转解甘境，而另于两浙商捐项内如数动拨以补前款。① 是年七月，两浙盐政延丰即奉谕旨垫解运库盐课银30万两运往陕省，其余20万两则于九月间将浙省商捐银如数拨给。② 到嘉庆六年（1801）以后，各省剿捕军务将及告竣，善后、抚恤等项事宜渐次布置。嘉庆帝乃再行传谕两广、两淮、两浙、长芦各盐政大臣，先后在所得商捐项下借垫饷银646万余两添补军需。其中除130万两交由河南省藩库暂贮外，余下皆径直解赴湖北、陕西、四川三省兑收。③

（二）加派里民津贴

"津贴"又称帮贴，是清代地方政府为应对战时经费紧缺而加派的特殊赋税，主要实行于四川地区。"津贴"起源自乾隆朝金川之役，因彼时民众惮于受雇远出，"情愿出资帮贴附近民人，实之得有倍价乐于执役。地方官亦因有此津贴，舆情踊跃不致招募掣肘"。故而相沿成例，自廓尔喀用兵至嘉庆朝白莲教起义均参照办理。④ 关于四川地区加派津贴的实施办法，根据嘉庆四年（1799）十二月，四川总督魁伦的调查："各州县所办情形均系按粮摊派钱文，每地丁一两所派自数百文至一、二千文不等。其出钱之数自数千串至数万串不等，摊派之数自四、五次至十余次不等。各视其钱粮之多寡、差务之繁简，皆设立公局一应收支。均由该地绅衿及乡约等经手，该州县第总其成数。"⑤ 长期以来，官方对于加派里民津贴的态度总是晦暗不明，还时常以"急公好义""百姓乐输"等说辞笼统概括。而嘉庆四年（1799）六月，四川省突发纳溪县民

---

① 庆桂：《钦定剿平三省邪匪方略》正编卷187，《续修四库全书》，第396册，第87页。
② 《江苏巡抚奏报查明浙省解部银两头批委员已改道解往陕西事》，嘉庆五年十月十三日，中国第一历史档案馆藏宫中档朱批奏折，档案号：04-01-35-0937-019。
③ 庆桂：《钦定剿平三省邪匪方略》正编卷239、265、266、284、288、290、295、304、308、332、342，续编卷7、8、13、24，《续修四库全书》，第397、398、399、400册，第169、565、583、133、186、215—216、296、429—430、491—492、167、346、627、663、56、283页。
④ 《四川总督魁伦奏为查明川省办理军需向有里民津贴原委并现在酌办情形事》，嘉庆四年十二月初八日，中国第一历史档案馆藏宫中档朱批奏折，档案号：04-01-11-0006-006。
⑤ 《四川总督魁伦奏为查明川省办理军需向有里民津贴原委并现在酌办情形事》，嘉庆四年十二月初八日，中国第　历史档案馆藏宫中档朱批奏折，档案号：04-01-11-0006-006。

人丁克玉赴京控告该县苛派夫价一案。十月，又有隆昌县民人曾斗魁赴京控告该县绅士藉差派累一案，并且丰都、江油、温江等县民人亦有因加派津贴呈状申诉者。① 显而易见的是，即便地方政府已最大限度地对加派津贴"扰累民间"的弊端进行了模糊处理，但是仍然无法掩盖其"非合理性赋税"的实质。

其实在白莲教起义初期，四川地区就已经开始向民间加派津贴，只是尚未公开化，清廷方面对此亦采取默许的态度。然而嘉庆四年（1799）十二月，因丁克玉、曾斗魁两案爆发，四川省民情惶惑，津贴问题的严重性由此方才受到朝廷重视。是月，四川总督魁伦即奉旨对各州县加派里民津贴的情况进行了彻查整顿。按照魁伦自己的说法，其本意乃欲"通行出示，将各州县里民津贴一项概行停止，不许科派"。但因目下四川省军情紧急，前线各项需用浩繁，限于时势，魁伦遂严饬各州县继续按例加派，仅将此前涉嫌贪黩侵渔的属员依例重治。② 所以，即使加派里民津贴已然对四川本省产生了较坏的社会影响，但官方面对前线巨额的军费支出，加派津贴的政策也只能暂且保留。嘉庆五年（1800）正月，通江蓝号、东乡白号等数股起义军由定远县抢渡嘉陵江，于遂宁、蓬溪等处焚掠，川西地区形势骤然紧张。彼时川东、川北地区迭经战火蹂躏，各属津贴已逐渐停止。新任四川总督勒保乃奏请将川西、川南地区里民津贴充入军需："迨本年贼过潼河并龙安所属，则川西完善之区又去其半。其未经被贼之处不过四十余州县，日久支持，未免渐形拮据。惟是此时军务紧要，粮运夫马既不能停，自不能不仍资民力……如量加津贴尚属可行，并乡勇、团勇雇价不敷之处以之酌盈剂虚，量为贴补。"③

虽然里民津贴的确在一定程度上缓解了四川地区的战时财政压力，但是该款项毕竟属于"苛捐杂税"，仍然会不可避免地出现激化社会矛盾的风险："官吏但顾考成，一切以军兴法从事。科敛督责，民必不堪。

---

① 《四川总督魁伦奏为查明川省办理军需向有里民津贴原委并现在酌办情形事》，嘉庆四年十二月初八日，中国第一历史档案馆藏宫中档朱批奏折，档案号：04-01-11-0006-006。
② 《四川总督魁伦奏为查明川省办理军需向有里民津贴原委并现在酌办情形事》，嘉庆四年十二月初八日，中国第一历史档案馆藏宫中档朱批奏折，档案号：04-01-11-0006-006。
③ 庆桂：《钦定剿平三省邪匪方略》正编卷184，《续修四库全书》，第395册，第656页。

事变滋起，获遇水旱之灾，将何以处之？"① 有鉴于此，嘉庆帝开始逐步命四川省停止加派里民津贴。如嘉庆五年（1800）六月，因户部及邻省协济军饷陆续抵境，此时四川省留防兵丁不多，经费尚属宽裕。嘉庆帝遂传谕四川总督勒保："即通盘筹算，如此饷银足敷本年之用，则前此津贴之说自可暂行停止。"② 而时至嘉庆六年（1801）二月，四川省加派里民津贴的情况仍未能停止。如据布政使杨揆所奏，上年十二月份所收里民津贴即有15.4万余两，已尽数支发各营兵饷及各属应领军需。③ 据统计，嘉庆五年（1800）九月至次年二月，四川省里民津贴已收47万余两。④ 再嘉庆七年（1802）正月，据总督勒保呈奏，截至嘉庆六年（1801）腊月底，四川省所收里民津贴已达822185两。其中除抵还谷价欠款108231两外，其余713954两均经各州县解交司库，归入军需项下作正支销。⑤

（三）官员捐廉充饷

养廉银，本为贴补地方官员并充盈行政经费而设。但是在白莲教起义中，这部分钱款亦经各省官员捐出供给前线军需。如嘉庆四年（1799）七月，陕甘总督松筠奉旨驻扎汉中督办粮饷，并亲往检阅西乡、平利县一带军营。其慰劳兵勇所需赏赐，松筠即先行预支总督两年养廉银发给。⑥ 十一月，据陕西巡抚台布奏言："臣帮办军务，凡军营出力兵丁以及各处搜山防卡义勇人等，均须随时犒赏。若先向粮台提借，事竣后再行归还，恐启弊混之渐。"遂再行预支巡抚两年养廉银以备应用。⑦ 又如嘉庆六年（1801）七月，参赞大臣德楞泰追剿太平黄号起义军自陕入川，此路官

---

① 龚景瀚：《澹静斋文钞外篇》卷1《坚壁清野议》，《清中期五省白莲教起义资料》，第5册，第179页。
② 庆桂：《钦定剿平三省邪匪方略》正编卷185，《续修四库全书》，第395册，第668页。
③ 庆桂：《钦定剿平三省邪匪方略》正编卷237，《续修四库全书》，第397册，第138页。
④ 《四川总督勒保奏报查明川省捐输银数分别开单奖励事》，嘉庆六年四月初四日，中国第一历史档案馆藏宫中档朱批奏折，档案号：04-01-35-0623-059。
⑤ 《四川总督勒保奏为川省续派津贴银两以佐军需事》，嘉庆七年正月初十日，中国第一历史档案馆藏军机处录副奏折，档案号：03-1712-002。
⑥ 庆桂：《钦定剿平三省邪匪方略》正编卷112，《续修四库全书》，第394册，第119—120页。
⑦ 庆桂：《钦定剿平三省邪匪方略》正编卷133，《续修四库全书》，第394册，第472页。

兵粮饷即经四川总督勒保饬令各州县就近供支，并捐银2000两送往军营以为赏赉之需。① 该年九月，经略大臣额勒登保于陕省境内围捕起义军，因天气渐寒，曾咨商西安、汉中、兴安三府制办棉袄11650件、棉马褂1100件、暖帽4895顶、棉套裤4879双及布鞋4924双，共计工料银22150两。此项费用皆由陕省官员捐廉办理："陆有仁捐银四千两，藩司温承惠捐银三千两，臬司文需捐银二千两，道员朱勋、台斐音、素纳、吴沂、杨护等五员各捐银一千两，知府陈文骏、龙万育、盛惇崇、王骏猷、洪蕙、赵洵、樊士锋等七员各捐银八百两，直隶州知州陈祁、庄振、庄炘、皂柱、喻文鏴等五员各捐银五百两，皆系实缺之员。"是年年底，额勒登保率军进抵川境，复经总督勒保捐廉制办棉衣3000件、布鞋2000双。② 再如嘉庆七年（1802）六月，德楞泰于湖北省竹山县境内追剿襄阳黄号起义军，官兵随征日久已形困乏，总督吴熊光旋即于捐廉项下提银6000余两分赏兵勇。③ 同年十月，提督杨遇春遣兵向秦巴老林中的起义军残余发动最后攻势，亦经陕甘总督惠龄捐廉制备棉衣、鞋脚2500件，均分散各营兵勇添补穿着。④

（四）借贷商银

借贷商银的情况在白莲教起义中也比较多见。有时因军饷供应不及，地方官员恐临事掣肘，遂选择向附近商铺借资以应急需。如嘉庆四年（1799）五月，由于陕西省陇州、凤翔等处有起义军滋扰，川、陕运道被截，前次部拨饷银250万两只得暂于宝鸡、凤县一带存贮。目下川东北各路起义军仍窜扰如故，参赞大臣德楞泰又统兵2万名追剿龙绍周、樊人杰等前来。是以现在新饷未到，藩库存饷亦将次告罄。遂经布政使林俊先行用印票向省城各铺户凑借银6万两，解送达州接济。⑤ 而随后根据林俊奏称，该省借贷商银的情况并非仅此一次，但均于饷银解到后

---

① 庆桂：《钦定剿平三省邪匪方略》正编卷277，《续修四库全书》，第398册，第36页。
② 庆桂：《钦定剿平三省邪匪方略》正编卷288，《续修四库全书》，第398册，第181—182页。
③ 庆桂：《钦定剿平三省邪匪方略》正编卷323，《续修四库全书》，第399册，第43页。
④ 庆桂：《钦定剿平三省邪匪方略》正编卷346，《续修四库全书》，第399册，第396页。
⑤ 庆桂：《钦定剿平三省邪匪方略》正编卷105，《续修四库全书》，第393册，第666页。

第二章　白莲教起义中清军的粮饷来源

立即如数归还并酌给利银。①再嘉庆五年（1800）十一月，樊人杰、徐添德等股起义军被官兵击败于太平县境，皆欲由城口奔陕，德楞泰乃遣总兵讬云泰以兵勇3000名前往阻截，其所需粮饷皆须由太平运往。但彼时四川省奏拨饷银尚未抵境，各州县脚价又大半拖欠，运粮人夫裹足不前。面对如此情形，四川总督勒保乃饬令属员先于成都、重庆、达州三处向商民暂借银数万两，待续拨饷银运到时再行发还。②

第三节　粮饷来源的结构性特征

本章前两节通过梳理官方档案文献中的相关内容，具体展现了嘉庆朝白莲教起义中清军粮饷的来源及规模。从中不难发现，清军获取粮饷的途径是非常多元的，并且同区域经济状况和战场形势发展息息相关。那么，不同省份之间粮饷来源的构成是怎样的？哪些省份承担的粮饷规模较大？彼此间的差异又反映出怎样的制度和经济背景？针对上述问题，本节将重点从粮饷的种类、区域分布以及获取方式等内容入手，对其来源的结构性特征进行分析。

一　军粮方面

（一）粮食结构

战时军粮，往往以能供给为上，并不拘泥于何种方式与食物，谷物、肉类、蔬菜等均可佐食。正如前文所述，清军在平定白莲教起义的过程中，获取军粮除依靠官方仓储拨给、市场采买、截留漕粮等途径外，还涉及因粮于敌、沿途采食、商人捐献等多种渠道。灵活、多样的获粮方式虽然满足了军营所需，但是亦造就了复杂的粮食结构。具体可参见表2-6、图2-1。

---

① 庆桂：《钦定剿平三省邪匪方略》正编卷118，《续修四库全书》，第394册，第232页。
② 庆桂：《钦定剿平三省邪匪方略》正编卷216，《续修四库全书》，第396册，第450页。

表2-6　　　　　白莲教起义中各省输出军粮种类、数额　　　　单位：万石

输出省份	大米	小麦	小米	合计
湖北省	34.816	—	—	34.816
陕西省	18.55	2	—	20.55
江西省	36.3	—	—	36.3
安徽省	12	—	—	12
四川省	301.975	—	—	301.975
湖南省	39.227	—	—	39.227
河南省	—	—	7	7
山西省	—	—	11	11
甘肃省	—	10	—	10
合计	442.868	12	18	472.868

说明：1. 表中仅涉及仓储拨给、市场采买、截留漕粮、商人捐献4种来源；2. 文献中军粮为"稻谷"者，均按照2∶1的碾运比例换算成大米录入；3. 湖北省嘉庆元年（1796）采买大米4000—5000石，按照5000石计算；4. 四川省在嘉庆三年（1798）以前的仓储拨给数据为避免重复，仅选取"稻谷174.35万石"的记录。

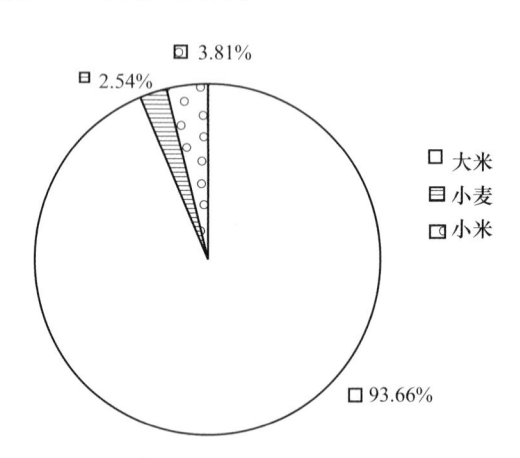

图2-1　白莲教起义中各省军粮种类占比

（大米 93.66%，小麦 2.54%，小米 3.81%）

立足于表2-6、图2-1可知，白莲教起义中各省军粮供给的种类以大米为主，而小麦、小米等粮食作物则比重较少。具体而言，各省输出

大米共计442.868万石，约占军粮总额的93.66%。而小麦共计12万石、小米共计18万石，仅分别占比约2.54%与3.81%，此外还包括部分未能量化的包谷、豆类等杂粮。因此，实际上的军粮种类更为复杂。

造成上述现象的原因在于：一方面，清代军营发放官兵口粮向来就是以大米居多。如在《钦定户部军需则例》中就曾明确规定，各省出征官兵、乡勇、跟役及运夫，除发放例定行装、盐菜及安家银等项外，支取口粮均以大米为主。但是仍须以军需办理难易程度而定，也存在如牛羊抵米、折银抵米以及米面兼放等特殊情况。[①] 另一方面，军粮的种类也与当地的物产有直接联系。此次白莲教起义的战场主要位于湖北、陕西、四川三省交界，其中，湖北、四川两省和陕西省兴安、汉中府等地均为重要的大米产区，外部所涉及的江西、安徽、湖南三省更是清廷主要的漕米来源。而陕西省关中地区以及甘肃、河南、山西等省则以出产小麦、小米等粮食作物为主，仅系临时拨入军营添补兵勇口粮，总体需求规模并不大，由此造就了军粮结构的显著化差异。

（二）来源区域分布

结合前文内容可知，嘉庆朝白莲教起义中清军获取军粮的区域主要包括湖北、陕西、四川三省以及江西、安徽、湖南、河南、山西、甘肃等省，牵涉面很广。然而受到实际需要和转运成本等方面因素的影响，不同省份之间供给军粮的规模存在明显差异。仓储拨给与市场采买作为清廷最为主要的军粮来源，获粮数额最大，牵涉省份最多，可以更为全面地展现此次起义中军粮来源的区域分布特征。具体可参见表2-7。

仓储拨给方面，向湖北省输入的军粮主要来自湖北本省、安徽省和江西省，分别占比约27.8%、27.5%与22.9%；向陕西省输入的军粮主要来自江西省、陕西本省和山西省，分别占比约33.2%、27.7%与20.3%；向四川省输入的军粮主要来自四川本省，占比约90.2%。显而易见的是，由湖北、陕西、四川三省仓储自给的军粮占比最大，其余来

---

① 阿桂、和珅等纂修：《钦定户部军需则例》卷8《折价抵支》，《续修四库全书》，第857册，第121页。

源省份的规模居次但相差不多,① 并且在地理空间上多与前者毗邻。②

表2-7　　　　　　白莲教起义中各省军粮供给数额　　　　　单位：万石

输入省份	输出省份	仓储拨给	市场采买	合计
湖北省	湖北省	12.1509	1.9881	14.139
	陕西省	0.55	—	0.55
	江西省	10	8.3	18.3
	安徽省	12		12
	四川省	3	1.8	4.8
	湖南省	4	3.75	7.75
	河南省	2	—	2
陕西省	湖北省	1.1	0.1	1.2
	江西省	18		18
	陕西省	15	2.4	17.4
	湖南省	3.1	3.9	7
	山西省	11	—	11
	四川省	1	—	1
	河南省	5		5
四川省	陕西省	2.6		2.6
	四川省	116.175	180	296.175
	甘肃省	10	—	10
合计		226.6759	202.2381	428.914

说明：1. 表中仅涉及仓储拨给、市场采买2种来源，未包括截留漕粮、商人捐献等渠道，故总额与表2-6存在差距；2. 文献中军粮为"稻谷"者，均按照2∶1的碾运比例换算成大米录入；3. 湖北省嘉庆元年（1796）采买大米4000—5000石，按照5000石计算；3. 四川省在嘉庆三年（1798）以前的仓储拨给数据为避免重复，仅选取"稻谷174.35万石"的记录。

---

① 由于文献记载的问题，湖北省拨给本省的数据缺失较多；陕西省拨给本省的15万石军粮均来自兴安、汉中两府，其他府厅州县的数据因缺失未能录入；四川省也存在类似的情况。因此，来自本省仓储的实际数额要比本书中更高。

② 在陕西省的军粮来源省份中，江西省与陕西省并不毗邻，属于特例。但相较于受战争影响、获粮维艰的湖北省，江西本省不仅盛产大米，并且到陕水运便捷、粮价亦更为低廉（详见下文），因此成为军粮输入的重要省份。

第二章　白莲教起义中清军的粮饷来源

首先，完备的仓储体系与充足的粮食储备为各省军粮供给奠定了坚实基础。仓储体系，主要包括官方主导的常平仓、官民合办的社仓以及民间主导的义仓，所储备的谷米多在兵燹、灾荒之年用于供给军需、平抑物价和稳定民生，是中国古代社会保障制度的重要组成部分。清代统治者在总结历代经验的基础上继续发展和完善仓储建设，形成了所谓"其在直省则设有常平仓，乡村则有社仓，市镇则有义仓，近边则有营仓，濒海则有盐义仓"的完备仓储体系。[①] 表2-8所示为白莲教起义中军粮来源各省在乾隆三十一年（1766）以前的仓储规模。从中可以发现，这些省份的仓储量平均在230万石左右，处于较高水平。彼时全国19省的仓储量为3970.6224万石，而这些省份的比重就高达约51.7%，

表2-8　　白莲教起义中军粮来源各省仓储规模（乾隆三十一年）　　单位：石

省份	常平仓	社仓	义仓	合计
湖北省	763579	654003	24000	1441582
安徽省	1235708	505285	—	1740993
江西省	1341921	731768	5358	2079047
湖南省	1438349	532537	—	1970886
河南省	2391600	643111	—	3034711
陕西省	2156610	620870	—	2777480
山西省	2303263	579643	—	2882906
四川省	1856437	900518	—	2756955
甘肃省	1831711	31677	—	1863388
合计	15319178	5199412	29358	20547948

资料来源：嵇璜、刘墉等纂修：《清朝文献通考》卷37《市籴考六　籴》，浙江古籍出版社1988年影印本，第1册，第5205—5206页。

说明：1. 各省仓储粮食种类包括稻谷、大米、小麦以及杂粮，表中不做区分统一录入；2. 表中未录入浙江省永济仓、河南省漕仓、山西省归化等厅储谷。

[①] 嵇璜、刘墉等纂修：《清朝通典》卷13《食货十三·轻重上》，《万有文库》，商务印书馆1935年影印本，第2集，第2095页。

121

占据了"半壁江山"。仅湖北、陕西、四川三省就占比17.6%。丰盈的仓粮储备，除用于赈济难民、平粜齐物外，自然也成为官方军粮供给的首选来源及有力保障。

其次，战场形势发展和运输成本决定了各省军粮供给的先后顺序及规模。此次白莲教起义首先爆发于湖北、陕西、四川三省，初时起义尚局限于三省内部，还未形成大范围影响。并且沿途府县仓储充盈，就近筹措军粮更为便宜，故而先由本省仓储供给。但是随着战场形势愈发难以控制，各省仓储亦相继告罄，只得向外省寻求支持。所以在仓储拨给的顺序和规模上，均呈现本省为先且规模更大的特点。如湖北省就是在"现计存仓仅止十分之三、四"的情况下开始借拨外省兵米。[①] 陕西省亦因"用兵五年，常平额贮及民间盖藏动辄采买几遍"而大规模引进外粮。[②] 四川省更是在额贮仓谷仅存65.783万余石后，方才奏请外省协济。[③] 而这些外省多与涉战省份毗邻，则是基于节约运输成本的考虑做出的选择。因为军粮的运输成本同里程和装载量成正比，所以最为理想的状态便是尽可能多的军粮供给和尽可能短的运输里程，这只能于邻省实现。而江西、安徽、湖南、山西、河南、甘肃等省仓储充足，又依凭长江、黄河水道及驿路与战场中心区域联通，水陆运输便捷，不仅可以及时供给前线，成本亦更为低廉。

市场采买方面，向湖北省输入的军粮主要来自江西、湖南两省，分别占比约52.4%与23.7%；向陕西省输入的军粮主要来自湖南省和陕西本省，分别占比约60.9%与37.5%。其中，本省采买的粮食种类以小麦为主。此外，四川省应也有一定的规模；而向四川省输入的军粮则均来自本省市场。从中不难发现，涉战省份采买军粮最多的区域分别为江西、湖南、四川三省，而向本省市场购买的规模则相对偏低（四川省除外）。

这主要是由于市场粮价波动的影响。众所周知，粮食价格与市场供

[①]《安徽巡抚汪新奏为筹拨邻省米粮以济民食军需事》，嘉庆元年五月二十二日，中国第一历史档案馆藏军机处录副奏折，档案号：03-1707-016。
[②] 庆桂：《钦定剿平三省邪匪方略》正编卷166，《续修四库全书》，第395册，第354页。
[③] 庆桂：《钦定剿平三省邪匪方略》正编卷72，《续修四库全书》，第393册，第122页。

第二章 白莲教起义中清军的粮饷来源

求关系显著相关。而距离战场中心较近的区域往往因为大兵云集、供求关系失衡,以致粮价飞涨。所以官方基于节省军费开支的考虑,多会选择向外省采购军粮。但正如上文所述,军粮的运输成本同里程和装载量成正比。同时大规模的军粮采购势必也会对当地市场的粮价造成影响。所以在白莲教起义中,湖北、陕西、四川等涉战省份主要于邻省市场采买军粮。并且采买规模亦属有限,仅作为仓储拨给的补充。具体而言,湖北省在嘉庆三年(1798)以前的米价平均约为1.44两/石,江西省约为1.25两/石,湖南省约为1.5两/石。彼此间相差不大,尤以江西省最为低廉。与此同时,江西、湖南两省米市皆邻近楚境,区域市场整合度高。[①] 兼之水运便捷,自然成为军粮采买的最佳选择。而湖北省武昌、汉阳一带虽然也有采买,但是碍于粮价预期的影响,总体规模并不大。陕西省大部并非产米地区,仅有的兴安、汉中一带又因迭遭兵燹,米价昂贵异常。其大规模采买军粮集中于嘉庆五年以后,彼时湖南、四川两省米价较低,所以多有购办。而本省采买的小麦主要来自西安、同州及凤翔一带,系正项之外添补兵勇口粮。虽然彼时麦价高昂,但因各路军营缺粮严重,亦属非常之举。[②] 四川省的米价长期稳定在1.48两/石左右,特别是嘉庆五年以后,在各省均获粮维艰的情况下,本省低廉的粮价以及较少的运输成本,为实现军粮自给提供了极大的便利。(参见图2-2)

当然,就四川省高度的军粮自给能力而言,除了低廉的粮价外,稳定的后方市场也是非常关键的因素。虽然湖北、陕西、四川三省均处于此次白莲教起义的战场中心,但是各自粮食市场受到的影响却大不相同。以湖北省为例,其主要的粮食市场位于襄阳、武昌及汉阳一带。据统计,仅汉口镇米粮的年运销量就在千万石以上。[③] 然而这里恰巧也是白莲教起义最先影响到的地区。战争致使民情惶惑、米贩裹足、粮价日渐昂贵,

---

[①] 赵伟洪:《乾隆时期长江中游米谷市场的空间格局》,《中国经济史研究》2017年第4期。
[②] 《陕西巡抚陆有仁奏为遵旨筹买麦石以济兵食情形事》,嘉庆六年八月十八日,中国第一历史档案馆藏军机处录副奏折,档案号:03-1711-081。
[③] 郭松义:《清代粮食市场和商品粮数量的估测》,《中国史研究》1994年第4期。

123

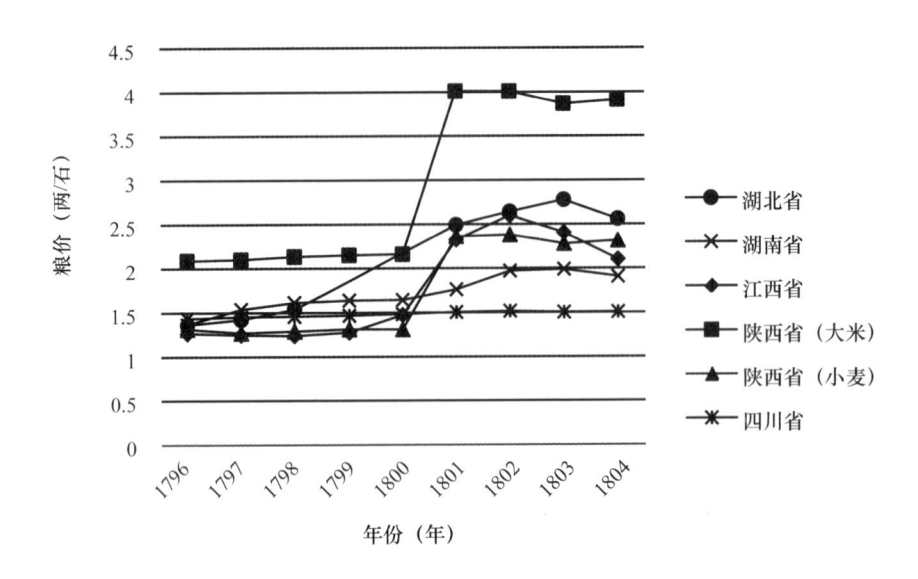

图 2-2 白莲教起义中采买军粮省份粮价年际变化①

自然难以为本省提供长期、稳定的军粮支持。陕西省主要的粮食市场位于关中西安、同州一带，与陕南兴安、汉中等地相隔较远，受战争影响不大，故而供给情形对比湖北省有所改善。但是其交易作物多以小麦为主，并且时有旱荒发生，亦难以实现长期的军粮自给。② 相较之下，四川省作为全国重要的粮食产区，主要的粮食市场位于成都、重庆、嘉定、叙州一带。③ 而此次战事多位于川东、川北地区，这里远离战场中心，依仗得天独厚的产粮优势便足以应对前线浩繁的军粮需求。虽然后期战火又蔓延至川西、川南等地，但是对于全省的军粮供应形势并没有造成太大影响。

---

① 本图依据台湾"中央研究院"近代史研究所《清代粮价资料库》绘制而成。其中，湖北、湖南两省粮食种类为上米，江西省为大米，四川省为中米，陕西省因面麦兼放，故将大米、小麦价格同时列入。
② 汪宁：《明清时期关中地区旱荒关系研究》，硕士学位论文，陕西师范大学，2016年，第151—152页。
③ 朱林：《清代四川粮食贸易运销研究》，硕士学位论文，四川师范大学，2013年，第13—15页。

（三）规模年际变化

嘉庆朝白莲教起义中各省军粮供给的规模受到战场形势发展的影响，还存在显著的年际变化，呈现出阶段性的特点。总的来看，湖北省的军粮供应集中于起义前、后阶段；陕西省的军粮供应集中于起义中、后阶段；四川省的军粮供应则集中于起义前、中两个阶段（参见图2-3）。

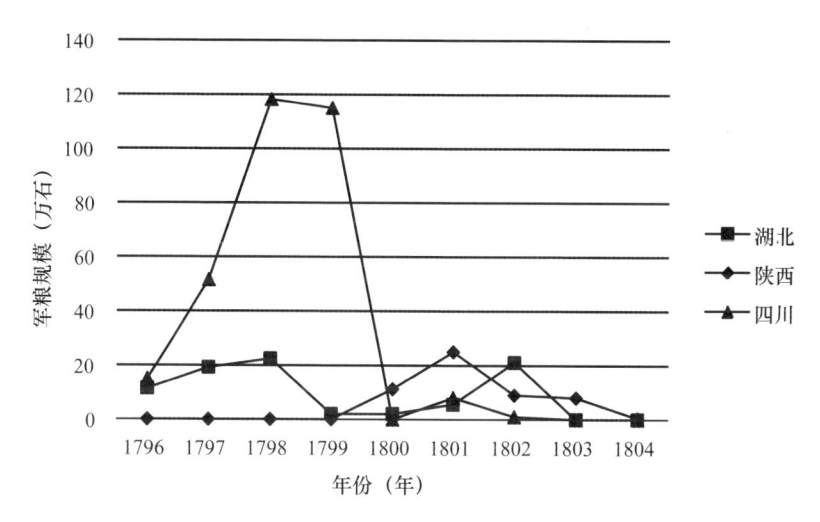

图2-3 白莲教起义中各省军粮规模年际变化

造成上述现象的原因在于：其一，湖北省系白莲教起义的首发地，军粮自然先交由本省筹办。并且随着前线局势日益吃紧，各路征调官兵的数量与日俱增，本省军粮供给规模亦达到最大。而到了嘉庆三年（1798）以后，随着襄阳、长阳两路起义军悉数歼擒，本省搜剿压力显著降低，军粮需求亦随之减少。时至嘉庆六年（1801）以后，湖北省留防、抚恤等善后事宜相继展开，军粮供给规模遂再次增加。其二，陕西省初期战事不多，兼之本省仓储充盈，所以不仅无须外省协济，还可以酌量供给外省战场。而到了嘉庆四年（1799）以后，由于襄阳起义军不断在陕南、陇南一带窜扰，致使本省军粮需求骤然增多。特别是到了起义后期，各股白莲教势力被尽数逼入川、陕交界的秦巴山区，大量清军奉调来陕搜捕残余。因此这一时期的军粮供给规模达到最大，向外省寻求协济也更为频繁。其三，四川省初期的情况与湖北省类似，同样是基于本省仓储的军粮供给。而到了嘉庆三年（1798）以后，随着各路起义军会聚川东北，四川省成为彼时战况最为焦灼的省份。大兵云集，军粮需求浩繁，故而供给规模达到历史峰值。这样的状况一直持续到嘉庆五年（1800），特别是"马蹄冈战役"以后，蔓延川西、川南地区的起义军相继覆灭，其余部遁入巴山老林，官军离境赴陕追剿，本省军粮供给规模因之降低。

二 军饷方面

（一）饷银结构

清代前期，官方实行量入为出的"定额化"税收政策，财政收支均有相对固定的来源和额度，即所谓"国家出入有经，用度有制"[1]。这在社会发展稳定的时期，自然无虞。但在战乱频仍、灾荒连年的非常时期，刚性的财政体系便会被打破，税收政策亦由"量入为出"向"量出制入"转变。在此次白莲教起义中，官方为应对各省巨额的军饷需求，除派拨户部、内务府库银，借拨各省封贮、地丁银及盐课、关税等正项外，还涉及捐纳、报效、加派里民津贴、官员捐廉充饷、借贷商银等多种途径，军饷结构也由此呈现出多样化、复杂化的特点。具体可参见表2-9、图2-4。

表2-9　　　　白莲教起义中各省输入军饷结构、数额　　　　单位：万两

军饷结构	湖北省	陕西省	四川省	合计
户部内库银	1550	1670	2180	5400
内务府库银	—	90	40	130
封贮、地丁银	391	303.4	510	1204.4
盐课	117	126.6	80	323.6
关税	143	130	160	433

[1] 贺长龄辑：《皇朝经世文编》卷26《户政一·理财上》，《论理财疏》，第35页。

第二章 白莲教起义中清军的粮饷来源

续表

军饷结构	湖北省	陕西省	四川省	合计
商捐银	20	223.3	253.026506	496.326506
捐监银	108	130	45	283
里民津贴	—	—	118.3954	118.3954
养廉银	0.6	2.21	0.2	3.01
借贷银	—	—	6	6
合计	2329.6	2675.51	3392.621906	8397.731906

说明：1."封贮、地丁银"还包括各省漕项、谷息等地方款项；2."里民津贴"为嘉庆五年（1800）至嘉庆六年（1801）的数据总和，其中有部分数据重叠。

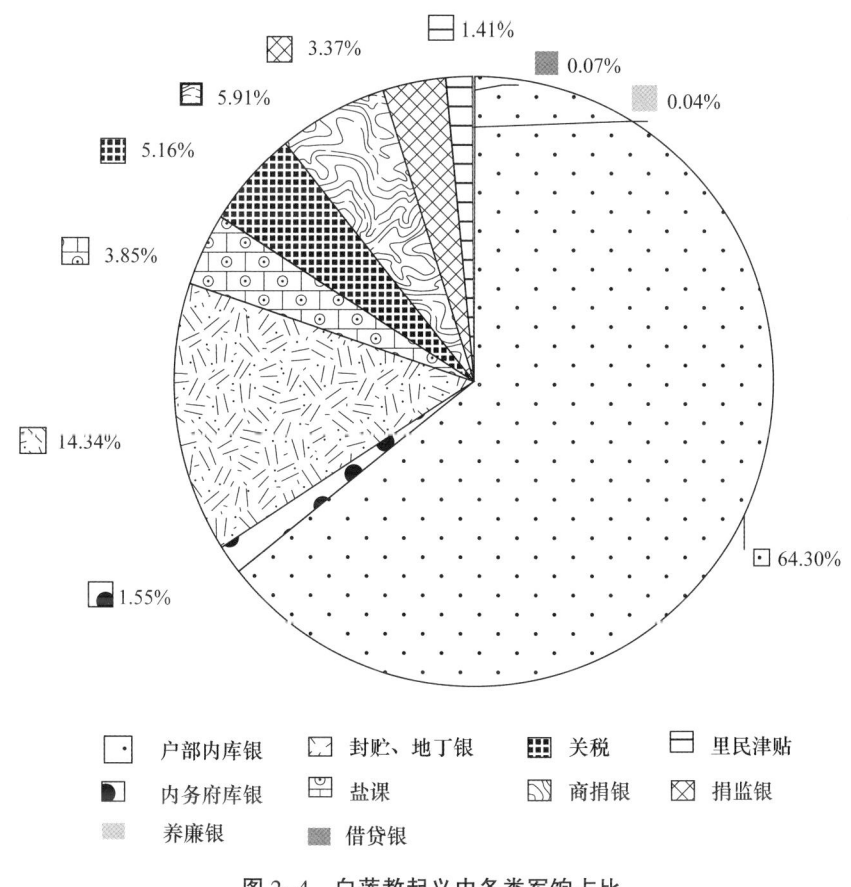

图 2-4 白莲教起义中各类军饷占比

结合表 2-9、图 2-4 可知，白莲教起义中各省军饷供给的结构以户部、内务府库银为代表的中央财政为主，以封贮、地丁银、盐课、关税以及商捐、捐监银、里民津贴为代表的地方款项居次。① 具体而言，中央派拨户部、内务府库银共计 5530 万两，约占军饷总额的 65.85%。其中，户部内库银共计 5400 万两，比重最大。而各省借拨地方封贮、地丁银和盐课、关税等正项共计 1961 万两，约占军饷总额的 23.35%。其中，封贮、地丁银共计 1204.4 万两，比重最大。此外，属于非正项税收的商捐、捐监银以及里民津贴共计 897.721906 万两，亦占有 10.69% 的规模。

首先，清代高度集中的财政管理体系决定了中央财政在军饷供给过程中的绝对地位。关于清代的央地财政结构，已有学者指出并不存在严格意义上的中央财政与地方财政的分野，"但有以'起运'、'存留'为标志的中央财政与地方财政的划分"②。根据《钦定大清会典则例》所载，"州县经征钱粮运解布政使司，候部拨，曰起运"，"州县经征钱粮扣留本地，支给经费，曰存留"③。起运的部分最终入贮户部银库，成为清廷实现国内治理以及应对重大战争、灾害威胁的准备金。存留的部分则入贮各省藩库，成为地方行政、协饷以及开展公共事务的经费来源。起运和存留的比例在清代前期一直处于变化之中，直到清代中期以后方才固定下来。据统计，乾隆年间各省起、存总额共计约 2963.8051 万两。其中，起运总额约为 2322.9439 万两、存留总额约为 640.8612 万两，分别占比约 78.4% 与 21.6%，前者较后者超出 3 倍有余。④ 正是在这种

---

① "封贮银"是中央存留地方以应对紧急公务的储备金，仍属于中央财政的范畴，已有学者对此进行过详细论述。具体可参见赵思渊、申斌《明清经济史中的"地方财政"》，《中山大学学报》（社会科学版）2018 年第 1 期；何永智《清代直省封贮银制度及其嬗变》，《清史研究》2019 年第 4 期。本书赞同此观点，但鉴于封贮银主要用于地方事务，并且文献中也存在多处数据粘连的情况。为了便于分析，本书将封贮、地丁银划为一个大类，仅以"地方款项"称之。

② 陈锋：《清代财政政策与货币政策研究》，武汉大学出版社 2013 年第 2 版，第 529 页。

③ 允祹、纪昀等纂修：《钦定大清会典则例》卷 36《户部·田赋三》，《景印文渊阁四库全书》，台湾商务印书馆股份有限公司 1986 年影印本，第 621 册，第 104、114 页。

④ 允祹、纪昀等纂修：《钦定大清会典则例》卷 36《户部·田赋三》，《景印文渊阁四库全书》，第 621 册，第 104—105、114—115 页。

第二章 白莲教起义中清军的粮饷来源

"不完全财政体制"的影响下,清代中央政府依仗绝对君权掌控着全国最大份额的财富,而地方政府则处于"左支右绌"的尴尬境地。① 面对白莲教起义的爆发,地方政府并不具备坚挺的财政能力以供给军需,只能向朝廷充足的税收储备寻求支持。

其次,内务府库的收入规模与"皇室"属性是其在中央财政支出中占比低的主要原因。有清一代,官方除沿袭旧制,设立户部筹备军国用度外,又于宫中另立内务府经管内廷供应。两者各有职掌、互相独立,由此实现了皇室财政与国家财政的分离。作为皇帝的"私帑",内务府库银的财源十分广泛,主要包括户部借拨、盐课、关税、皇庄收入以及捐纳、报效、籍没家产等途径。其用项则主要包括皇室吃穿用度、节日庆典、婚丧筵宴及日常恩赏等方面。② 而当国家进入战备状态时,内务府库银亦成为军饷供给的重要来源。如在清初统一战争、乾隆朝平定准噶尔、金川之役中均有部分饷银派自内务府广储司。在嘉庆朝白莲教起义中亦有130万两的支出规模,但是仅约占中央财政支出的2.4%。据统计,内务府广储司在乾隆十年(1745)到乾隆六十年(1795)间的总收入为6880.3253万两,③ 而彼时户部银库平均年收入就有1242万两,嘉庆时为每年1100万两。④ 显然,收入差距是军饷供给规模偏低的首要原因。并且由于内务府库同皇室财政紧密联系的特殊性,"奉天子之家事"的主要职能也使其不可能为平定起义提供大规模的军饷支持,只能作为户部库银的补充投放战场。

最后,地方款项在军饷供给过程中的占比差异同其收入规模显著相关。上文已述,清代通过起运、存留的方式构建了中央与地方的"不完全财政体制",在一定程度上阻碍了地方财政能力的成长。有鉴于此,随着中央财政日渐充盈,清廷便开始于各省设立"封贮银"制度,以期

---

① 何平:《论不完全财政体制对清代社会的破坏机制》,《学术研究》2004年第6期。
② 马宝章:《清代广储司库银及其收支研究》,硕士学位论文,黑龙江大学,2017年,第42—64页。
③ 朱庆薇:《内务府广储司六库月折档》,《近代中国史研究通讯》第34期,2002年,第143—147页。
④ 史志宏:《清代户部银库收支和库存统计》,福建人民出版社2009年版,第70页。

改善地方支绌的财政情形。封贮银,又称"备贮银"或"留储银",系朝廷留贮地方,仅用于应对战时军需、灾荒赈济等急切公务的准备金,并不参与藩库日常的钱粮出纳,本质上仍属于中央财政的范畴。据统计,乾隆二十七年(1762)各省的封贮银总额即高达612.4万两。① 而地方财政方面,以地丁银、盐课、关税为正项税源。地丁银,即田赋,雍正朝"摊丁入亩"后成为清代国家财政收入最主要的来源,乾嘉时期收入占比均在70%以上。此外的盐课、关税均系商业税,虽然亦占有一定比重,但是与地丁银收入相差颇大,遂有所谓"凡地丁之外取于民者,皆为杂赋"的说法(参见表2-10)。② 故此,作为地方财政体系的主要组成部分,占据最大份额的封贮银与地丁银自然成为朝廷获取军饷的又一重要来源。

表2-10　　　　　　乾、嘉时期主要财政收入数额　　　　　　单位:万两

项目	乾隆十八年	占比(%)	乾隆三十一年	占比(%)	嘉庆时期	占比(%)
地丁银	2964	71.9	2991	72.9	2802[1]	71.9
盐课	701	17	574	14	608.1517[2]	15.6
关税	459	11.1	540	13.1	487.156686[3]	12.5
合计	4124	100	4105	100	3897.308386	100

资料来源:许檀、经君健:《清代前期商税问题新探》,《中国经济史研究》1990年第2期;陈锋:《清代盐政与盐税》,第217页;倪玉平:《清朝嘉道关税研究》,科学出版社2017年版,第179页。

说明:1. 系嘉庆十七年(1812)数据;2. 系嘉庆五年(1800)数据;3. 系嘉庆四年(1799)数据。

各类军饷的年际变化趋势亦是值得重点关注的问题。正如图2-5所示,白莲教起义中各类军饷的年际变化呈现出一个明显的特征,即军饷结构的日益复杂。具体以嘉庆四年(1799)为界可以分为两个阶段:嘉

---

① 何永智:《清代直省封贮银制度及其嬗变》,《清史研究》2019年第4期。
② 王庆云:《石渠余纪》卷6《纪杂税》,北京古籍出版社1985年影印本,第277页。

第二章 白莲教起义中清军的粮饷来源

庆四年（1799）以前，军饷供给采取中央财政为主、地方财政为辅的方式，经由户部内库派拨的饷银占据了很大一部分。而到了嘉庆四年（1799）以后，中央财政派拨的军饷占比开始逐渐降低，嘉庆六年（1801）以后完全停止。军饷供给转而以地方财政借拨为主，除封贮、地丁银外，还包括盐课、关税、商捐、捐监银和里民津贴等项，构成更为繁复。其原因主要在于中央财政能力的衰退。据统计，乾隆六十年（1795）户部银库库存约为6939万两，到嘉庆元年（1796）即跌落至5658万两。但彼时白莲教起义尚未形成大范围影响，中央财政仍可全力负担。而随着战场形势日益严峻，各省军费支出不断增加，兼之河工、海盗等项支用亦多，令清廷身心俱疲。嘉庆六年（1801）户部银库存银

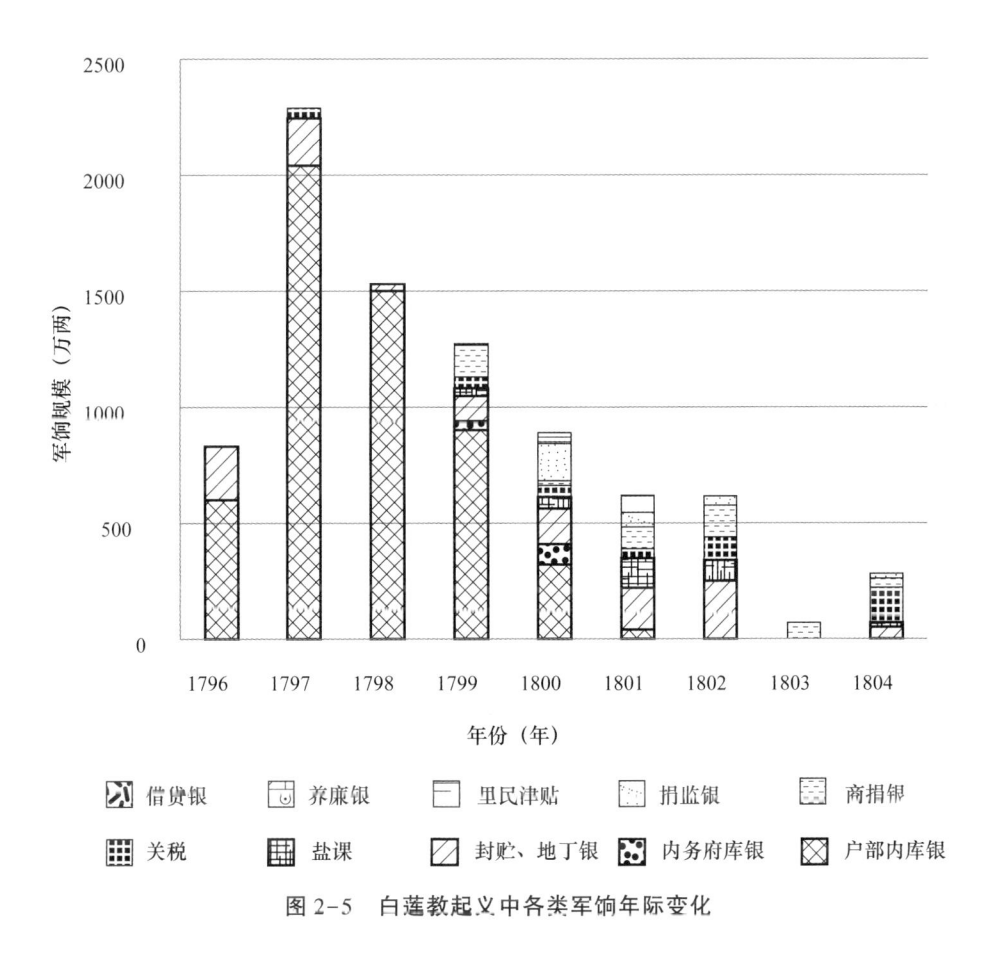

图 2-5 白莲教起义中各类军饷年际变化

数仅有约 1693 万两，前后减少近 75.6%。① 由此，中央财政开始逐渐退出军饷供给的行列。而随着"川楚善后筹备事例"的颁布，清廷动用捐监、商捐银的比例显著提升，后期更成为官方最主要的军饷来源之一。

（二）来源区域分布

正如上文所述，清军在平定白莲教起义的过程中，经由中央财政派拨的饷银占据了很大的比重，故而京师地区在输出军饷的各省份中处于举足轻重的地位。除此之外，经由地方各省借拨的饷银亦有相当的规模。这些省份包括：安徽、河南、江西、广东、江苏、山东、浙江、山西、直隶、福建、河南等省，基本涵盖了全国大部。而这些省份由于又受到制度和经济等不同因素的影响，彼此间输出军饷的规模也多有参差。具体可参见表 2-11、图 2-6。

表 2-11　　　　　　白莲教起义中各省军饷供给数额　　　　　　单位：万两

输出省份	湖北省	陕西省	四川省	合计
京师	1550	1760	2220	5530
安徽省	110	—	—	110
河南省	35	66.7	50	151.7
湖北省	60.6	—	—	60.6
陕西省	50	12.21	30	92.21
江西省	230	37.6	30	297.6
广东省	112	253.3	210	575.3
江苏省	80	127.4	220.572506	427.972506
山东省	62	31.6	50	143.6
浙江省	10	186	92.4540	288.454
四川省	—	—	144.5954	144.5954
山西省	—	166.7	330	496.7
直隶省	—	34	—	34
福建省	—	—	15	15

① 史志宏：《清代户部银库收支和库存统计》，第 104 页。

第二章 白莲教起义中清军的粮饷来源

续表

输出省份	湖北省	陕西省	四川省	合计
湖南省	30	—	—	30
合计	2329.6	2675.51	3392.621906	8397.731906

说明：1. 嘉庆七年（1802）浙江、广东两省输入湖北省20万两，无法得知两省确数，各以10万两计算；2. 嘉庆六年（1801）山东、山西、河南输入陕西省20万两，无法得知三省确数，各取平均值计算；3. 嘉庆九年九江、龙江、淮安、浒墅各关输入陕西省50万两，除龙江关已知12万两外，其余各关无法得知确数，各取平均值计算。

立足于表2-11、图2-6可知，除京师外，向湖北省输入的军饷主要来自江西、广东、安徽三省，分别占比约9.9%、4.8%与4.7%；向陕西省输入的军饷主要来自广东、浙江、山西三省，分别占比约9.5%、7%与6.2%；向四川省输入的军饷主要来自山西、江苏、广东三省，分别占比约9.7%、6.5%与6.2%。其中，江西、安徽、山西三省多与涉战省份毗邻，输出军饷的时间集中于起义前期。广东、浙江、江苏三省输出军饷规模较大，时间则集中于起义后期。

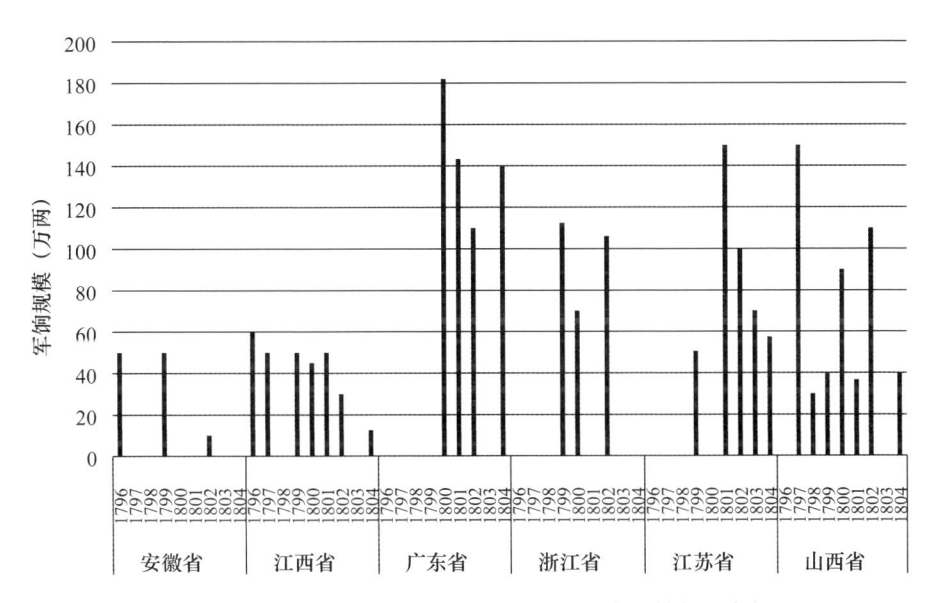

图2-6 白莲教起义中安徽等6省军饷输出规模年际变化

造成上述现象的原因：其一，先由邻省协济是基于运输成本和邻省财政状况的考虑。同军粮转运水陆兼备、随机灵活的特性相比，军饷转运多走官方控制的驿路大道。并且沿途还须兵丁押解护送，运输成本高昂。而随着战争规模的扩大，处于战场中心的省份急需外省的经费支持。由此，官方既要获取充足的饷银，又要适度地节省军费开支，先向邻省借拨军饷便是最为经济的选择。具体来看，山西省与陕西、四川两省经"川陕官道"联通，是京饷转运的必由之路。在白莲教起义中，经常因前线需用既多且急，京饷短期内难以运到，遂先于晋省藩库内动用，俟京饷到境后再行补款。如此不仅运费减少，更显简便、高效。又如江西、安徽两省藩库皆邻近湖北省武昌府一带，通过驿路转运军饷甚属便宜。与此同时，江西、安徽、山西三省的财政状况也是重要的参考因素。以各省封贮银为例，据统计，乾隆四十一年（1776）上述三省的封贮银数分别为：37万两、40万两、39万两，这在当时全国41万两的平均水平中均处于前列。[①] 加之湖南、贵州两省因平定苗民起义所费已多，故而江西、安徽、山西三省便自然成为军饷借拨的首选来源。

其二，广东、浙江、江苏三省高额的军饷输出规模与各自的关税和商捐收入有关。具体而言，广东省输出的军饷主要来自粤海关征税收入，约占该省军饷总额的48.9%。粤海关设于康熙二十四年（1685），是清代管理对外贸易的重要机构。乾隆朝以后，清廷指定广州一口对外通商，粤海关的政治、外交和经济地位由此得到显著提升，关税收入成倍增长。据统计，嘉庆元年（1796）江海、浙海、闽海三关的征税额共计32.5008274万两，而该年仅粤海一关的征税额就高达98.118669万两，超出前者3倍有余。[②] 不仅如此，白莲教起义中，在清廷筹措军饷涉及的各省榷关中，也以粤海关税额占据了绝对的优势，遂有所谓"凡户关之属二十四，粤海关居其一焉"的说法（参见图2-7）。[③] 浙江、江苏两

[①] 何永智：《清代直省封贮银制度及其嬗变》，《清史研究》2019年第4期。
[②] 倪玉平：《清朝嘉道关税研究》，第352—369页。
[③] 梁廷枏总纂：《粤海关志》卷14《奏课一》，《续修四库全书》，上海古籍出版社2002年影印本，第834册，第698页。

省输出的军饷主要来自两浙、两淮盐商报效,分别占比约 61.9% 与 51.5%。两浙、两淮地区自明清以来就是官方重要的盐产区,清初各盐区分配引额,两浙、两淮共得 2077513 引,约占全国引额的 53.6%。①引额的多少决定了盐课的高低,与盐商收入密切相关,而后者则直接影响了盐商的报效规模。据统计,乾、嘉两朝两浙、两淮盐商共计报效 5166.5491 万两,约占各盐区报效总额的 79.5%。② 显然,巨额的关税和商捐收入,是广东、浙江、江苏三省军饷输出规模较高的主要原因。

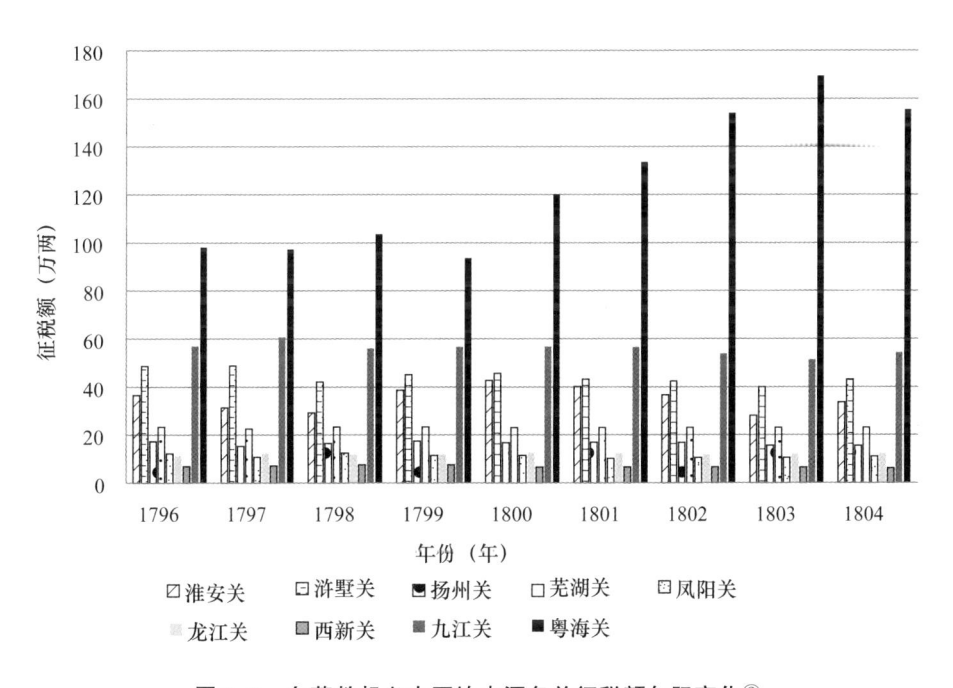

图 2-7 白莲教起义中军饷来源各关征税额年际变化③

(三) 规模年际变化

同军粮供给的情况类似,嘉庆朝白莲教起义中各省军饷供给的规模

---

① 陈锋:《清代盐政与盐税》,第 145 页。
② 陈锋:《清代盐政与盐税》,第 288—289 页。
③ 本图依据倪玉平《清朝嘉道关税研究》,第 240—282、369—370 页数据绘制而成,其中,"芜湖关"仅统计了户关税额。再者,淮安、浒墅、芜湖、凤阳四关个别月份存在双关期,各取平均值计算。

亦受到战场形势发展的影响，存在显著的年际变化趋势。总体来看，可以分为以下三个阶段：嘉庆元年（1796）至嘉庆三年（1798）呈迅速上涨态势，三省军饷规模皆达到历史峰值；嘉庆三年（1798）至嘉庆五年（1800）呈迅速下跌态势，但四川省有部分增长且保持高位运行，陕西省增长幅度则较为明显；嘉庆六年（1801）以后呈缓慢下跌态势，但陕西、四川两省又有一定幅度的增长（参见图2-8）。

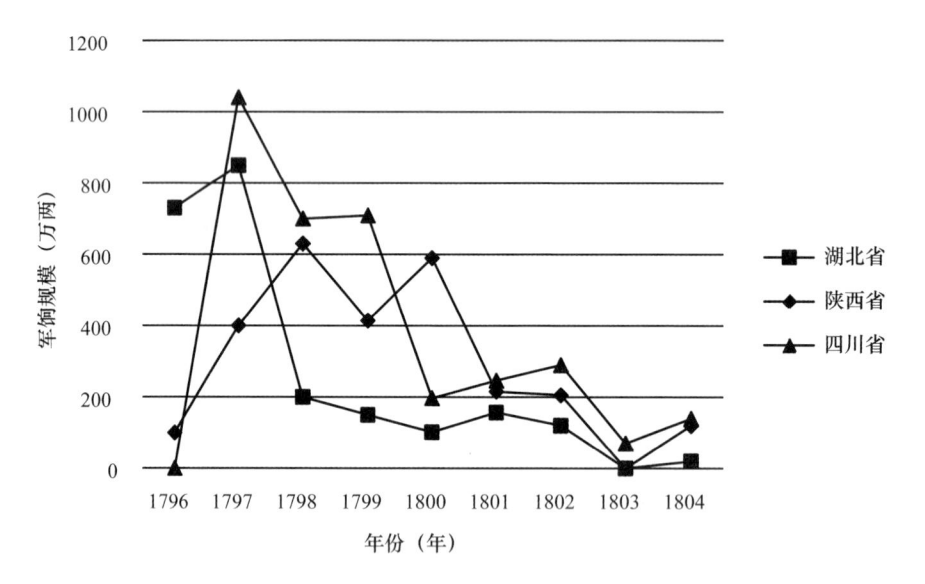

图2-8 白莲教起义中各省军饷规模年际变化

首先，战场区域的扩大是三省军饷规模高幅增长的主要原因。湖北省作为此次白莲教起义最先爆发的地区，对于战时物资的需求无疑是相当紧急且庞大的。兼之本省财政储备已因协济平定湘、黔苗民起义动用无存，故而造就了其在嘉庆元年（1796）巨额的军饷供给规模。而随着战场形势的发展，四川、陕西两省又相继有起义军响应。特别是在嘉庆二年（1797）至嘉庆三年（1798）间，姚之富、齐王氏率襄阳起义军先后于川、陕两地之间反复窜扰，由此推动两省军饷规模达到历史峰值。其次，四川、陕西两省在第二阶段的增长，仍与战争进程显著相关。嘉庆三年（1798）以后，姚之富、齐王氏败亡陕境，其余部尽数入川与川

第二章 白莲教起义中清军的粮饷来源

北起义军合队窜扰。促使四川省成为这一时期战况最为焦灼的省份，军饷需求自然很大。而陕西省的军饷规模在嘉庆五年（1800）的突然增长，则是由于张汉潮、高均德等又分率襄阳蓝号、白号起义军于陕、甘两地之间窜扰所致。嘉庆六年（1801）以后，随着三省起义军队伍经官兵反复剿洗，势渐穷蹙，余部尽数被逼入陕西、四川两省交界的秦巴山区内。各路清军奉调集解于此，对白莲教势力展开最后的围剿，两省的军饷供给规模又随之增加。

不仅如此，军饷供给规模的年际变化还体现在来源省份的空间分布上。图2-9所示为白莲教起义中不同距离省份军饷供给频次的年际变化情况。从中不难发现，在嘉庆四年（1799）以前，由于涉战省份附近各省的财政情况相对较好，尚能供支无虞。并且官方基于节约运输成本的考虑，也多会选择向这些省份借拨军饷。所以，这一时期的军饷来源省份多以邻省或隔省为主，涉及安徽、河南、江西、山西等省，各自距离战

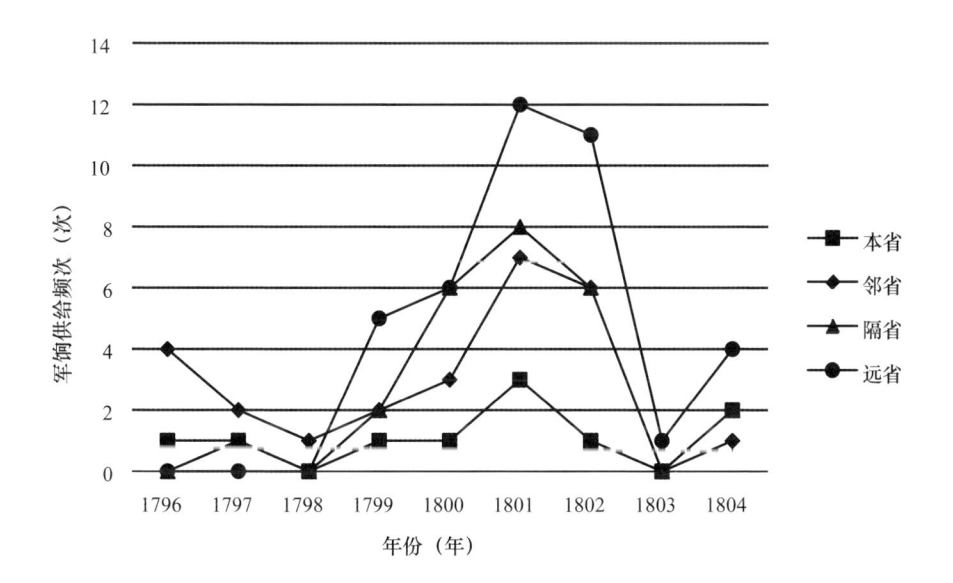

图2-9　白莲教起义中各省军饷供给频次年际变化①

---

① 除"本省"和"邻省"外，"隔省"指与本省相隔一省的省份，"远省"指与本省相隔两个以上省的省份。

场中心区域较近，尚未形成全国范围内的影响。而到了嘉庆四年（1799）以后，随着战争规模的不断扩大，邻省的财政拨给能力日益降低。官方为了继续获取充足的军饷，逐渐开始向距离较远的省份寻求支持。所以这一时期的军饷来源省份多以隔省或远省为主，尤以后者的军饷供给频次最高，涉及直隶、山东、江苏、浙江、广东、福建等省，各自距离战场中心区域较远。故而我们可以认为，此时的军饷筹集已经逐渐形成了全国范围内的影响，而这一空间分布特征同战场形势发展密切相关。

小　结

总体而言，嘉庆朝白莲教起义中清军的粮饷来源大致可以分为官方筹办和民间帮办两种方式，尤以官方力量为主。军粮作为最先给发的战时补贴，主要用于供给官兵、乡勇的日食所需。其获取来源主要包括仓储拨给和市场采买两种途径，间或涉及截留漕粮、因粮于敌、沿途采食、商人捐献等多种渠道。军粮种类以大米为主，小麦、小米居次，并有部分包谷、豆类等杂粮佐食。各省军粮供应情形同仓储建设、粮价以及战场形势发展息息相关。具体而言，湖北省的军粮供应集中于起义前、后阶段。其中，仓储拨给主要来自本省及安徽、江西两省，采买主要来自江西、湖南两省。因为湖北省系白莲教起义的首发地，军粮自然先交由本省筹办。而随着前线局势日益吃紧，各路征调官兵的数量与日俱增，本省的仓储拨给能力已渐形支绌，遂转而寻求外省协济。到了起义中、后期，各路白莲教势力已日趋瓦解，湖北省的搜剿压力显著降低，但仍须应付本省留防、抚恤等善后事宜，故而军粮需求亦随之增加。陕西省的军粮供应集中于起义中、后阶段。其中，仓储拨给主要来自本省及江西、山西两省，采买主要来自本省及湖南、四川两省。起义初期，陕西省内战事不多，兼之本省连岁丰登、仓储充盈，所以不仅无须外省协济，还可以酌量供给外省战场。然而到了起义中期，由于襄阳起义军不断于陕南、陇南一带窜扰，致使本省军粮需求骤然增多。特别是到了起义后期，各股白莲教势力被尽数逼入川、陕交界的秦巴山区，大量清军奉调来陕搜捕残余。此外，陕西省善后事宜也逐渐展开，因此这一时期的军粮需求达到最大，向外省寻求协济也更为频繁。四川省的军粮供应集中于起义前、中两个阶段，但是与湖北、陕西两省不同的是，其仓储拨给有很大一部分来自本省，间或涉及陕西、甘肃两省，采买则均来自本省川东、川西、川南等地。四川省作为全国重要的粮食产区，依仗得天独厚的仓储优势便足以应对浩繁的军粮需求。并且此次战事多位于川东、川北地区，虽然后期又蔓延至川西、川南等地，但对于全省的军粮供应形势并不会造成太大影响。

军饷主要用于官兵、乡勇置办衣履器具、购买副食兼及赡养家小。其获取来源主要包括中央派拨和地方借拨两种途径，前者指来自户部内库和内务府广储司，后者则指来自各省藩库封贮、地丁银及盐课、关税等项。此外，还涉及捐纳、报效、加派里民津贴、官员捐廉充饷、借贷商银等多种渠道。军饷结构以户部、内务府库银为代表的中央财政为主，封贮、地丁银、盐课、关税等地方款项居次，商捐、捐监银、里民津贴等非正项税收亦占有一定规模。各省军饷供应的情形同国家财政体系和战场形势发展紧密相关，具体以嘉庆四年（1799）为界可以分为前、后两个阶段。在嘉庆四年（1799）以前，湖北、陕西、四川三省的军饷供应多采取中央为主、地方为辅的形式，经由户部内库派拨的饷银占据了很大一部分。并且所发数额巨大，自100万—400万两。而地方藩库协济的数额则相对有限，自10万—60万两。并且前后借拨的省份也距离战场中心区域较近，涉及安徽、河南、江西、山西等省，尚未形成全国范围内的影响。而到了嘉庆四年（1799）以后，随着鄂西北、陕南、陇南、川西战场的相继开辟，中央财政的支持能力日益衰退，清廷已无力承担巨额的军费开支。因此，中央财政派拨的军饷占比开始逐渐降低，到嘉庆六年（1801）以后则完全停止。而伴随着中央财政的退出，各省军饷供应转而以地方借拨为主，除封贮、地丁银外，还包括盐课、关税等项，四川省则另有加派里民津贴，构成更为繁复。再者，借拨的省份也逐渐由近及远，涉及山东、江苏、浙江、广东、福建等省，形成了全国范围内的影响。与此同时，随着"川楚善后筹备事例"的颁布，捐纳、报效两项收入的重要性开始愈加凸显。到嘉庆六年（1801）以后，各省战局渐次底定，善后、抚恤事宜相继展开，清廷动用捐监、商捐银的比例开始显著提升。时至嘉庆九年（1804），各省除小范围内仍借拨地方封贮、地丁银外，盐课、关税、捐监、商捐银已完全取代前者，成为起义后期官方军饷最主要的来源。

第三章 白莲教起义中清军的粮饷转运

第一节 粮饷转运的组织架构

粮饷转运，必然需要设置相应的组织机构进行筹划管理。关于清代战时军事后勤管理的机构，郜耿豪将其通称为"粮台"，并认为"它既包括战时领导机构，又包括具体的执行机构"，在职能上全面负责清军的战时后勤保障工作。① 但实际情形并非如此，清廷在粮台之外还设有"军需局"，后者才是真正的领导机关，而粮台则更强调其本身存储、转运的职能，两者统于户部，又与兵部、工部紧密联系，在事实上构成了清代军事后勤管理体制的组织框架。对此，本节将具体从制度层面展开论述，并尝试厘清"军需局"与"粮台"之间的联系和差异。与此同时，对于承担粮饷转运工作人员的具体情况，亦会给予专门探讨。

一 军需局

军需局，又称军需公局，是清代为统筹战时后勤保障工作而设立的临时性领导机构。在现存清代官方史料文献中，对于军需局的建置沿革并没有详细的记载。但据陈锋教授分析，认为其很有可能起源自清初的

---

① 郜耿豪：《论经制兵制度下的传统粮台》，《军事历史研究》2004年第4期。

"饷司"。顺治年间，因各地战火频仍，粮饷需求浩繁，朝廷乃承袭明末旧制，相继于全国各省设立饷司，主管兵马钱粮的征缴、摊派，兼及战时军费的奏报销算，这与此后军需局的职能已相差无几。但由于缺乏相应的规章制约，饷司在办理军需奏销方面的弊端愈发凸显，致使款项彼此牵混、支销不明。到康熙帝平定三藩之乱以前，各省饷司已渐次裁撤，战时粮饷事宜皆归于军务大员及地方总督、巡抚各官承办，并统一由户部权衡筹划。[①] 雍正初年，曾于户部设立"军需房"承办前线军需钱粮事宜。其后乾隆朝改"军需房"为"军需局"，两者有着直接的承续关系。[②] 各省的军需局亦可追溯至雍正朝，彼时朝廷用兵西北，肃州地区为西路军需总汇之所，清廷曾在此处设立"肃州道"驻扎管理，并以道库收贮各方军需钱粮。随后即奉旨改设"军需库"，作为朝廷在口内的军事财政机构。其主要职能是负责西路清军的粮饷、马匹和武器装备等物资的调拨制备，兼及战时军费的覆核奏销。因此，可以将"军需库"视作军需局的雏形。[③] 至迟到乾隆朝平定准噶尔之役，已开始在肃州地区设立军需局，此后历次战争均相沿成例。

军需局的职能主要体现在战时兵马钱粮的收贮派发，以及军费收支案牍的覆核造报。与此同时，军需局经办者也并不仅限于粮饷，如马匹、军火、器械等和战争相关的各项物资均归其管理。而当战争结束，军需局便裁撤改为"报销局"，原任官员随即移入新局，所有奏销案牍亦均转交军需报销局接手办理。在此次平定白莲教起义的过程中，清廷方面便先后于湖北、河南、陕西、四川、甘肃五省地区设立军需局负责筹办粮饷事宜。

表3-1所示为白莲教起义中各省军需局的设立情况，从中不难发现，军需局的设立往往会充分考虑到战场形势以及区位因素等方面的影响，多选择于省会或中心城市开设，以此获得丰盈的仓储支持以及便捷的交

[①] 陈锋：《清代前期奏销制度与政策演变》，《历史研究》2000年第2期。
[②] 何永智：《清代户部军需房续考》，《清史研究》2022年第2期。
[③] 张连银：《雍正朝西路军需补给研究——以粮食、牲畜为中心》，博士学位论文，厦门大学，2007年，第186—188页。

通运输条件。并且值得注意的是，各省设立军需局的管理层级皆为"总局"，各自依照具体情势承担本地区内的军需事务。总督、巡抚各官也仅是相机开府办公，并不总是驻扎省城，因此各局之间并没有明确的层级统属关系。以湖北省为例，自白莲教起义爆发以来分设多局，各局办理军需划分三段：武昌、汉阳、黄州、德安四府为一段，归武昌局统辖；荆州、宜昌、施南、荆门四府州为一段，归荆州局统辖；安陆、襄阳、郧阳三府，归襄阳局统辖。[①] 又如四川省，历次请到饷银，均分拨成都、保宁、达州三局收储。凡各军营需用银两，"近在川北者即向保局支领，近在川东者即由达局拨给，其制办军装、军火以及采买谷石、购备马匹悉于省局动用。此外如各台站暨各州县所需运脚、安设塘铺并各处防守兵勇盐菜等项，各按派定地方分向三局关支"[②]。除此之外，陕西、河南、甘肃等省亦存在类似的情况。

表 3-1　　　　　　　白莲教起义中各省军需局设立情况

省份	开设地	设立时间	管理层级	工作人员（名）	
				经承	贴写
湖北省	武昌府	嘉庆元年	总局	10	20
	襄阳府	嘉庆元年	总局	10	10
	荆州府	嘉庆元年	总局	10	10
	郧阳府	嘉庆元年	—		
河南省	开封府	嘉庆元年	总局	8	24
	南阳府	嘉庆元年	—	4	12
陕西省	西安府	嘉庆元年	总局		
	汉中府	嘉庆四年	总局		
	兴安府	—			

---

① 《户部尚书禄康题为遵旨察核湖北剿捕教匪军需第四案原调续调江西官兵于武昌军需局支过盐菜等项银两事》，嘉庆七年十一月初三日，中国第一历史档案馆藏内阁户科题本，档案号：02-01-04-18438-006。

② 庆桂：《钦定剿平三省邪匪方略》正编卷107，《续修四库全书》，第394册，第24—25页。

143

续表

省份	开设地	设立时间	管理层级	工作人员（名）	
				经承	贴写
四川省	成都府	嘉庆元年	总局	—	—
	达州	嘉庆元年	总局	—	—
	保宁府	嘉庆元年	总局	—	—
甘肃省	兰州府	嘉庆二、四、五年	总局	8	16
	秦州		—	8	16
	成县		—	8	16
	巩昌府		—	8	16

资料来源：《湖广总督景安奏为楚北军需用款急需报销请饬派道员陈大文来楚查办事》，嘉庆三年七月二十一日，中国第一历史档案馆藏军机处录副奏折，档案号：03-1709-025；《湖北巡抚瑚图礼题为报销湖北军需第二百八案各局经承帖写支过工食纸张等项银两事》，嘉庆十一年八月初十日，中国第一历史档案馆藏内阁户科题本，档案号：02-01-04-18691-023；《户部尚书禄康题为遵察豫省办理军需省城并南阳府设立公局招募经承贴写各书支给工食纸张等项银两事》，中国第一历史档案馆藏内阁户科题本，档案号：02-01-04-18672-006；庆桂：《钦定剿平三省邪匪方略》正编卷97、107，《续修四库全书》，第393、394册，第535—536、24—25页；《大学士管理户部事务庆桂题为遵查甘肃省设立办理军需报销公局自嘉庆六年至裁撤止支给局书工食纸张等项银两事》，嘉庆十七年四月初八日，中国第一历史档案馆藏内阁户科题本，档案号：02-01-04-19283-014。

军需局的运行管理，皆由各省总督、巡抚总领其责，布政使、按察使、粮道等官从旁协助，基本上是借助地方原有的行政班子临时搭建而成的。表3-2所示为此次白莲教起义中各省军需报销局负责官员的职衔情况，因为军需报销局系战后由军需局改组而来，除职能不同外，官员皆属原任。由此，军需局原有行政架构的情形亦可概见。与此同时，军需局内还招募有大量经承、贴写等基层工作人员，负责军需案牍的誊写归档。又因各省事务繁简不一，每局应设经承、贴写的数额亦随之存在差异（参见表3-1）。薪资方面，入局各官日常办公主要支用平余银。经承、贴写的分例，根据《钦定户部军需则例》所载，"办理军需设立公局，经承每名月给工食银四两，贴写月给工食银三两"，均于司库充公、盐、当、规礼、余平等项下动支。此外还有如应用纸张、笔墨、灯油等项费用，亦经各省督抚酌量事务之繁简临时查明奏办，并不作统一规定。①

表3-2　　白莲教起义中各省军需报销局负责官员职衔

省份	负责官员	资料来源
湖北省	布政使章煦、按察使胡克家、粮储道张映汉、盐法武昌道常明、汉黄德道张道源、武昌府知府丁云锦	《湖北巡抚瑚图礼题为报销湖北军需第八十案分运米石支过水脚银两事》，嘉庆十一年三月初六日，中国第一历史档案馆藏内阁户科题本，档案号：02-01-04-18679-006
陕西省	布政使朱勋、按察使郭柱、督粮道素纳、凤邠道陈文骏、潼商道石韫玉	《陕西巡抚方维甸题为报销军需第七十五案官兵兜剿贼烦需碾运各路总粮台军粮支过各项钱粮事》，嘉庆十一年四月二十五日，中国第一历史档案馆藏内阁户科题本，档案号：02-01-04-18681-027
四川省	布政使董教增、署按察使方积、川东道严士鉉	《四川总督勒保题为登复部驳川省请销达州嘉庆三年前军需第一百二十四案接运军米数目事》，嘉庆十一年五月二十二日，中国第一历史档案馆藏内阁户科题本，档案号：02-01-04-18684-006
甘肃省	布政使蔡廷衡、按察使刘大懿、兰州道隆兴	《陕甘总督全保题为嘉庆六年兰州等府州所属节次拨运军营米面料豆用过采买粮米口袋各物等项银两请销事》，嘉庆十一年十二月十七日，中国第一历史档案馆藏内阁户科题本，档案号：02-01-04-18677-021

除在城办公外，军需局亦于各路军营开设"粮务处"以经管军需，②办公官员统称为"随营粮员"。随营粮员多由各省知州、知县、典史等官担任，他们直接面对的是前线官兵，主要负责战时粮饷的提取、支放兼及印钤、清册的管理造报。如嘉庆三年（1798）九月，据副都统德楞泰所奏，其自五月间率领官兵7000余名追蹑襄阳起义军由陕入川，沿途所需粮饷各项均由四川省委派汉州知州覃光典随营办理。"各营分自具

---

① 阿桂、和珅等纂修：《钦定户部军需则例》卷9《杂支·本省办理军需公局书识饭食纸张笔墨灯油银两》，《续修四库全书》，第857册，第126页。

② 庆桂：《钦定剿平三省邪匪方略》正编卷124，《续修四库全书》，第394册，第318页。

印钤各领，该粮员按领核给。"① 又如嘉庆五年（1800）正月，据副都御史广兴所奏，总兵朱射斗前月曾于四川省巴州、通江一带搜捕起义军。其随营粮员纳溪县典史周国枢，在安辑寨擅自提银 1 万两以为十二月份兵饷之用。广兴遂饬令该员将所领银两支销详情造册，并交由总局派员逐一核算清楚。是月，朱射斗所带官兵又向将领索取饷银置办衣履，亦经广兴饬令随营粮员知县李天培造具清册详细核算，前后共计银 1.7 万余两，均照数给发以清旧款。②

二 粮台

粮台，又称台站、粮站，是清代具体负责战时粮饷转运工作的后勤保障机构。如果说军需局重在"管"，那么粮台便重在"运"。关于粮台制度起源于何时，在目前可见的各类档案文献中并未发现有明确记载，学术界对此亦尚有争论。如罗尔纲先生便认为："粮台的制度，向来军营都有此组织。"③ 而在童超主编的《中国军事制度史·后勤制度卷》中，则将粮台的设立时间界定在清代后期。④ 但就笔者现已掌握的资料来看，可以肯定的是，粮台实际上在清代前期即已出现。康熙时对准噶尔用兵，为便于文报传递及粮饷、军火等项物资的运输，相继于西、北两路沿线设立台站。其后雍正、乾隆两朝陆续于陕西、甘肃、新疆等省境内增设台站，不断调整、完善沿线运输系统的建设。⑤ 与西北边疆地区设立的台站相比，内地州县的台站多为临时性组织，随设随撤。并且此类台站的功能相对单一，仅承担粮饷等军需物资的转运工作，与负责接运出征官兵、传递情报文书的军台不同，因此习惯性以"粮台"称之。再者，粮台依其规模亦有所谓总台、分台之别，前者规模最大，为

---

① 庆桂：《钦定剿平三省邪匪方略》正编卷 80，《续修四库全书》，第 393 册，第 261 页。
② 庆桂：《钦定剿平三省邪匪方略》正编卷 146，《续修四库全书》，第 394 册，第 704—705 页。
③ 罗尔纲：《湘军兵志》，中华书局 1984 年版，第 100 页。
④ 童超：《中国军事制度史·后勤制度卷》，大象出版社 1997 年版，第 340 页。
⑤ 刘锦增：《平定准噶尔战争中的军粮供应问题研究》，博士学位论文，陕西师范大学 2018 年，第 177—183 页。

第三章　白莲教起义中清军的粮饷转运

军需总汇，多设于省城或中心城市，同军需局系统密切联系。后者规模较小，多设于关津要道，承运总台粮饷发往各路军营。但是这并不意味着总台仅在军需局所处城市设立，事实上还会根据区位条件及形势需要进行增设，如在白莲教起义中，河南省就于新野、淅川、卢氏、邓州等处各设总粮台，① 陕西省于宝鸡、镇安、商州、五郎有城池处分设总粮台，② 四川省亦于顺庆府、潼川府、重庆府、夔州府、营山县、忠州、江油县等处设立总粮台，③ 预贮银粮就近供支运送。④

粮台的交通运输系统是在驿站的基础上建立的。根据《钦定户部军需则例》所载，清代开设粮台挽运粮饷，口内、口外皆照例以100里为一站。但若遭遇如山路崎岖、陡险难行等特殊情况时，则可经由承办官员酌量情形相机办理："口内至减，总以七十里，口外至减总以四十里为率，不得再为减少。"⑤ 在清廷平定白莲教起义的过程中，湖北省于嘉庆元年（1796）七月经湖广总督毕沅奏请开设粮台：自省城武昌至荆州、襄阳、孝感，襄阳至双沟，荆州至当阳、枝江等处，因沿线道路均属平坦，仍照例以100里为一站。自襄阳至南漳、枣阳、谷城、均州、郧阳、枝江至宜都、宜昌府等处，因各属山路崎岖，减以70里为一站。自宜昌至长阳、榔坪及施南府之来凤，并郧阳至竹溪、竹山、房县、保康等处，因境内跬步皆山、陡险异常，比照口外之例以40里为一站。其后又因总统惠龄统率官兵由榔坪、滋邱、凉山、黄柏山、芭叶州、帽子山、马腹营、朱履山、终报寨等处搜捕起义军，侍卫明亮、德楞泰等在

---

① 《总理户部事务王大臣永瑆题为遵察豫抚题销军需第七十四案买运米石用过脚价押差盘费等项银数事》，嘉庆四年六月十二日，中国第一历史档案馆藏内阁户科题本，档案号：02-01-04-18228-021。
② 庆桂：《钦定剿平三省邪匪方略》正编卷111，《续修四库全书》第394册，第92页。
③ 《户部尚书禄康题为遵察四川达州等处四年后剿匪军需第四十一案应付保宁等粮台交收军饷支过银两请销事》，嘉庆十一年六月初二日，中国第一历史档案馆藏内阁户科题本，档案号：02-01-04-18684-021。
④ 《户部尚书禄康颢为遵察四川达州等处剿匪军需第八十案江油等县转运各台站军营交收军米支过各项银米事》，嘉庆十一年七月十三日，中国第一历史档案馆藏内阁户科题本，档案号：02-01-04-18688-003。
⑤ 阿桂、和珅等纂修：《钦定户部军需则例》卷5《运送脚价·陆路运送军粮脚价》，《续修四库全书》，第857册，第112页。

郧西县漫川关一带围剿齐王氏、姚之富所部，亦以每站40里安设粮台转运军需。① 陕西省自潼关至宝鸡皆属大路，照例以100里为一站。自宝鸡入栈西至沔县、略阳、宁羌，南至汉中及南山各峪口均以70里为一站。此外自南山大峪口、子午峪及栈内之留坝、凤县以东各小路至各路军营，荒径攀跻之处跬步皆山，俱以40里为一站。② 四川省在达州以西者，以营山为总运台；达州以东者，以忠州为总运台。而营山、忠州以上至军营皆系崎岖山路，且距敌阵渐近，遂改以60—70里或40—50里为一站。嗣缘营山至达州道路梗塞，改由广安、大竹、渠县一带绕道供运。并有自顺庆、保宁转运仪陇、巴州者，有自夔州、达州转运大宁、开县者，俱每站按40—50里安设粮台。③ 嘉庆五年（1800），龙安、松潘一带又有甘肃省窜来起义军滋扰，遂另以江油县为总粮台，因沿途多系番地亦准照口外例办理。④

正如表3-3所示，由于战场形势需要及地理环境的差异，各省所设粮台的数额多寡不一。总体而言，湖北省武昌、荆州、襄阳所属州县共设粮台243处（另有在城粮台27处）；陕西省同州、西安、乾州、凤翔、汉中、兴安、商州所属24厅州县共设粮台90处；四川省营山等处共设粮台112处（另有垫江县、回龙场粮台2处），河南省新野、淅川、卢氏、邓州及新店铺、水台、黑峪等处共设粮台18处。与此同时，粮台皆雇募里夫以资搬运。如湖北省粮台每处安夫200—600名；陕西省粮台每处安夫200—800名，先后共雇募里夫42230名，其中就近雇夫13650名、由远处雇募客夫28580名；四川省营山等处粮台共雇募里夫58950

---

① 《湖广总督吴熊光呈湖北省复议军需条款开列清单》，嘉庆七年，中国第一历史档案馆藏军机处录副奏折，档案号：03-1712-050。
② 《陕西巡抚祖之望呈陕省应奏报销各款清单》，嘉庆八年四月，中国第一历史档案馆藏军机处录副奏折，档案号：03-1834-012。
③ 《呈川省军需动支各款清单》，嘉庆三年，中国第一历史档案馆藏军机处录副奏折，档案号：03-1709-070。
④ 《户部尚书禄康题为遵察四川达州等处剿匪军需第八十案江油等县转运各台站军营交收军米支过各项银米事》，嘉庆十一年七月十三日，中国第一历史档案馆藏内阁户科题本，档案号：02-01-04-18688-003。

名。但需要注意的是，表中所示粮台数额仅是相对于一定时期内而言的，事实上各省粮台的安设、裁撤日期并不相同，因此粮台数额一直处于变化之中。如湖北省襄阳、郧阳所属州县在嘉庆四年（1799）四月以后共设粮台515处（另有在城粮台19处），较原先增设264处。这些粮台的裁撤日期也并不一致，竹溪县至白土关、关垭、闹阳坪、梓桐垭等处共设粮台9处，均于当月底裁撤。而其余粮台506处有至八月底裁撤者，亦有至嘉庆八年（1803）七月内裁撤者。① 又如四川省营山县等处共设粮台78处，内有亭子铺等站因运务纷繁，将袁家石坝一路粮台之夫裁改添安。其垫江县、回龙场等站因各州县粮饷、军火系由江北厅、长寿县

表3-3　　　　　　白莲教起义中各省粮台设置情况

省份	所在地	粮台（处）	里夫（名）	仓夫（名）	斗级（名）
湖北省	武昌局	8	每台200—600	540	270
	荆州局	125			
	襄阳局	110			
陕西省	山阳县→漫川关	3	42230	大台每台安仓夫4名、斗级2名；小台每台安仓夫2名、斗级1名	
	咸宁县→安康县	16			
	紫阳县→目连桥	3			
	安康县→洵河	6			
	安康县→太平县	11			
	南郑县→鱼渡坝	13			
	咸宁县→镇安县	9			
	长安县→宁陕厅	10			
	潼关厅→商州	6			
	宝鸡县→黄坝驿	13			

---

① 《湖北巡抚常明题为查明湖北续案军需第六十七案各粮台仓夫斗级支给工食口粮银米请销事》，嘉庆十四年四月十六日，中国第一历史档案馆藏内阁户科题本，档案号：02-01-04-18970-018。

续表

省份	所在地	粮台（处）	里夫（名）	仓夫（名）	斗级（名）
四川省	营山县	78	58950	—	
	姚家坝→柞坝塘	11		—	
	袁家石坝→冉家坝	5		—	
	盘市府→马鞍山	3		—	
	土主庙→冉家垭口	6		—	
	分水岭→富成寨	2		—	
	新宁→鹅城山	3		—	
	青山观→窝塘庙	4		—	
河南省	新野、淅川、卢氏	3		56	42
	邓州	1	—		
	新店铺→李墁	6	—		
	水台→寨根	7			
	黑峪	1			

资料来源：《户部尚书禄康题为遵察湖北剿匪军需第六十六案各路军营安设粮台等支过各项银两请销事》，嘉庆十一年六月初三日，中国第一历史档案馆藏内阁户科题本，档案号：02-01-04-18685-001；《湖北巡抚珊图礼题为报销湖北军需第二百三案各粮台支过站夫应差口粮米石事》，嘉庆十一年八月初十日，中国第一历史档案馆藏内阁户科题本，档案号：02-01-04-18692-002；《户部尚书禄康题为遵察陕西军需第四十九案安设各路台站委员在站支过盐粮并仓夫工食口粮银米事》，嘉庆十一年八月初二日，中国第一历史档案馆藏内阁户科题本，档案号：02-01-04-18670-027；《户部尚书禄康题为察核陕省各属安设粮台雇募里夫支过搭棚人夫口粮米石数目事》，嘉庆九年十二月初六日，中国第一历史档案馆藏内阁户科题本，档案号：02-01-04-18538-012；《四川总督勒保题为部驳达州军需第八十二案亭子铺等站添安里夫数目浮多等项查明请销事》，嘉庆十年二月二十日，中国第一历史档案馆藏内阁户科题本，档案号：02-01-04-18583-024；《总理户部事务王大臣永瑆题为遵察豫抚题销军需第七十四案买送米石用过脚价押差盘费等项银数事》，嘉庆四年六月十二日，中国第一历史档案馆藏内阁户科题本，档案号：02-01-04-18228-021。

运至垫江县转运前进，故将原安黄家坝、普光寺粮台裁撤，里夫拨赴该二处安设以资接济。其余姚家坝等路粮台34处，亦因道路梗塞或官兵离

第三章　白莲教起义中清军的粮饷转运

境无须运供随时裁撤。① 此外，各台雇募里夫视运务繁简临时增删，工期过后即须换班，并且还存在因病遣返、病故、逃亡等情况，因此实际数额亦波动较大。

粮台的运行管理，主要由粮台所在州县全权负责或委任官吏经办。以陕西省为例，其境内各厅州县共设粮台90处。内除蓝田、商州、山阳、紫阳、西乡、尹家卫、楼子石、孝义厅、旧县关、镇安县、旬阳坝、腰竹岭、潼关厅、巡检司、洛南县各台俱系现任官员经理；宝鸡、凤县、留坝、褒城至黄沙驿，沔县、宁羌至黄坝驿各台亦皆委任地方官兼管；其余各台派委原任知县1员、署知县2员、试用知县5员、布政使经历1员、州同1员、候补州判2员、府经历3员、候补府经历1员、县丞10员、署县丞2员、教谕8员、训导4员、主簿2员、署府照磨1员、吏目4员、巡检3员、驿丞3员、典史18员、原任典史1员。② 基层工作人员主要由书识、仓夫、斗级组成，多派自本厅州县或就近雇募。书识，即承办粮台文书工作的吏员。每台派拨书识1—2名，每名日支工食银6分6厘6毫，日支口粮米8合3勺。③ 仓夫、斗级为在粮台收发军粮之佣工，具体数额视收粮之多寡临时酌量安设。大致小台每台派拨仓夫2名、斗级1名；大台每台派拨仓夫4名、斗级2名。④ 每名仓夫、斗级自原籍起程时均发给安家银2两，抵台前视口内、口外站程远近每日发给口食银6分、4分并口粮米1升，抵台后每名每月发给工食银1.2两，日支口粮米1升。再者，若仓夫、斗级随行携带家口，则每名每月再发给口粮

---

① 《四川总督勒保题为部驳达州军需第八十二案亭子铺等站添安里夫数目浮多等项查明请销事》，嘉庆十年二月二十日，中国第一历史档案馆藏内阁户科题本，档案号：02-01-04-18583-024。

② 《户部尚书禄康题为遵察陕西军需第四十九案安设各路台站委员在站支过盐粮并仓夫工食口粮银米事》，嘉庆十一年八月初二日，中国第一历史档案馆藏内阁户科题本，档案号：02-01-04-18670-027。

③ 《总理户部事务王大臣永珪题为遵察豫抚题销军需第七十四案买运米石用过脚价押差盘费等项银数事》，嘉庆四年六月十二日，中国第一历史档案馆藏内阁户科题本，档案号：02-01-04-18228-021。

④ 《户部尚书禄康题为遵察陕西军需第四十九案安设各路台站委员在站支过盐粮并仓夫工食口粮银米事》，嘉庆十一年八月初二日，中国第一历史档案馆藏内阁户科题本，档案号：02-01-04-18670-027。

米 2 斗以资赡养（参见表 3-4）。①

表 3-4　白莲教起义中各省粮台仓夫、斗级工食、口粮

名目	发给标准	数额
安家银	起程时发给	2 两/名
口食银	自原籍起至未出边口以前；事竣回籍进口以后	6 分/日
	出边口至粮台；事竣撤回口外行走	4 分/日；米 1 升/日
工食银	抵台后	1.2 两/月；米 1 升/日
家属口粮	有家口者	米 2 斗/月

粮台收发各路粮饷，自然需要房屋存贮以免风雨损坏。房屋多来源于附近州县原有仓廒及庙宇，或是租用民房，亦有临时搭盖者。粮台房屋的规模，视其收贮粮饷数量而定，具体可参见河南省的情况：新野、淅川、卢氏县粮台，每台租堆贮粮房 14—20 间；邓州粮台租堆贮粮房 12 间；新店铺、湖河镇、魏家集、荆子关、箭杆岭、李墁等处粮台，每台租堆贮粮房 6 间；水台、判官庄、唐子山、吕堰驿、西坪街、武胜关、寨根等处粮台，每台租堆贮粮房 2—3 间或 4—6 间；黑峪粮台租堆贮粮房 2 间，以上共租堆贮粮房 136 间。② 租用和搭盖粮房的花费，如湖北省于嘉庆四年（1799）三月经巡抚高杞奏请，查照"官兵沿途住宿租赁店房例"，各省粮台存贮粮饷除附近州县有仓廒、庙宇可以借贮者不准租房外，其在乡村各粮台有房可租之处，无论大间、小间，每间每月均照例给银 3 钱。又扎营空隙处所及频遭兵燹地方亦须搭棚贮放，若竹木被焚烧殆尽无从砍伐，每棚 1 间酌给银 5 钱。③

---

① 阿桂、和珅等纂修：《钦定户部军需则例》卷 6《整装安家工食口粮·仓夫斗级安家工食口粮》，《续修四库全书》，第 857 册，第 116 页。

② 《总理户部事务王大臣永瑆题为遵察豫抚题销军需第七十四案买运米石用过脚价押差盘费等项银数事》，嘉庆四年六月十二日，中国第一历史档案馆藏内阁户科题本，档案号：02-01-04-18228-021。

③ 《湖广总督吴熊光呈湖北省复议军需条款开列清单》，嘉庆七年，中国第一历史档案馆藏军机处录副奏折，档案号：03-1712-050。

第三章 白莲教起义中清军的粮饷转运

三 承运夫役、官员

承担粮饷转运工作的夫役来自很多方面，有里夫、客夫、所夫、扛夫、排夫诸名称。里夫由各州县按田亩摊派，解送粮台服役。里夫服役期限为5个月，期满后准其换班一次。[1] 若里夫额数不敷应用，则可再由远、近各处雇募，是为客夫。里夫、客夫照例每30名设押差、夫头各1名进行管理。[2] 薪资方面，各粮台里夫、押差、夫头、远处雇募客夫自原籍起程时，每名均给予安家银2两，分5个月发给，每月给银4钱，抵台之日入册报销。[3] 各夫役口内行走每名每日发给路费银2分，口外行走每名每日改给口粮米1升，在站守空之日仅发给口粮米1升。[4] 唯有近处雇募之客夫并非远涉而来，因而从原籍起程时不发给安家银，其他待遇则与里夫相同。[5] 再押差、夫头自起程服役至事竣裁撤，每名每月发给工食银1两，每日发给口粮米1升（参见表3—5）。[6] 除此之外，里夫、客夫每30名须搭盖棚厂1间以供栖止，每间用砍伐竹木、搬运、搭盖人夫8名，每名准给口粮米1升，不给工价。[7] 如在白莲教起义中，陕西省各厅州县粮台先后雇募夫役达42230名，共搭棚1393间，共用夫

---

[1] 阿桂、和珅等纂修：《钦定户部军需则例》卷6《整装安家工食口粮·站夫安家工食口粮》，《续修四库全书》，第857册，第116页。

[2] 阿桂、和珅等纂修：《钦定户部军需则例》卷6《整装安家工食口粮·押差夫头工食口粮》，《续修四库全书》，第857册，第116—117页。

[3]《户部尚书禄康题为察核陕省各属安设粮台雇募里夫支过搭棚人夫口粮米石数目事》，嘉庆九年十二月初六日，中国第一历史档案馆藏内阁户科题本，档案号：02-01-04-18538-012。

[4] 阿桂、和珅等纂修：《钦定户部军需则例》卷6《整装安家工食口粮·站夫安家工食口粮》，《续修四库全书》，第857册，第116页。

[5]《大学士管理户部事务禄康题为遵察陕省后案军需第二十一案各厅州县雇募里夫支过安家等项银两事》，嘉庆十二年十月十六日，中国第一历史档案馆藏内阁户科题本，档案号：02-01-04-18786-014。

[6] 阿桂、和珅等纂修：《钦定户部军需则例》卷6《整装安家工食口粮·押差夫头工食口粮》，《续修四库全书》，第857册，第116—117页。

[7] 阿桂、和珅等纂修：《钦定户部军需则例》卷6《整装安家工食口粮·搭盖夫棚人夫口粮》，《续修四库全书》，第857册，第117—118页。

11144名，共支搭棚人夫口粮米111石4斗4升。① 至于所夫、扛夫、排夫则是指各州县水、陆驿站原设夫役，主要负责运送军饷、军装、军火等项物资。若人力不足，可添拨粮台夫役或雇佣民夫。

表3-5　白莲教起义中各省粮台里夫、客夫、押差、夫头工食、口粮

夫役	名目	发给标准	数额
里夫	安家银	起程时发给	2两/名
	路费银	口内每日发给	2分/名
	口粮米	口外每日发给	1升/名
	口粮米	空闲在站每日发给	1升/名
客夫	路费银	口内每日发给	2分/名
	口粮米	口外每日发给	1升/名
	口粮米	空闲在站每日发给	1升/名
押差、夫头	工食银	服役至事竣每月发给	1两/名
	口粮米	服役至事竣每日发给	1升/名

表3-6　白莲教起义中各省水陆转运粮饷运费数额

转运方式	名目	发给标准	数额
口内车马难行雇佣人夫	工价银	过站发给	5分/名
	口粮米	过站发给	1升/名
	回空银	过站发给，客夫不发	5分/名
口外车马难行雇佣人夫	工价银	过站发给	8分/名
	口粮米	过站给发	1升/名
	回空银	过站发给，客夫不发	8分/名
水路顺水	水脚银	过站发给	3.6分/石
		江西、湖北省例	8厘/石

---

① 《户部尚书禄康题为察核陕省各属安设粮台雇募里夫支过搭棚人夫口粮米石数目事》，嘉庆九年十二月初六日，中国第一历史档案馆藏内阁户科题本，档案号：02-01-04-18538-012。

第三章　白莲教起义中清军的粮饷转运

续表

转运方式	名目	发给标准	数额
水路逆水	水脚银	过站发给	7分/石
		湖北省例，武昌至襄阳	1.2分/石
		湖北省例，襄阳至兴安	2.8厘/石

说明：本表主要依据阿桂、和珅等纂修《钦定户部军需则例》卷5《运送脚价》，《续修四库全书》，第857册，第112—114页整理而成。表中"江西、湖北省例"系特殊情况，亦列入以供参考。

表3-6所示为白莲教起义中各省水陆转运粮饷所需运费数额，据此可知，各省夫役在转运粮饷的过程中均须照例发给工价、口粮及回空银。具体而言，陆路运输视口内、口外站程远近而定，水路运输则视航道顺逆而定。根据《钦定户部军需则例》所载，战时经陆路转运粮饷，口内以每100里为一站，口外减以40—70里为一站。如遇车马难行雇佣人夫，军饷每银1鞘用夫1名，军粮每米1石用夫2名。口内每名每站发给工价银5分、口粮米1升；口外每名每站发给工价银8分、口粮米1升。另有回空银，系用于夫役运粮事竣返回粮台期间的花费，仍照例口内、口外分别发给回空银5分、8分。而客夫本身并非征调服役而来，与里夫性质不同，且因其在站服役日期相对自由，所以不再发给回空银。又战时经水路转运者总以军粮为主，照例顺水以100里为一站，每石每站发给水脚银3.6分；逆水以80里为一站，每石每站发给水脚银7分。在此次战争中，江西省协济楚省军粮，自赣省起至汉口兑收系由原船装运，所以仍照赣省例每石每站发给水脚银8厘。① 自汉镇换船后须另雇船户、水手，但时值物昂恐有不敷，遂改以每石每站发给水脚银1.2分。自襄阳起至兴安一带水浅滩多须再换小船剥运，遂改以每石每站发给水脚银2.8厘。②

---

① 《户部尚书布严达贲题为遵旨察核嘉庆二年南昌等厅县碾运湖北赈粜米石用过水脚各项银两事》，嘉庆五年闰四月十二日，中国第一历史档案馆藏内阁科题本，档案号：02-01-04-18257-019。

② 《大学士管理户部事务禄康题为遵察赣省嘉庆五年份碾运陕西军米用过脚费银两复核驳回事》，嘉庆十二年十二月初四日，中国第一历史档案馆藏内阁户科题本，档案号：02-01-04-18757-022。

与此同时，在清军平定白莲教起义的过程中，还因前线转运粮饷的实际需要，存在一种特殊的夫役——随营长夫，或称随营底站长夫。由于各路起义军遭清廷反复围剿，狼奔豕突、四路窜袭，官兵追蹑拦截必须日日移营。因此，原有跟役、余丁搬运锅帐、行李等项已属不敷，营地内存贮的粮饷自然难以兼顾，倘若轻易丢弃又恐为敌有，故而便需要另外添雇夫役随营背运。随营长夫主要由附近州县雇募，并派拨各路军营服役，参照战场形势及兵丁数量酌情搭配。如湖北省宜城、南漳、谷城、光化、均州等州县，截至嘉庆六年（1801）七月共雇解各路军营随营长夫8526名，用于服务各省协剿兵丁，每处军营添安随营长夫42—1690名（参见表3-7）。至于每名兵丁可搭配的随营长夫数额，根据官方"征兵过站例"所载：满兵每百名例给跟役50名，绿营兵每百名例给跟役、余丁30名，无余丁者准给长夫20名。若乘胜长驱日行百十里至数十里，所给夫役不敷背运，可沿途另拨站夫应付，并将所带跟役、余丁、长夫按数扣除报销。① 然而，各省在实际办理军需事务的过程中，还时常因运力不敷另外加给长夫30—50名，纷更成例，且并未奏明朝廷议准，因此浮支现象较为严重（详见第四章）。

薪资方面，随营长夫的待遇和粮台里夫基本相同，自原籍起程后照例每名每月发给安家银4钱，每日发给路费银2分、口粮米1升，再每夫10名赏给帐房1间以供栖止。② 而运费方面，随营长夫均照口外例每名每站发给工价银8分、口粮米1升。不仅如此，由于随营长夫系长期在军营服役，有进无退并无回空日期，遂不发给回空银。③ 从薪资待遇的角度来看，虽然随营长夫看似同粮台里夫相差无几，但实际上前者的生存环境要更为恶劣。因为该夫役随营搬运粮饷，往往日行百数十里，兵丁扎营即须供顿。又沿途临近战阵，时常有性命之虞。并且长期随营服役，不准换班，这与过站交替接运粮饷、5个月换班一次的粮台里夫

---

① 庆桂：《钦定剿平三省邪匪方略》正编卷126，《续修四库全书》，第394册，第351页。
② 庆桂：《钦定剿平三省邪匪方略》正编卷35，《续修四库全书》，第392册，第136页。
③ 《四川总督勒保题为查复达州尾案军需第四十案部驳随营底站长夫支过工价银两款项请旨察核事》，嘉庆十二年八月初五日，中国第一历史档案馆藏内阁户科题本，档案号：02-01-04-18766-004。

不可同日而语。

表3-7 白莲教起义中湖北省雇募随营长夫数额（截至嘉庆六年七月）

雇募地	服役地	服务对象	数额（名）
宜城县	刘猴集军营	广东省兵丁	415
	长岭沟军营	湖北郧阳镇兵丁	232
	长岭沟军营	湖北宜昌镇兵丁	958
南漳县	巴东县军营	贵州省兵丁	69
	长岭沟军营	安徽省兵丁	54
	长岭沟军营	山东省兵丁	515
	巴东县军营	云南省兵丁	42
	长岭沟军营	湖南省兵丁	733
谷城县	长岭沟军营	江西省兵丁	696
光化县	冷盘垭军营	山西省兵丁	618
	长岭沟军营	河南省兵丁	531
	长岭沟军营	四川省兵丁	1690
均州	丰溪军营	广西省兵丁	789
	长岭沟军营	湖北督标兵丁	569
	长岭沟军营	湖北襄阳提标兵丁	615

资料来源：《湖北巡抚章煦题为奏销湖北续案军需第八十一案支给广东等省在楚剿匪官兵随营长夫安家路费等银事》，嘉庆十二年六月二十八日，中国第一历史档案馆藏内阁户科题本，档案号：02-01-04-18764-020。

除里夫、客夫、随营长夫等承运夫役外，后路挽运粮饷还须委任文、武官员负责押运，官员主要由各省州县官吏及副将、协领等绿营将弁组成。根据《钦定户部军需则例》所载：部库拨解饷银，"令直隶省专派道、府大员赴部，会同户部派出司员眼同兑收、装鞘。即交大、宛两县备办车辆装载起程，并预派明干厅员解至首站。其自首站以下，该督选派道员一员、副参一员总司其事，并选派府、厅、游、都各员带领兵役按站押送，以次交替运至应用省分藩库查收"①。如嘉庆五年（1800）三月，山西巡抚伯麟奉旨接运部拨四川、陕西两省饷银100万两。此项饷银于三月初四日自平定州甘桃驿入境，伯麟旋即委任雁平道胡钰及文、武员弁按箱兑收，交由王胡驿转运陕省。②又如嘉庆六年（1801）二月，湖南巡抚祖之望奉旨协济陕西省军粮15万石，先后委任长沙府通判唐景带领协运官15名分三批运抵陕省。③当然在特殊情况下，押运官员的职衔也会有所变化。如嘉庆四年（1799）十一月，上谕部库拨银150万两解往四川、陕西两省。此时嘉庆帝有意更换前线官员，遂指派副都统国霖、工部员外郎元福、刑部员外郎杨護、成都副都统定住等负责管解。俟饷银兑收清楚，国霖即回京复命；定住赴经略军营面见额勒登保后即往开县一带统兵堵御，并更换明兴回京供职；元福、杨護则留在四川省，以道、府补用。④关于押运官员的薪资待遇，可参见表3-8。

表3-8　　　　　　白莲教起义中各省押运文武官员薪资待遇

职衔	盘费银（钱）	跟役（名）	骑骡（头）	骡脚银（钱）	盐菜银（两）	口粮（升）
道员	4	3	4	2	4.2	0.83
知府	4	3	4	2	4.2	0.83
知州	3	2	3	2	4	0.83
知县	3	2	3	2	4	0.83
同知	3	2	3	2	4	0.83
通判	3	2	3	2	4	0.83
副将	5	5	6	2	7.2	0.83

---

① 阿桂、和珅等纂修：《钦定户部军需则例》卷5《运送脚价·运送军营饷银脚价》，《续修四库全书》，第857册，第114页。

② 《山西巡抚伯麟奏为部拨饷银分起解往川陕事》，嘉庆五年三月初七日，中国第一历史档案馆藏军机处录副奏折，档案号：03-1711-021。

③ 《暂署湖南巡抚祖之望奏为筹拨陕省军粮委员分起趱运事》，嘉庆六年二月初四日，中国第一历史档案馆藏军机处录副奏折，档案号：03-1711-054。

④ 庆桂：《钦定剿平三省邪匪方略》正编卷135，《续修四库全书》，第394册，第512—513页。

第三章 白莲教起义中清军的粮饷转运

续表

职衔	盘费银（钱）	跟役（名）	骑骡（头）	骡脚银（钱）	盐菜银（两）	口粮（升）
协领	4	3	4	2	4.2	0.83
参将	4	3	4	2	4.2	0.83
游击	4	3	4	2	4.2	0.83
参领	3	2	3	2	4.2	0.83
佐领	3	2	3	2	4	0.83
防御	3	2	3	2	4	0.83
都司	3	2	3	2	3	0.83
守备	3	2	3	2	2.4	0.83
骁骑	2	1	2	2	2.5	0.83
千总	2	1	2	2	2	0.83
把总	2	1	2	2	1.5	0.83
外委	2	1	2	2	1.5	0.83
佐杂	2	1	2	2	2.5	0.83
兵丁	0.6	—	—	—	0.9	0.83
跟役	0.6	—	1	2	—	0.83

资料来源：阿桂、和珅等纂修：《钦定户部军需则例》卷9《杂支·解送马匹及一切物件满汉官弁兵役盘费》，《续修四库全书》，第857册，第125—126页。

根据表3-8所示，各省委派官员、兵丁押送粮饷，均依照其职衔品级按日发给盘费，并给跟役若干名以资背运。具体而言，口内去以每60里为一站，回以每100里为一站，副将每名每日发给盘费银5钱、给跟役5名；道员、知府、协领、参将、游击等官每名每日发给盘费银4钱、给跟役3名；参领、佐领、防御、都司、守备、知州、知县、同知、通判等官每名每日发给盘费银3钱、给跟役2名；骁骑、千总、把总、外委、佐杂等官每名每日发给盘费银2钱、给跟役1名；兵丁及各官跟役每名每日发给盘费银6分。再者，押运官员及跟役均各给骑骡1头，每头每百里给脚力银2钱，兵丁则不给骡脚。当然，这些仅是官员押运粮饷未出省界时所给薪资，出省之后官员、兵丁均参照"口外进征例"，各按职衔品级发给盐菜银。副将每名每月发给盐菜银7两2钱；道员、

159

知府、协领、参将、游击、参领等官每名每月发给盐菜银 4 两 2 钱；佐领、防御、知州、知县、同知、通判等官每名每月发给盐菜银 4 两；都司以下各官及兵丁每名每月发给盐菜银 9 钱—3 两。以上除官员所给跟役不发盐菜银外，均每名每日再给口粮米 8 合 3 勺。

第二节　粮饷的转运工具

清廷在平定白莲教起义的过程中，先后向各省粮台、军营添雇了大量的夫役承运粮饷。但是人力毕竟有限，并且雇募人夫主要是用于偏桥路仄、车马难行之处，若遇人夫难以登攀处所，则只能依凭骡、驴等牲畜。而在道路平坦、交通便捷的省份，沿途挽运粮饷仍多使用车辆。特别是在四川、湖北、湖南、江西等水道通达省份，皆雇备船只经水路运送军粮。与此同时，装运粮饷所需口袋、口绳、芦席、木鞘、油篓、牛皮、铁钉等项物料亦使用颇多。故此，本节将具体结合起义中各省征集牲畜、车辆、船只及其他物料的方式、数量等内容，对各色粮饷转运工具的使用情况进行探讨。

一　骡、驴等牲畜

牲畜作为中国传统社会的重要劳力，在历次战争中的运用亦相当广泛。根据笔者目前已掌握的资料来看，在白莲教起义中，清廷为满足前线转运粮饷的需要，先后向陕西、湖北、山西、山东、河南各省雇买了大量的骡、驴等牲畜（参见表 3-9）。如嘉庆元年（1796）九月，据湖北巡抚汪新奏言："目前钟祥贼匪指日歼除，大兵应即移赴宜昌、施南等境。该处跬步皆山，人夫不能负重。转运粮饷、军装、军火等项若全资夫力，不特险僻之区雇集不易，且逼近贼氛奸良莫辨，更虑非宜。若从远处雇备长夫，押赴供役须给与安家银两方能应募，则需费实属浩繁，自应以马、骡驮运较为省便。查向年西省马贩，每八、九月间赶群赴豫、东等境购售。现委员驰往挑买壮健马、骡数百匹头，迅速赶回派赴宜昌、

第三章　白莲教起义中清军的粮饷转运

施南各粮站地方，以为转运粮饷一切之需。"① 该年十月，陕西省即奉旨代湖北省雇觅健骡500头，先后分作两起行走。头起健骡250头，派委兴平县丞徐润协同抚标外委齐登科管解，自西安府起程由荆子关一路解赴湖北省樊城交收。二起健骡250头，派委临潼县丞胡彬协同抚标外委王朝龙管解，自西安府由潼关大路解赴湖北省襄阳府交收。两起健骡除中途倒毙2头外，实际共交付楚省498头。②

又如嘉庆二年（1797）三月，清军于湖北省随州、枣阳一带追捕起义军。因沿途山深地僻无从觅食，随营、在站各夫奔驰日久，亦渐形疲惫。业经湖北巡抚汪新饬委属员，在附近州县捐资采买健驴1000头分拨各军营、粮台以供驮运。③ 再同年八月，直隶、山东、山西、吉林索伦等省官兵奉旨赴楚协剿，随营粮饷、军火、军装等项必须骡头驮运。但此时湖北省境内土骡、土马已购买殆尽，各道、府所办骡头尚未到齐，巡抚汪新乃咨会陕西省督抚再行代雇健骡1000头，山东、山西两省采买健骡各800头，并飞饬河南省司、道一体酌量赶雇协济。④ 河南省在祥符等30州县共雇备健骡2100头，先后于本月初七至十九、二十八等日解到湖北省襄阳府交收。⑤ 陕西省如数雇觅健骡1000头，仍照例分作两起，遴派弁役由荆子关、潼关两路解赴湖北省襄阳府交收。⑥ 九月，山东省采买骡头，除中途倒毙10头外，实际共交付湖北省790头。山西省采买骡头，除中途倒毙1头外，实际共交付湖北省799头，以上骡头皆

---

①　庆桂：《钦定剿平三省邪匪方略》正编卷17，《续修四库全书》，第391册，第436—437页。
②　《大学士管理户部事务禄康题为遵旨核销陕省军需第四十案雇解湖北骡头用过脚价盘费等项驳查银两事》，嘉庆十三年六月十二日，中国第一历史档案馆藏内阁户科题本，档案号：02-01-04-18850-014。
③　庆桂：《钦定剿平三省邪匪方略》正编卷30，《续修四库全书》，第392册，第31页。
④　庆桂：《钦定剿平三省邪匪方略》正编卷48，《续修四库全书》，第392册，第381—382页。
⑤　《户部尚书禄康题为遵旨察核豫省军需第六十七案祥符等州县雇解襄阳骡头用过雇价各银事》，嘉庆七年八月二十二日，中国第一历史档案馆藏内阁户科题本，档案号：02-01-04-18437-025。
⑥　《陕西巡抚方维甸为题请核销嘉庆元年十月陕西代雇民骡解赴湖北用过雇价盘脚等项银两事》，嘉庆十年八月十三日，中国第一历史档案馆藏内阁兵科题本，档案号：02-01-006-003586 0013。

发往各路军营以资负重之用。①

还有如嘉庆五年（1800）六月，黑龙江、吉林等省官兵奉旨调赴湖北省围捕起义军。沿途所需骡头为数较多，但楚省素不出产，湖广总督倭什布乃知会河南巡抚吴熊光，在豫省产骡各处代雇若干，协济楚省以利军行。②是月，据新任河南巡抚颜检奏称，河南省现已采买健骡150头，业经南阳府转解襄阳府验收，此外尚有健骡50头现在南阳府拴喂以备调拨。考虑到楚省军营驮运粮饷、军火等项需用骡头浩繁，颜检乃将此项健骡50头一并解楚应用。③再嘉庆六年（1801）五月，陕西省南部地区战事进入收尾阶段，经略大臣额勒登保、参赞大臣德楞泰等率所部合力围捕起义军残余势力。但军营马匹、驮骡沿途倒毙颇多，遂经山西省太原、平阳、潞安、汾州、泽州、忻州、代州、解州、绛州等府州属采买健骡600头，自太原府起程由潼关大路运抵西安府长安县交收。④又嘉庆七年（1802）七月，河南省代湖北省采买健骡100头，仍照例于本月初七日由南阳府转解湖北省襄阳府交收。⑤同年十月，山西省亦采买健骡150头解赴楚省军营应用。⑥

除此之外，也有部分骡头来自战场缴获。如嘉庆二年（1797）十一月，西安将军恒瑞率兵于沔县、宁羌一带阻击起义军。先后夺获骡、马、牛、驴900余匹、头，均分给兵丁及撒拉尔回兵以示奖励。⑦又如嘉庆

---

① 《大学士管理户部事务禄康题为遵察湖北军需第一百二十六案接收山东山西代买骡头支过价值银两事》，嘉庆十一年十二月初九日，中国第一历史档案馆藏内阁户科题本，档案号：02-01-04-18698-012。
② 庆桂：《钦定剿平三省邪匪方略》正编卷194，《续修四库全书》，第396册，第130页。
③ 《河南巡抚颜检奏为调南阳开封等处马匹解赴襄阳验收以为军需事》，嘉庆五年六月二十三日，中国第一历史档案馆藏军机处录副奏折，档案号：03-1703-034。
④ 《大学士管理户部事务禄康题为遵察晋省嘉庆六年份协解陕西骡头用过骡价及押解盘费等项银两事》，嘉庆十二年四月十五日，中国第一历史档案馆藏内阁户科题本，档案号：02-01-04-18744-022。
⑤ 《大学士管理户部事务禄康题为遵旨核销豫省四案军需第十案采买协济湖北骡头用过料价盘脚等驳查银两事》，嘉庆十三年十二月初二日，中国第一历史档案馆藏内阁户科题本，档案号：02-01-04-18858-009。
⑥ 《山西巡抚成宁题报山西省嘉庆七年购办拨解楚省军需骡马用过银数事》，嘉庆十四年正月二十一日，中国第一历史档案馆藏内阁户科题本，档案号：02-01-04-18951-015。
⑦ 庆桂：《钦定剿平三省邪匪方略》正编卷57，《续修四库全书》，第392册，第551页。

第三章 白莲教起义中清军的粮饷转运

五年（1800）三月，参赞大臣德楞泰率兵于剑州之李家坪、土庙子、杨村垭、石门寨等处围捕起义军，亦先后夺获马、骡680余匹、头。①

表 3-9 　　　　白莲教起义中各省征集骡头、健驴数额　　　　单位：头

时间	征集省份	应用省份	征集方式	数额	资料来源
嘉庆元年	陕西省	湖北省	雇用	500	《大学士管理户部事务禄康题为遵旨核销陕省军需第四十案雇解湖北骡头用过脚价盘费等项驳查银两事》，嘉庆十三年六月十二日，中国第一历史档案馆藏内阁户科题本，档案号：02-01-04-18850-014
嘉庆二年	湖北省	湖北省	采买	驴1000	庆桂：《钦定剿平三省邪匪方略》正编卷30，《续修四库全书》，第392册，第31页
嘉庆二年	河南省	湖北省	雇用	2100	《户部尚书禄康题为遵旨察核豫省军需第六十七案祥符等州县雇解襄阳骡头用过雇价各银事》，嘉庆七年八月二十二日，中国第一历史档案馆藏内阁户科题本，档案号：02-01-04-18437-025
嘉庆二年	陕西省	湖北省	雇用	1000	《陕西巡抚方维甸为题请核销嘉庆元年十月陕西代雇民骡解赴湖北用过雇价盘脚等项银两事》，嘉庆十年八月十三日，中国第一历史档案馆藏内阁兵科题本，档案号：02-01-006-003586-0013
嘉庆二年	山东、山西	湖北省	采买	1589	《大学士管理户部事务禄康题为遵察湖北军需第一百二十六案接收山东山西代买骡头支过价值银两事》，嘉庆十一年十二月初九日，中国第一历史档案馆藏内阁户科题本，档案号：02-01-04-18698-012
嘉庆五年	河南省	湖北省	采买	200	《河南巡抚颜检奏为调南阳开封等处马匹解赴襄阳验收以为军需事》，嘉庆五年六月二十三日，中国第一历史档案馆藏军机处录副奏折，档案号：03-1703-034

① 庆桂：《钦定剿平三省邪匪方略》正编卷161，《续修四库全书》，第395册，第257页。

续表

时间	征集省份	应用省份	征集方式	数额	资料来源
嘉庆六年	山西省	陕西省	采买	600	《大学士管理户部事务禄康题为遵察晋省嘉庆六年份协解陕西骡头用过骡价及押解盘费等项银两事》，嘉庆十二年四月十五日，中国第一历史档案馆藏内阁户科题本，档案号：02-01-04-18744-022
嘉庆七年	河南省	湖北省	采买	100	《大学士管理户部事务禄康题为遵旨核销豫省四案军需第十案采买协济湖北骡头用过料价盘脚等驳查银两事》，嘉庆十三年十二月初二日，中国第一历史档案馆藏内阁户科题本，档案号：02-01-04-18858-009
嘉庆七年	山西省	湖北省	采买	150	《山西巡抚成宁题报山西省嘉庆七年购办拨解楚省军需骡马用过银数事》，嘉庆十四年正月二十一日，中国第一历史档案馆藏内阁户科题本，档案号：02-01-04-18951-015

骡头有采买、雇用之别，各自的例价和草料费用亦不相同。采买骡头之例价，根据《钦定户部军需则例》所载："凡采买马匹，均照各省营驿定例给价，如有节省核实报销。驼每只十八两，骡每头价银十五两，牛每只四两四钱，羊每只七钱。"① 草料费用，无论沿途行走或本处收槽喂养，均每头每日支料3仓升、10斤重草1束。若事出仓促，该地方官备办本色不及，可照例每头每日折给乾银5分，令自行买喂。② 雇用骡头并无例价，但有雇价银。具体数额起先未有议及，后经河南巡抚景安奏请遵照河南省"雇骡赴台应差例"减半给予，每头每日发给雇价银1.5钱，③

---

① 阿桂、和珅等纂修：《钦定户部军需则例》卷7《采买办解·采买马驼骡头牛羊价值》，《续修四库全书》，第857册，第120页。
② 阿桂、和珅等纂修：《钦定户部军需则例》卷8《折价抵支·沿途解送马驼骡头牛羊料草》，《续修四库全书》，第857册，第122页。
③ 《大学士管理户部事务禄康题为遵察豫省续办军需第六十七案奉驳查明支给祥符等州县解送襄阳骡头雇价等银事》，嘉庆十二年八月初六日，中国第一历史档案馆藏内阁户科题本，档案号：02-01-04-18766-014。

第三章　白莲教起义中清军的粮饷转运

陕西省照例每头每日发给雇价银1.3钱。① 与此同时，由于骡头系雇自民间，沿途仍须各骡夫牵领喂养，人畜饭食、草料皆从雇价中支取。抵站守候未经接收以前，仍正常给发（参见表3-10）。② 此外，各省协济骡头亦须官员押运。未出省前，照例去以每60里为一站，回以每100里为一站，各按其职衔品级按日发给盘费，并给跟役若干名以资背运。出省以后，参照"口外进征例"发给盐菜、口粮。押运官员及跟役均各给骑骡1头，每头每百里发给脚力银2钱。骡每3头给牵夫一名，每名每日发给盘费银6分。③ 再骡头抵站服役，转运粮饷口内、口外每粮1石用骡1头、每银2鞘用骡1头，每头每百里均给脚力银3钱。④

表3-10　　白莲教起义中各省征集骡头费用数额

征集方式	名目	发给标准	数额
采买	例价银	每头发给	15两
	草料	每日发给	料3升、10斤重草1束
	折色银	无草料每日发给	5分
雇用	雇价银	河南省例，每日发给	1.5钱
		陕西省例，每日发给	1.3钱

在此次平定白莲教起义的过程中，各省先后协济的骡头除派拨粮台服役外，亦有随营驮运者，即"随营长骡"，与随营长夫并称"夫骡"。但与长夫不同的是，清廷方面对于每名兵丁可带领骡头的数额从未议有

---

① 《大学士管理户部事务禄康题为遵旨核销陕省军需第四十案雇解湖北骡头用过脚价盘费等项驳查银两事》，嘉庆十三年六月十二日，中国第一历史档案馆藏内阁户科题本，档案号：02-01-04-18850-014。
② 《大学士管理户部事务禄康题为遵旨核销豫省续办军需第六十七案驳查给守候雇骡银价并差役盘费等项银两数目事》，嘉庆十三年八月二十六日，中国第一历史档案馆藏内阁户科题本，档案号：02-01-04-18853-015。
③ 《大学士管理户部事务禄康题为遵旨核销豫省四案军需第十案采买协济湖北骡头用过料价盘脚等驳查银两事》，嘉庆十三年十二月初二日，中国第一历史档案馆藏内阁户科题本，档案号：02-01-04-18858-009。
④ 阿桂、和珅等纂修：《钦定户部军需则例》卷5《运送脚价》，《续修四库全书》，第857册，第112—113页。

定例，各省督抚多是因需而设、相机办理，彼此间数额差距甚大。如嘉庆二年（1797）年初，总统宜绵、尚书惠龄等率兵追蹑襄阳起义军由陕入川。此前，湖北、陕西各省兵丁皆带有长骡，大致每兵百名可带长骡50头，每头每日发给骡价银5—6钱，所费颇多。乃经川省司、道同宜绵商议，定以其自湖北、陕西等省来川本系带有长骡者，满兵每百名给长骡25头、绿营兵每百名给长骡20头。本无长骡者，每百名给长夫30名，随征乡勇亦照征兵一体给予。但随后却遭户部援引"征兵过站例"逐条议驳，并认为骡头仅系应付出征官兵过站之用，到营后抬运军装、行李所给跟役、余丁等尽足敷用，其另给长骡与例不敷，实难议准，遂通行各省概行裁汰。然而，各省对随营长骡的使用并未就此停止，浮支滥应的问题仍相当严重（详见第四章）。①

二　车辆、船只

车辆也是转运粮饷的重要工具。车辆的来源，多系派拨驿站额车或是由沿途各州县自行雇备。各省转运车辆的形制主要为"四套大车"，每车给健骡4头、车夫1名。②与此同时，动用驿站额车并不支给例价，而雇用民车则须另给雇价。如根据《钦定兵部军需则例》所载：凡军需雇用车辆，除顺天、直隶、河南、陕西、甘肃等省外，"其余各省如遇雇用车辆，俱照驿站定例，每车百里给银一两。仍先尽额车应付，如额车不敷，始准雇用民车"③。正如前文所述，在此次平定白莲教起义的过程中，清廷先后经由户部银库、内务府广储司及各省地丁、盐课、关税项下动用军饷达数亿两白银。其中经由直隶省转解各路军营者，已不下千万。故而，我们此处不妨以直隶省为例，对起义中转运车辆的使用情

---

①　庆桂：《钦定剿平三省邪匪方略》正编卷126，《续修四库全书》，第394册，第350—352页。

②　《户部尚书布颜达赉题为遵察豫抚题销接办军需第一案转解军饷用过鞘箍车价委解员役盘费银两事》，嘉庆四年十二月十五日，中国第一历史档案馆藏内阁户科题本，档案号：02-01-04-18229-020。

③　阿桂、和珅等纂修：《钦定兵部军需则例》卷2《安塘夫工·雇用车辆价值》，《续修四库全书》，第857册，第139页。

况进行分析。

表3-11 嘉庆元年至六年直隶省历次转运军饷用过车辆及车价数额

时间	应用省份	银数（万两）	车辆（辆）	车价银（两）	资料来源
嘉庆元年	河南省	200	333	3717	《直隶总督胡季堂题为大兴宛平等州县嘉庆元年付过第一次部拨豫省兵饷车价银数请销事》，嘉庆三年三月二十五日，中国第一历史档案馆藏内阁户科题本，档案号：02-01-04-18152-013
嘉庆元年	湖北省	200	333	3717	《直隶总督胡季堂题为大兴宛平等州县嘉庆元年付过第二次部拨楚省兵饷车价银数请销事》，嘉庆三年三月二十五日，中国第一历史档案馆藏内阁户科题本，档案号：02-01-04-18152-014
嘉庆元年	湖北省	200	333	3850	《直隶总督胡季堂题为大兴宛平等州县嘉庆元年付过第三次部拨楚省兵饷车价银数请销事》，嘉庆三年三月二十五日，中国第一历史档案馆藏内阁户科题本，档案号：02-01-04-18152-015
嘉庆元年	湖北、湖南、陕西	330	550	6545	《直隶总督胡季堂题为大兴宛平等州县嘉庆元年付过第四次部拨湖北等省军饷车价银数请销事》，嘉庆三年三月二十五日，中国第一历史档案馆藏内阁户科题本，档案号：02-01-04-18152-016
嘉庆二年	湖北省	300	500	5775	《直隶总督胡季堂为查核大兴宛平等州县垫付运送嘉庆二年三月份第五次部拨湖北兵饷用过车价银两数目事》，嘉庆三年四月初七日，中国第一历史档案馆藏内阁兵科题本，档案号：02-01-006-003329-0013
嘉庆二年	陕西省	200	333	2600	《直隶总督胡季堂为查核大兴宛平等州县垫付运送嘉庆二年六月份第七次部拨陕西兵饷用过车价银两数目事》，嘉庆三年四月初七日，中国第一历史档案馆藏内阁兵科题本，档案号：02-01-006-003329-0014

167

续表

时间	应用省份	银数（万两）	车辆（辆）	车价银（两）	资料来源
嘉庆二年	湖北省	200	333	3717	《直隶总督胡季堂为查核大兴宛平等州县垫付运送嘉庆二年六月份第八次部拨湖北兵饷用过车价银两数目事》，嘉庆三年四月初七日，中国第一历史档案馆藏内阁兵科题本，档案号：02-01-006-003329-0015
嘉庆二年	四川省	400	666	7433	《兵部尚书庆桂为核销直隶大兴等州县嘉庆二年闰六月份运送第十次拨解四川兵饷应付过车价银两事》，嘉庆三年十月二十三日，中国第一历史档案馆藏内阁兵科题本，档案号：02-01-006-003332-0008
嘉庆二年	河南省	100	166	1858	《直隶总督胡季堂为题请核销大兴宛平等州县嘉庆二年八月份运送第十一次拨解河南兵饷应付车辆用过车价银两事》，嘉庆三年七月二十日，中国第一历史档案馆藏内阁兵科题本，档案号：02-01-006-003330-0016
嘉庆二年	湖北省	300	500	5575	《直隶总督胡季堂为题请核销大兴宛平等州县嘉庆二年八月份运送第十二次拨解楚省兵饷应付车辆用过车价银两事》，嘉庆三年七月二十日，中国第一历史档案馆藏内阁兵科题本，档案号：02-01-006-003330-0018
嘉庆二年	陕西省	200	333	2600	《直隶总督胡季堂为题请核销大兴宛平等州县嘉庆二年十月份运送第十四次拨解陕西兵饷应付车辆用过车价银两事》，嘉庆三年七月二十日，中国第一历史档案馆藏内阁兵科题本，档案号：02-01-006-003330-0017
嘉庆二年	四川省	400	666	5200	《直隶总督胡季堂为题请核销大兴宛平等州县嘉庆二年十一月份运送第十五次拨解四川兵饷应付车辆用过车价银两事》，嘉庆三年七月二十日，中国第一历史档案馆藏内阁兵科题本，档案号：02-01-006-003330-0014

第三章 白莲教起义中清军的粮饷转运

续表

时间	应用省份	银数（万两）	车辆（辆）	车价银（两）	资料来源
嘉庆三年	陕西省	200	333	2600	《直隶总督胡季堂为题请核销大兴宛平等州县嘉庆三年二月份运解过第十六次部拨陕西饷银应付车辆用过车价银两事》，嘉庆四年十二月十一日，中国第一历史档案馆藏内阁兵科题本，档案号：02-01-006-003373-0011
嘉庆三年	湖北省	100	166	1925	《署兵部尚书事务惠龄为核销直隶大兴等州县嘉庆三年份运送饷银七次用过车价银两事》，嘉庆五年四月初二日，中国第一历史档案馆藏内阁兵科题本，档案号：02-01-006-003424-0005
嘉庆三年	四川省	400	666	5200	《署兵部尚书事务惠龄为核销直隶大兴等州县嘉庆三年份运送饷银七次用过车价银两事》，嘉庆五年四月初二日，中国第一历史档案馆藏内阁兵科题本，档案号：02-01-006-003424-0005
嘉庆三年	陕西省	180	300	2340	《直隶总督胡季堂为题请核销嘉庆三年六月份大兴等州县运解第十九次部拨陕饷银两应付车辆用过车价银两事》，嘉庆四年十二月十一日，中国第一历史档案馆藏内阁兵科题本，档案号：02-01-006-003364-0028
嘉庆三年	湖北省	100	166	1858	《署兵部尚书事务惠龄为核销直隶大兴等州县嘉庆三年份运送饷银七次用过车价银两事》，嘉庆五年四月初二日，中国第一历史档案馆藏内阁兵科题本，档案号：02-01-006-003424-0005
嘉庆三年	四川省	300	500	3900	《直隶总督胡季堂为题请核销大兴宛平等州县嘉庆三年十月份运解过第二十一次部拨川饷银两应付车辆用过车价银两事》，嘉庆四年十二月十一日，中国第一历史档案馆藏内阁兵科题本，档案号：02-01-006-003373-0012
嘉庆三年	陕西省	200	333	2600	《直隶总督胡季堂为题请核销大兴宛平等州县嘉庆三年十一月份运解过第二十二次部拨陕饷银两应付车辆用过车价银两事》，嘉庆四年十二月十一日，中国第一历史档案馆藏内阁兵科题本，档案号：02-01-006-003373-0013

续表

时间	应用省份	银数（万两）	车辆（辆）	车价银（两）	资料来源
嘉庆三年	河南省	80	133	1540	《护理直隶总督颜检为题请核销嘉庆三年十二月份运解豫省饷银大兴宛平等州县付过车价银两事》，嘉庆五年十月二十二日，中国第一历史档案馆藏内阁兵科题本，档案号：02-01-006-003426-0012
嘉庆四年	陕西省	150	250	1950	《护理直隶总督颜检为题请核销嘉庆四年五月份运解部拨陕省饷银大兴宛平等州县付过车价银两事》，嘉庆五年十月二十二日，中国第一历史档案馆藏内阁兵科题本，档案号：02-01-006-003426-0008
嘉庆四年	甘肃省	50	83	650	《护理直隶总督颜检为题请核销嘉庆四年七月份运解甘省饷银大兴宛平等州县付过车价银两事》，嘉庆五年十月二十二日，中国第一历史档案馆藏内阁兵科题本，档案号：02-01-006-003426-0011
嘉庆四年	甘肃省	24	40	314	《护理直隶总督颜检为题请核销嘉庆四年八月份运送拨解甘省长芦商捐兵饷银清苑满城等州县用过车价银两事》，嘉庆五年十月二十二日，中国第一历史档案馆藏内阁兵科题本，档案号：02-01-006-003426-0013
嘉庆四年	河南省	40	66	743	《护理直隶总督颜检为题请核销嘉庆四年九月份运解部拨豫省饷银大兴宛平等州县付过车价银两事》，嘉庆五年十月二十二日，中国第一历史档案馆藏内阁兵科题本，档案号：02-01-006-003426-0010
嘉庆四年	四川省	200	333	2600	《护理直隶总督颜检为题请核销嘉庆四年九月份运解川省饷银大兴宛平等州县付过车价银两事》，嘉庆五年十月二十二日，中国第一历史档案馆藏内阁兵科题本，档案号：02-01-006-003426-0015
嘉庆四年	四川省	45	75	585	《护理直隶总督颜检为题请核销嘉庆四年十月份运解部拨川省饷银大兴宛平等州县付过车价银两事》，嘉庆五年十月二十二日，中国第一历史档案馆藏内阁兵科题本，档案号：02-01-006-003426-0009

第三章　白莲教起义中清军的粮饷转运

续表

时间	应用省份	银数（万两）	车辆（辆）	车价银（两）	资料来源
嘉庆四年	河南省	50	83	962	《护理直隶总督颜检为题请核销嘉庆四年十二月份运解部拨豫省饷银大兴宛平等州县支过车价银两事》，嘉庆五年十月二十二日，中国第一历史档案馆藏内阁兵科题本，档案号：02-01-006-003426-0007
嘉庆四年	四川、陕西	150	250	1950	《护理直隶总督颜检为题请核销嘉庆四年十二月份运解川陕二省饷银大兴宛平等州县付过车价银两事》，嘉庆五年十月二十二日，中国第一历史档案馆藏内阁兵科题本，档案号：02-01-006-003426-0014
嘉庆五年	甘肃省	100	166	1300	《直隶总督颜检为题请核销嘉庆五年二月份直隶大兴宛平等州县运解第三十二次部拨甘肃兵饷用过车价银两事》，嘉庆七年十一月十四日，中国第一历史档案馆藏内阁兵科题本，档案号：02-01-006-003492-0019
嘉庆五年	湖北省	40	66	770	《直隶总督颜检为奏销嘉庆五年二月份运解第三十三次部拨湖北军营备用银用过车价银两事》，嘉庆七年十一月十四日，中国第一历史档案馆藏内阁兵科题本，档案号：02-01-006-003501-0024
嘉庆五年	山西省	100	166	1300	《直隶总督颜检为题请核销嘉庆五年二月份直隶大兴宛平等州县运解第三十四次部拨山西存贮银两用过车价银两事》，嘉庆七年十一月十四日，中国第一历史档案馆藏内阁兵科题本，档案号：02-01-006-003492-0020
嘉庆五年	陕西省	70	116	910	《直隶总督颜检请核销大兴等州县应付嘉庆五年运解第三十五次部拨陕西备用饷银用过车价银两事》，嘉庆七年十一月十四日，中国第一历史档案馆藏内阁户科题本，档案号：02-01-04-18440-026
嘉庆五年	河南省	50	83	929	《直隶总督颜检题请核销大兴等州县嘉庆五年运解第三十六次部拨河南备用银两用过车价银两事》，嘉庆七年十一月十四日，中国第一历史档案馆藏内阁户科题本，档案号：02-01-04-18440-023

续表

时间	应用省份	银数（万两）	车辆（辆）	车价银（两）	资料来源
嘉庆五年	陕西省	50	83	650	《直隶总督颜检为奏销嘉庆五年闰四月份运解第三十七次部拨陕西备用银用过车价银两事》，嘉庆七年十一月十四日，中国第一历史档案馆藏内阁兵科题本，档案号：02-01-006-003501-0023
嘉庆五年	四川省	40	66	520	《直隶总督颜检为奏销嘉庆五年五月份运解第三十八次部拨四川备用银应付过车价银两事》，嘉庆七年十一月十四日，中国第一历史档案馆藏内阁兵科题本，档案号：02-01-006-003501-0022
嘉庆五年	陕西省	50	83	650	《直隶总督颜检题请核销大兴等州县付嘉庆五年运解第三十九次部拨陕西军饷用过车价银两事》，嘉庆七年十一月十四日，中国第一历史档案馆藏内阁户科题本，档案号：02-01-04-18440-025
嘉庆五年	四川省	40	66	520	《直隶总督颜检为题请核销直隶大兴宛平等州县嘉庆五年十一月份运解第四十次部拨四川军营备用银两用过车价银两事》，嘉庆七年十一月十四日，中国第一历史档案馆藏内阁兵科题本，档案号：02-01-006-003499-0019
嘉庆六年	陕西省	40	66	520	《直隶总督颜检题请核销大兴等州县应付嘉庆六年运解第四十二次部拨陕西备用银两用过车价银两事》，嘉庆七年十一月十四日，中国第一历史档案馆藏内阁户科题本，档案号：02-01-04-18440-024

说明：表中"车辆""车价银"数据均保留至整数位。

结合表 3-11 可知，直隶省自嘉庆元年（1796）五月至嘉庆六年（1801）二月，先后转解河南、湖北、陕西、四川、甘肃等省军饷 42 次，共计 5879 万两，均照例每银 6000 两装车 1 辆，共用过车 9784 辆，皆系雇自民间。与此同时，直隶省历次转解军饷所走大路共分两条：其一，自大兴县起，经宛平、良乡、涿州等州县运抵漳河北岸，可通河南、湖北两省，共计站程约1115里；其二，自正定县以下经获鹿、井陉等州县运抵山西省平定州甘桃驿，可通陕西、甘肃、四川三省，共计站程约780里。以上均照例每车每百里给车价银1两，共计车价银92373两，由各州县先行垫付。运费方面，根据《钦定户部军需则例》所载：动用驿站额车或雇觅民车转运粮饷，口内、口外均以100里为一站。口内每车每站发给车价银1.5钱，口外每车每站发给车价银4钱，每车给骡4头，仍照例每头每百里发给脚力银3钱。① 此外，所雇车辆、骡头先期到站二日及住歇守候、回空之日，官方定例每车每日再发给草料银5钱，每骡每日发给草料银1.5钱，以资人畜食用。倘若车辆需用较多必须邻境雇备轮番供送，其站程较远者应予以加增之到站、守候、回空等项银两，可临期交由该省督抚据实陈奏核办。如河南省在白莲教起义初期，因襄阳起义军窜扰本省边境，南阳府一带粮饷转运颇为频繁。遂经巡抚景安奏请，将新野县以南所有雇备车辆，每车加给雇价银1.4两，每骡加给脚价银3.5钱。先期到站二日及住歇守候、回空之日，每车加给草料银8钱，每骡加给草料银2钱。后经户部酌议，定以每车均照所请减半增银，分别加给雇价银1.2两、骡脚银3.25钱。到站、守候、回空等项银两，亦参照甘肃省办过成案减半给予，新野县以北则仍循旧例。②

表3-12　　　　白莲教起义中各省动用车辆费用数额

名目	发给标准	数额
雇价银	驿站额车不发；每百里发给	1两/辆
车价银	口内过站发给	1.5钱/辆
	口外过站发给	4钱/辆
骡脚银	每百里发给	3钱/头

---

① 阿桂、和珅等纂修：《钦定户部军需则例》卷5《运送脚价·运送军营饷银脚价》，《续修四库全书》，第857册，第113页。
② 《署理户部尚书德明题为遵查河南奏销军需第一案委解开封拨运南阳军饷支过车价盘脚银两事》，嘉庆三年五月十九日，中国第一历史档案馆藏内阁户科题本，档案号：02-01-04-18152-019。

续表

名目		发给标准	数额
	到站、守候、回空银	每日发给车、骡草料银	5钱/辆；1.5钱/头
河南省	雇价银	新野以南每百里发给	1.2两/辆
	骡脚银	新野以南每百里发给	3.25钱/头
	到站、守候、回空银	新野以南每日发给车、骡草料银	4钱/辆；1钱/头

在四川、湖北、陕西、山西、河南等省境内，长江、黄河水运较为便捷，因此沿途亦多利用船只转运军粮。船只的来源广泛，主要包括各州县额设渡船、截留漕船、商船及雇用民船4种。州县渡船，如湖北省所属江夏、钟祥、潜江等州县，在嘉庆元年（1796）至嘉庆三年（1798）间，因官兵行走及解运军火、粮饷均须安设渡船守候，先后添设大、小渡船420只。除向有渡船之处不入报销外，共计制造大渡船70只、小渡船142只。① 又嘉庆三年（1798）至嘉庆四年（1799）间，襄阳、南漳、宜城等州县，先后安设大渡船21只、小渡船75只。② 截留漕船，如嘉庆三年（1798）二月，湖南巡抚姜晟奉旨协济湖北省军粮10万石，均于该省本年漕米内截留，并原船装载转解楚省。③ 截留商船，如嘉庆元年（1796）六月，江西巡抚陈淮奉旨采买军粮10万石协济湖北。时有川、楚米商船只数十艘经过九江关，陈淮即札会监督全德向其购米1.9万余石，均用原船转运回楚。④ 雇用民船，是起义中船只最主要的来源。如嘉庆二年（1797）二月，江西省南昌、新建、丰城等厅县动碾军粮

---

① 《湖北巡抚瑚图礼为查核湖北军需第一百四十案内各州县制造渡船支给工料价值并渡夫水手工食等银两事》，嘉庆十一年七月十一日，中国第一历史档案馆藏内阁工科题本，档案号：02-01-008-002705-0007。

② 《大学士管理户部事务禄康题为遵察湖北续案军需第二十案支给襄阳等州县渡船水手工食等项银两事》，嘉庆十二年六月三十日，中国第一历史档案馆藏内阁户科题本，档案号：02-01-04-18764-032。

③ 《湖南巡抚姜晟奏报截漕米石拨供留防兵食事》，嘉庆三年二月二十七日，中国第一历史档案馆藏军机处录副奏折，档案号：03-1742-063。

④ 《江西巡抚陈淮奏报运楚省米石头运起程日期事》，嘉庆元年六月十三日，中国第一历史档案馆藏军机处录副奏折，档案号：03-1707-019。

第三章　白莲教起义中清军的粮饷转运

6万石协济湖北，前后共雇募民船398只，均经水路运往襄阳府交收。① 嘉庆五年（1800）三月，湖北省郧阳府知府王正常应陕省督抚所请代办兵米3000石，皆雇用民船装载运至兴安府交收。② 又如嘉庆七年（1802）二月，四川总督勒保奉旨协济陕西省军粮1万石。此项兵米自阆中县下河雇船装载，由苍溪、昭化、广元等县运至朝天关交陕省委员接收。③

各省动用船只转运粮饷，派拨州县渡船还须添设渡夫、水手。具体而言，大渡船每只添设渡夫4名，小渡船每只添设渡夫、水手共3名。④ 薪资方面，根据《钦定户部军需则例》所载：应差渡夫、水手自原籍起程时，每名均发给安家银3两。渡夫、水手口内行走每名每日发给路费银6分，口外行走每名每日发给路费银4分，另给口粮米1升。抵站服役之日，每名每月发给工食银1.2两，另给口粮米1升。与此同时，渡夫、水手实有家口者，每户可再月支米3斗以资养赡。⑤ 又根据湖北省例，留防期内渡夫、水手每名均照例减半支给工食银6钱、口粮米5合。⑥ 船只若系雇自民间，则交由原船户、水手负责押运，每只船户1名、水手自1、2名至5、6名。⑦ 薪资方面，参照湖北省例，自江西省入

---

① 《户部尚书布颜达赉题为遵旨察核嘉庆二年南昌等厅县碾运湖北赈粜米石用过水脚各项银两事》，嘉庆五年闰四月十二日，中国第一历史档案馆藏内阁户科题本，档案号：02-01-04-18257-019。

② 《湖北巡抚瑚图礼题为军需第三十案驳查郧阳府协济陕西军米用过水脚等项银两查明请销事》，嘉庆十年十二月十七日，中国第一历史档案馆藏内阁户科题本，档案号：02-01-04-18592-018。

③ 《户部尚书禄康题为遵察四川达州等处嘉庆四年后剿匪军需第六十八案拨运陕西军米用过水脚银两请销事》，嘉庆十一年六月二十三日，中国第一历史档案馆藏内阁户科题本，档案号：02-01-04-18686-005。

④ 《大学士管理工部事务朱珪为核议湖北巡抚题请核销湖北省江夏等州县嘉庆元二三等年剿捕教匪案内制造大小渡船用过工料银两事》，嘉庆十一年十一月十八日，中国第一历史档案馆藏内阁工科题本，档案号：02-01-008-002688-0008。

⑤ 阿桂、和珅等纂修：《钦定户部军需则例》卷6《整装安家工食口粮·渡夫水手安家工食银两》，《续修四库全书》，第857册，第115—116页。

⑥ 《大学士管理户部事务禄康题为遵察湖北续案军需第二十案支给襄阳等州县渡船水手工食等项银两事》，嘉庆十二年六月二十日，中国第一历史档案馆藏内阁户科题本，档案号：02-01-04-18764-032。

⑦ 《大学士管理户部事务庆桂题为遵察江西省嘉庆七年份义宁等三十州县碾运陕西军需米石等项用过挑运水脚等项银两事》，嘉庆十六年六月十四日，中国第一历史档案馆藏内阁户科题本，档案号：02-01-04-19176-021。

境至武昌府，每石每站发给水脚银8厘；武昌府至襄阳府，每石每站发给水脚银1.2分；襄阳府至兴安府，每石每站发给水脚银2.8厘。此外，船户、水手在站守候、回空期间，每名每日再各给口粮米8合3勺。①

表3-13　白莲教起义中各省应差渡夫、船户、水手工食、口粮

夫役	名目	发给标准	数额
渡夫、水手	安家银	起程时发给	3两
	路费银	口内行走每日发给	6分
		口外行走每日发给	4分
	口粮米		1升
	工食银	抵台后每月发给	1.2两
		湖北省例，留防期内	6钱
	口粮米	抵台后每月发给	1升
		湖北省例，留防期内	5合
	家属口粮	有家口者每月发给	3斗
船户、水手	水脚银	江西、湖北省例	8厘/石
		湖北省例，武昌至襄阳	1.2分/石
		湖北省例，襄阳至兴安	2.8厘/石
	守候、回空口粮	每日发给	8合3勺
		陕西省违例多支	1升

说明：表中"陕西省例"系特殊情况，可参见《大学士管理户部事务庆桂题为遵察江西省嘉庆七年份义宁等三十州县碾运陕西军需米石等项用过挑运水脚等项银两事》，嘉庆十六年六月十四日，中国第一历史档案馆藏内阁户科题本，档案号：02-01-04-19176-021。

三　口袋及其他物料

战时转运军粮还需用口袋装盛，根据《钦定户部军需则例》所载：

---

① 《大学士管理户部事务禄康题为遵察赣省嘉庆五年份碾运陕西军米用过脚费银两复核驳回事》，嘉庆十二年十二月初四日，中国第一历史档案馆藏内阁户科题本，档案号：02-01-04-18757-022。

第三章　白莲教起义中清军的粮饷转运

军粮每米5斗、面50斤各给口袋1条、扎口绳1根。① 因此次起义中各省军粮供应浩繁，口袋、口绳等项需求亦随之提升。如嘉庆三年（1798）四月，甘肃省奉旨派拨小麦10万石协济川省，共计需用口袋20万条。布政使广厚乃饬令各属将旧存毛、麻及布口袋3.2万余条先尽动用，又协拨、采买各色口袋82490条，不敷之处于靖远、庄浪等州县赶办。② 又如陕西省在嘉庆四年（1799）至嘉庆八年（1803）间，先后运过陇州、汧阳、岐山、郿县等州县军营米豆3130.5石，内除郿县补用腾空口袋400条外，实用口袋5860条，每条连扎口绳给银1.63钱；又拨运陇州、岐山两处军营面35350斤，共用口袋707条，每条连扎口绳给银1.95钱，共用口袋价值银1093.045两。③ 除口袋外，装运军粮还会使用篾篓，仍照例每米5斗给篾篓1个、捆扎棕绳1根。如湖北省施南府，在嘉庆元年（1796）至嘉庆三年（1798）间，先后共制作篾篓54135个，每个工料银4.68分、捆扎棕绳每根工料银1.5分，共用过工料银140112.047两。但相较于口袋，篾篓在转运过程中损耗颇多且变价不易，故而应用并不广泛。④

再者，转运军粮还须提供芦席、油布、木炭等物料以抵御风雨、防止霉变。如嘉庆三年（1798）六月，湖北省协济四川省军粮3万石运抵夔州府交收。因此项兵米由水路运送，遂采办芦席铺垫船舱以免潮湿。照例每米25石给芦席1条，先后共采买芦席1200条，每条价银8厘，共支芦席银9.6两。⑤ 又如嘉庆五年（1800）三月，湖北省郧阳府拨解

---

① 阿桂、和珅等纂修：《钦定户部军需则例》卷9《杂支·制造口袋》，《续修四库全书》，第857册，第127页。
② 《户部尚书禄康题为遵察军需第四案甘肃省拨运川陕小麦用过脚价等项银两驳查各款事》，嘉庆十年二月二十五日，中国第一历史档案馆藏内阁户科题本，档案号：02-01-04-18584-007。
③ 《大学士管理户部事务禄康题为遵查陕省奏销续办军需第九十六案西安等属节年运送军粮用过夫价口袋等银两各数事》，嘉庆十三年闰五月二十三日，中国第一历史档案馆藏内阁户科题本，档案号：02-01-04-18849-007。
④ 《大学士管理工部事务费淳为核议湖北巡抚题请核销军需第二百零二案内制造运米口袋口绳等项过工料银两事》，嘉庆十二年二月十二日，中国第一历史档案馆藏内阁工科题本，档案号：02-01-008-002721-0001。
⑤ 《户部尚书禄康题为遵旨察核湖北剿捕教匪军需第十四案荆州局奉文借拨荆州满营兵米等项银两事》，嘉庆七年十月二十九日，中国第一历史档案馆藏内阁户科题本，档案号：02-01-04-18438-005。

177

陕西省兵米3000石，雇用民船运至兴安府交收。即采买芦席120条，共支芦席银9.6钱。① 油布、木炭等项，参照河南省例，每米6石给油布1条，每条价银3.61钱。② 又如甘肃省例，白面每130斤给油布雨单1条，每条价银4.75钱。外用2斤捆扎麻绳1根，每根价银8分。再装面口袋每袋内用渗潮木炭1.5两，每斤价银3厘。每袋用包木炭蒲纸1张，每百张价银8分。③ 再者，湖北省遵照奏定章程，每米5斗给棕片苫单1块，每块给价银1.2钱。截至嘉庆三年（1798），武昌、荆州、襄阳各局先后制办棕片苫单714655块，共支苫单银85758.6两。④

战时转运军饷需用木鞘装载，依照军需定例，各省解运饷鞘，计每银1000两装木鞘1根，连铁钉、铁箍给价银3钱。如河南省截至嘉庆三年（1798）五月，先后共收到部库及山东、山西、两淮、江苏等省协拨饷银385万两。其中，有自省城拨解南阳总局饷银共195万两，即照例制办木鞘1950根，并支给鞘箍银585两。⑤ 又如陕西省在嘉庆元年（1796）至嘉庆三年（1798）间，经司库陆续拨解汉中、兴安、商州等处饷银共780.99万两。均照例制办木鞘7809根，每根价银2.86钱；每鞘用生牛皮箍3道，每道价银9厘；铁蚂蟥4个，每个价银3厘；雨点钉8个，每个价银4毫；匠工银1分，共支给木鞘工料银2431.322两。⑥

---

① 《湖北巡抚全报题请核销湖北剿匪军需第三十案郧阳府拨解陕省军米用过运脚垫席等项银两事》，嘉庆八年五月二十六日，中国第一历史档案馆藏内阁户科题本，档案号：02-01-04-18492-010。

② 《总理户部事务王大臣永瑆题为遵察豫抚题销军需第七十四案买运米石用过脚价押差盘费等项银数事》，嘉庆四年六月十二日，中国第一历史档案馆藏内阁户科题本，档案号：02-01-04-18228-021。

③ 《陕甘总督全保题为嘉庆六年兰州等府州所属节次拨运军营米面料豆用过采买粮料口袋各物等项银两请销事》，嘉庆十一年十二月十七日，中国第一历史档案馆藏内阁户科题本，档案号：02-01-04-18677-021。

④ 《大学士管理工部事务费淳为核议湖北巡抚题请核销军需第二百零二案内制造运米口袋口绳等项用过工料银两事》，嘉庆十二年二月十三日，中国第一历史档案馆藏内阁工科题本，档案号：02-01-008-002721-0001。

⑤ 《署理户部尚书德明题为遵查河南奏销军需第一案委解开封拨运南阳军饷支过车价盘脚银两事》，嘉庆三年五月十九日，中国第一历史档案馆藏内阁户科题本，档案号：02-01-04-18152-019。

⑥ 《户部尚书禄康题为遵察陕西省军需第二十七案拨解汉中饷银用过脚夫等项银两数目事》，嘉庆十年五月十九日，中国第一历史档案馆藏内阁户科题本，档案号：02-01-04-18586-004。

除此之外，转运军饷亦有用包布、油篓装运者。如嘉庆元年（1796）正月至嘉庆三年（1798）六月底止，湖北省司库陆续拨解荆州、襄阳两局及随州、湖南饷银共271.8万两。即照例每银1万两用包布5匹，每匹价银2.5钱，依楚省则例给银2钱，计用包布1359匹，共支给包布银271.8两。又每银1万两用装盛油篓10个，每个价银5分，计用油篓2718个，共支给油篓银135.9两。①

表3-14　　　　白莲教起义中各省转运粮饷所需物料价格

物料		用量	价格
口袋连扎口绳		每米5斗、面50斤用1条	米口袋1.63钱/条 面口袋1.95钱/条
甘肃省	袷布口袋	每面65斤用1条	1.92钱/条
	毛麻口袋		1.6钱/条
	扎口绳	口袋1条用1根	3厘/根
	缝联袋口棉线	每100袋用2.5两	3钱/斤
篾篓		每米5斗用1个	4.68分/个
捆扎棕绳		篾篓1个用1根	1.5分/根
芦席		每米25石用1条	8厘/条
河南省 甘肃省	油布雨单	每米6石用1条	3.61钱/条
		每面130斤用1条	4.75钱/条
甘肃省	2斤捆扎麻绳	油布雨单1条用1根	8分/根
	渗潮木炭	装面口袋1条用1.5两	3厘/斤
	包木炭蒲纸	装面口袋1条用1张	8分/百张
棕片苫单		每米5斗用1块	1.2钱/块
木鞘连铁钉、铁箍		每银1000两用1根	3钱/根

---

① 《湖北巡抚全保题请核销湖北剿匪军需第一案武昌等属节次接运部拨并各省协饷应付夫价盘脚等项银两事》，嘉庆八年五月十六日，中国第一历史档案馆藏内阁户科题本，档案号：02-01-04-18492-006。

续表

物料		用量	价格
陕西省	木鞘	每银1000两用1根	2.86钱/根
	生牛皮	每鞘箍3道	9厘/道
	铁蚂蝗	每鞘用4个	3厘/个
	雨点钉	每鞘用8个	4毫/个

第三节　粮饷的转运路线

在前期的转运筹备工作完成后，选择何种方式、经由哪条路线将粮饷及时解送军营，便成为亟待解决的现实问题。军粮用于供给兵勇日食所需，其转运方式兼顾水、陆两种，故而路线亦较为多元。军饷为前线要需，所关匪细，转运皆走驿站大路且沿途另有兵役护送。在此次平定白莲教起义的过程中，奉旨为前线官兵提供粮饷的地区包括湖北、河南、山西、陕西、甘肃、四川、湖南、江西、安徽、山东、江苏、浙江、广州等省。这些省份跨越了差异巨大的地理单元，各自经由的转运路线是需要给予重点关注的内容。故此，本节将上述省份按照地理方位划分为北路、南路两方面，分别对其粮饷转运路线进行叙述。

一　军粮的转运路线

（一）北路粮运

1. 陕西—湖北路线

此路自陕西省兴安府安康县起程，沿汉江水路经洵阳县、白河县运抵湖北省郧阳府。如嘉庆元年（1796）二月，西安将军恒瑞奉旨带满兵2000名入楚协剿。但由于郧阳府所属竹溪、竹山、房县、保康等处道路阻塞，湖北省粮饷、军火等项要件不能遄行妥速，遂由陕西省就近于兴安府协济军米5500石，派委官役自安康县上船押运至湖北省郧阳府交收。①

---

① 《户部尚书禄康题为遵察陕省军需第三十七案拨运楚川两省军粮用过水陆运脚等项银两数目事》，嘉庆十年十一月三十日，中国第一历史档案馆藏内阁户科题本，档案号：02-01-04-18591-003。

2. 河南—湖北路线

此路分为 3 条路线：其一，自河南省南阳府所属各州县起程，由陆路经新野县、吕堰驿运抵湖北省襄阳府；其二，由陆路运至赊旗店或新野县柳林河码头上船，沿唐河南下运往襄阳府；其三，由陆路运至湖北省光化县老河口上船，再经汉江水路运往襄阳府。如嘉庆元年（1796）九月，总统永保等带兵赶至双沟、吕堰驿一带围捕襄阳起义军。南路官兵昼夜追剿，楚省粮运一时未能赶到。河南巡抚景安即将新野县存贮之粮饷、军火等项委员押送到营。① 又如嘉庆七年（1802）八月，河南巡抚马慧裕奉旨于南阳、唐县、镇平、南召、邓县、内乡、新野、淅川、舞阳等府县派拨小米 2 万石协济楚省。内除镇平县系由陆路直运襄阳交兑外，南召、舞阳二县系由陆路运至赊旗店上船，南阳、唐县、邓州、新野、淅川等州县系由陆路运至新野县柳林河码头上船，内乡县系直运湖北省光化县老河口始行上船运往。②

3. 陕西—四川路线

此路分为 2 条路线：其一，自陕西省汉中府南郑县起程，由陆路经城固县、洋县、西乡县、渔渡坝等处运抵四川省太平县。其二，自兴安府安康县起程，由陆路经紫阳县、西乡县等处运至太平县属官渡湾。如嘉庆元年（1796）年末，陕甘总督宜绵率师入川督办军务。即飞咨陕西巡抚秦承恩代办兵米 1 万石，由紫阳、西乡两路运至太平。同年六月，尚书惠龄等追捕襄阳起义军由陕入川，此时各省官兵云集，需粮甚繁。秦承恩恐川省难以应付，遂又代办兵米 6000 石。宜绵亦札会秦承恩于此项外再办 1 万石，仍照此前章程运赴太平军营支用。③

4. 河南—陕西路线

此路分为 2 条路线：其一，自河南省南阳府所属各州县起程，由陆

---

① 庆桂：《钦定剿平三省邪匪方略》正编卷 17，《续修四库全书》，第 391 册，第 441 页。
② 《大学士管理户部事务禄康题为察核豫省嘉庆七年奉旨碾运湖北省军糈小米用过运脚驳查银两事》，嘉庆十二年二月初三日，中国第一历史档案馆藏内阁户科题本，档案号：02-01-04-18742-013。
③ 庆桂：《钦定剿平三省邪匪方略》正编卷 42，《续修四库全书》，第 392 册，第 282—283 页。

路经淅川县、荆子关、龙驹寨运抵陕西省商州。其二，自河南府、陕州所属各州县起程，由陆路运至太阳渡、陈家滩、湖水涧、会兴集等处码头上船，沿黄河水路运至陕西省潼关厅。如嘉庆二年（1797）四月，襄阳起义军窜入河南省后，又经内乡、卢氏等地进逼陕西省商州边境，尚书惠龄等亦率兵追蹑而来。但因山路险阻，西安府粮运一时不能赶到。其邻近豫省之龙驹寨地方，仍交由河南巡抚景安派员运送。① 又如嘉庆八年（1803）三月，陕西省战事接近尾声，善后事宜仍需米粮接济。河南巡抚马慧裕即奉旨于陕州所属灵宝、阌乡两县及河南府所属巩县、偃师、洛阳三县先后碾米5万石，均由陆路运至太阳渡、陈家滩、湖水涧、会兴集等处黄河码头上船运至陕西省潼关厅交卸。②

5. 河南省内路线

此路分为6条路线，由新野县、邓州、淅川县、黑峪、武胜关、卢氏县等处粮台各领其责。具体而言，南阳县、唐县、舞阳县等地军粮运到新野县总粮台收储，再分运新店铺、水台、判官庄、湖河镇、唐子山、吕堰驿等粮台。南召县、裕州、叶县等地军粮运到邓州总粮台收储，再分运老河口、魏家集粮台。镇平县、内乡县等地军粮运到淅川县总粮台，再分运荆子关、西坪镇粮台。嵩县军粮运到黑峪粮台收储，信阳州、罗山县等地军粮运到武胜关粮台收储。阌乡县、灵宝县等地军粮运到卢氏县总粮台收储，再分运箭杆岭、李墁、寨根等处粮台。③

6. 陕西省内路线

此路分为5条路线：其一，自陕西省西安府长安县起程，由陆路经宝鸡县、凤县、留坝厅、褒城县运抵汉中府，又经沔县、宁羌州可至川

---

① 庆桂：《钦定剿平三省邪匪方略》正编卷34，《续修四库全书》，第392册，第114、115页。
② 《河南巡抚清安泰题请核销豫省洛阳等州县嘉庆八年碾运陕省军米用过运脚盘费等项驳查银两事》，嘉庆十三年六月二十一日，中国第一历史档案馆藏内阁户科题本，档案号：02-01-04-18850-021。
③ 《总理户部事务王大臣永瑆题为遵察豫抚题销军需第七十四案买运米石用过脚价押差盘费等项银数事》，嘉庆四年六月十二日，中国第一历史档案馆藏内阁户科题本，档案号：02-01-04-18228-021。

陕边界之黄坝驿。其二，由陆路入子午峪经宁陕厅、石泉县、汉阴厅运抵兴安府，并转解紫阳、平利等县。其三，自西安府咸宁县起程，由陆路经孝义厅、镇安县、运抵兴安府。其四，由陆路经蓝田县运抵商州，向北至同州府潼关厅，向东至商南县，向南至镇安县可通兴安府。其五，自兴安府安康县起程，由陆路经汉阴厅、石泉县、西乡县、洋县、城固县运抵汉中府。如嘉庆二年（1797）四月，襄阳起义军自河南省边界窜入陕西省商州、镇安县境。巡抚秦承恩即于西安省城安设总台，将各路军火、粮饷俱由商州、孝义两路分设粮台挨次滚运。① 又如嘉庆五年（1800）至嘉庆六年（1801）间，湖北、江西、湖南三省先后协济陕西兵米近30万石，俱由兴安府分运南郑、西乡、城固、洋县、石泉、汉阴、紫阳、平利、镇安、宁陕、褒城、留坝、凤县等厅县。②

7. 甘肃—四川路线

此路自甘肃省秦州、阶州所属各州县起程，由陆路运至陕西省略阳县上船，沿嘉陵江南下运抵四川省广元县。如嘉庆三年（1798）五月，因各路起义军尽汇聚于川省，各路大兵云集，军粮供应渐形仓促。甘肃布政使广厚乃奉旨于秦州、成县、西和、礼县、徽县等州县仓储内动拨小麦10万石协济川省，委员由陆路运交陕西省略阳县接收。其后自略阳县上船经水路运至广元县，并分贮保宁、顺庆两府。③

8. 山西—陕西路线

此路自山西省平阳府、蒲州府、解州、绛州所属各州县起程，由陆路运至永济县上船，经汾河南下至渭河口，再沿渭河水路运至陕西省朝邑县。如嘉庆六年（1801）二月，因陕西省内各路大兵追捕起义军需粮甚多，此前所请协拨湖南省米石到陕尚需时日。山西巡抚伯麟乃应陕抚陆有仁所请，于襄陵、太平、曲沃、翼城、临晋、猗氏、荣河、虞县、

---

① 庆桂：《钦定剿平三省邪匪方略》正编卷41，《续修四库全书》，第392册，第268页。
② 《陕西巡抚方维甸题为奏销军需第十一案内各州县接运江西等省协拨军米用过夫工等项银两事》，嘉庆十二年三月十五日，中国第一历史档案馆藏内阁户科题本，档案号：02-01-04-18743-016。
③ 庆桂：《钦定剿平三省邪匪方略》正编卷72，《续修四库全书》，第393册，第122页。

安逸、夏县、芮城、平陆、稷山、河津、闻喜、绛县等县碾米8万石，均由永济县之蒲津渡等处上船运至陕西省朝邑县交收。①又如嘉庆九年（1804）二月，陕西巡抚方维甸奏请再于晋省仓储内协济兵米若干。伯麟即如数派拨平阳、蒲州、解州、绛州各府州县常平仓谷3万石，仍照前例由汾河、渭河水道运往。②

（二）南路粮运

1. 湖北省内路线

此路分为4条路线：其一，基本由汉江水路串联，涉及沿线武昌、汉阳、襄阳、荆州、郧阳各府所属州县。其二，自湖北省荆州府枝江县起程，经宜都县、长阳县、长乐县、鹤峰州运抵施南府宣恩县，再分运建始县、恩施县、来凤县、利川县粮台。其三，自荆州府枝江县起程，经宜都县、东湖县、归州运抵宜昌府巴东县。其四，自荆州府江陵县起程，经河溶镇运抵荆门州当阳、远安等县。如自嘉庆三年（1798）起至嘉庆九年（1804）止，荆州府便先后接收过江夏、汉阳、蒲圻、崇阳、兴国等州县拨运军粮。襄阳府亦接收过荆州、武昌、江夏、汉阳、黄冈等府州县拨运军粮，其内另有大米11.5万石转交郧阳府接收。③又如嘉庆八年（1803）六月，据湖北巡抚全保所奏，荆州府在起义期间所碾运、采办的各项军粮，均先后经由枝江、宜都、长乐、鹤峰、宣恩、利川、建始、东湖、归州、巴东等州县就近运交粮台挽输。④再者如嘉庆元年（1796）四月，因湖北省各办理军需，所费较多。遂经嘉庆帝传谕河南巡抚景安，于前次部拨200万两饷银内分出100万两运往楚省，其

---

① 《户部尚书禄康题为遵察晋省运送陕省兵米支过运脚人夫等项银两事》，嘉庆七年三月二十九日，中国第一历史档案馆藏内阁户科题本，档案号：02-01-04-18425-029。

② 《山西巡抚伯麟奏为遵旨如数拨济陕省兵米事》，嘉庆九年三月十三日，中国第一历史档案馆藏宫中档朱批奏折，档案号：04-01-03-0142-004。

③ 《大学士管理户部事务禄康题为遵察湖北续案军需第四十一案荆州等府接运湖南各省米石转赴宜昌等处用过水脚银两事》，嘉庆十二年十月初八日，中国第一历史档案馆藏内阁户科题本，档案号：02-01-04-18756-005。

④ 《湖北巡抚全保题请核销湖北剿匪第十七案荆州局各属碾运采办米石支过价脚等项银两事》，嘉庆八年六月十四日，中国第一历史档案馆藏内阁户科题本，档案号：02-01-04-18492-025。

内有 60 万两系解贮荆州府库以供枝江、当阳等处军营用度。①

2. 湖北—陕西路线

此路自湖北省郧阳府、襄阳府、德安府、安陆府所属各州县起程，沿汉江水路经应城县、钟祥县、襄阳府、郧阳府运抵陕西省兴安府白河县。如嘉庆五年（1800）三月，经略大臣额勒登保、参赞大臣那彦成等先后带兵来陕，本省仓储已难以维系。陕西巡抚台布乃飞咨郧阳府知府王正常代办兵米 3000 石。闰四月，又经湖广总督姜晟派委局员在襄阳、应城、钟祥、随州、安陆等府州县协济陕省兵米 1 万石。前后两项皆由水路运往兴安府交收。②

3. 江西—湖北—陕西路线

此路自江西省南昌府、九江府、南康府、饶州府、广信府、瑞州府、袁州府、临江府、抚州府所属各州县起程，沿赣江水路经南昌府、九江府运抵湖北省武昌府。再者，自武昌府起程沿汉江水路经襄阳、郧阳二府可联通入陕路线。如嘉庆二年（1797）二月，因湖北省襄阳、安陆一带难民、兵勇需米赈粜，江西巡抚陈淮遂奉旨于南昌、新建、丰城、上高、新昌、宜春、分宜、清江、新喻、新淦、峡江、莲花厅、庐陵、吉水、泰和、万安、龙泉、安福、永新、临川、崇仁、宜黄、上饶、玉山、广丰、铅山、弋阳、贵溪、安义、鄱阳、余干、浮梁、都昌等厅县碾米 6 万石。③ 内除安义县运全吴城镇换装大船，鄱阳、余干、浮梁、都昌等四县运至九江府开帮外，其余各厅县均由水次运至省城会齐，直运湖北省武昌府交收。④ 又如嘉庆五年（1801）六月，江西巡抚张诚基奉旨分拨陕西兵米 10 万石，仍照例沿赣江水路运至武昌府，再经襄阳府换船转

---

① 《督率调度楚北军务永保奏请即行酌拨银两以济军需灾赈等用事》，嘉庆元年七月十九日，中国第一历史档案馆藏军机处录副奏折，档案号：03-1707-022。
② 庆桂：《钦定剿平三省邪匪方略》正编卷 174，《续修四库全书》，第 395 册，第 492 页。
③ 《江西巡抚张诚基题请核销江西省嘉庆二年将仓谷碾米解楚赈粜用过水脚等项银两事》，嘉庆四年十月十七日，中国第一历史档案馆藏内阁户科题本，档案号：02-01-04-18234-015。
④ 《户部尚书布颜达赉题为遵旨察核嘉庆二年南昌等厅县碾运湖北赈粜米石用过水脚各项银两事》，嘉庆五年闰四月十二日，中国第一历史档案馆藏内阁户科题本，档案号：02-01-04-18257-019。

解陕西省兴安府兑收。①

4. 安徽—湖北路线

此路自安庆府、庐州府、滁州、和州、太平府、广德州、宁国府所属各州县起程，于附近水次上船运至安庆府江口镇会齐，再沿长江水路经江西省彭泽县运抵湖北省武昌府。如嘉庆二年（1797）二月，安徽巡抚朱珪即奉旨协济军粮6万石交湖北省襄阳、安陆两府以资赈粜之用。②又如嘉庆七年（1802）八月，因参赞大臣德楞泰复率官兵入楚围捕起义军残部，军粮需求亦随之加增。安徽巡抚王汝璧遂照例于桐城、潜山、太湖、宿松、宁国、旌德、太平、当涂、芜湖、繁昌、无为、合肥、舒城、庐江、巢县、滁州、全椒、来安、和州、含山、建平等州县内碾米6万石，均自安庆府江口镇会齐开帮运至湖北省武昌府交收。③

5. 四川—湖北路线

此路自四川省夔州府起程，沿长江水路经巫山县、巴东县、归州、宜昌府运抵湖北省荆州府。如嘉庆二年（1797）八月，教首姚之富、齐王氏等率襄阳起义军自川返楚，惠龄及德楞泰两路官军亦追蹑前来。其时湖北省内骤增多路大兵，需粮正殷。湖北巡抚汪新乃飞咨四川总督宜绵于夔州府州县仓储内动碾兵米3000石，派船解赴湖北省宜昌府兑收。④又如嘉庆三年（1798）二月，各路起义军悉数逃窜入川，官兵昼夜追剿，军营需用更甚从前。是年五月，遂经湖广总督景安于荆州满营兵粮项下派拨大米3万石，委员雇船运至四川省夔州府交卸。⑤

---

① 《江西巡抚张诚基奏为遵旨碾运陕西米石并报起程日期事》，嘉庆五年六月十六日，中国第一历史档案馆藏宫中档朱批奏折，档案号：04-01-01-0475-034。
② 《安徽巡抚荆道乾题为查明嘉庆二年拨运楚省赈米用过水陆脚费及押运属役盘费饭食银两并无浮冒请准销事》，嘉庆四年十月二十八日，中国第一历史档案馆藏内阁户科题本，档案号：02-01-04-18238-005。
③ 《安徽巡抚初彭龄题为各州县碾运湖北江西兵赈米石用过脚价等项银两报销事》，嘉庆十一年十二月二十日，中国第一历史档案馆藏内阁户科题本，档案号：02-01-04-18678-016。
④ 庆桂：《钦定剿平三省邪匪方略》正编卷50，《续修四库全书》，第392册，第428—429页。
⑤ 庆桂：《钦定剿平三省邪匪方略》正编卷71，《续修四库全书》，第393册，第108页。

第三章 白莲教起义中清军的粮饷转运

6. 湖南—湖北—陕西路线

此路分为 2 条路线：其一，自湖南省长沙府、衡州府、岳州府、常德府、澧州所属各州县起程，过洞庭湖沿汉江水路运抵湖北省武昌府。其二，沿荆江水路运抵荆州府，登陆换船后再沿汉江水路转解襄阳府，可联通入陕路线。如嘉庆三年（1798）二月，湖南巡抚姜晟即奉旨截留本省漕粮 10 万石，分运武昌、荆州两府以为兵食。① 又如嘉庆六年（1801）正月，陕西省秋粮歉收，各属采办兵米昂贵异常。遂经湖南巡抚祖之望于漕粮项下先行截留 8 万石运往武昌府汉口镇转运，再于长沙、衡州、岳州、常德、澧州各府州属仓谷内动碾兵米 7 万石，各自该处水次上船沿荆江水路直运荆州府，再盘坝至草市、潜江县换船，沿汉江水路运往襄阳府转运。②

7. 四川省内路线

此路分为 5 条路线：其一，自四川省成都府、潼川府、眉州、资州、嘉定府、叙州府、重庆府、泸州所属各州县起程，由陆路运至省城、遂宁县、江口镇、洪雅县、宜宾县、高县、长宁县、巴县等处上船，沿长江水路经忠州、万县运抵夔州府。其二，沿渠江水路经江北厅、合州、广安州运往达州。其三，沿嘉陵江水路经江北厅、合州、南充县运抵保宁府。其四，自成都府所属各州县起程，由陆路经赵家渡、中江县、三台县、盐亭县、太和镇分运阆中、南充二县。其五，自成都府所属各州县起程，由陆路经江油县分运龙安府、松潘厅一带。如嘉庆六年（1801）二月，四川省战事仅局限于川东夔州、达州一带，遂经布政使杨揆会同臬司董教增于嘉定、叙州、重庆、眉州、泸州、资州各府州所属派碾仓谷 10 万石，运至重庆转解夔州、达州两路以资分拨。③ 截至该年年底，成都府、潼川府、眉州、资州、嘉定府、叙州府、重庆府所属州县共碾米 11.29850274 万石，除巴县就近拨交江北厅 500 石外，其余 11.24850274 万石皆由陆路运至水次上船，经万县、南充、蓬州、长寿、

---

① 《湖南巡抚姜晟奏报截漕米石拨供留防兵食事》，嘉庆三年二月二十七日，中国第一历史档案馆藏军机处录副奏折，档案号：03-1742-063。
② 《暂署湖南巡抚祖之望奏为筹拨陕省军粮委员分起趱运事》，嘉庆六年二月初四日，中国第一历史档案馆藏军机处录副奏折，档案号：03-1711-054。
③ 庆桂：《钦定剿平三省邪匪方略》正编卷237，《续修四库全书》，第397册，第138页。

南部等州县截留7875石，共交阆中、忠州、夔州、南充、渠县、广安等府州县米10.46100274万石。成都府所属各州县共碾米2万石，由陆路运至赵家渡、中江、三台、盐亭、太和镇等处截留1017石，共交阆中、南充二县米1.8983万石。① 又如嘉庆五年（1800）内，因龙安、松潘一带有起义军自甘肃省窜入，遂经四川总督勒保奏请，另以江油县为总粮台，照口外之例办理沿途粮运事宜。②

8. 四川—陕西路线

此路自重庆府、顺庆府、保宁府所属各州县起程，沿嘉陵江水路经合州、南充县、阆中县、苍溪县、昭化县、广元县运至朝天关上岸，由陆路分运陕西省汉中府宁羌州、沔县、南郑县、定远厅等处。如嘉庆七年（1802）二月，经略大臣额勒登保复率官兵由陕入川，前线需粮更多。四川总督勒保乃应陕西巡抚陆有仁所请，于川西、川南完善地区先后派碾仓米1万石，装船运抵重庆府，沿嘉陵江溯流而上，经保宁府转解朝天关交陕省委员接收。③ 又如嘉庆八年（1803）三月，因陕西省剿捕善后事宜全面展开，军营所需正殷。巡抚祖之望即派员赴四川省顺庆府一带采买兵米若干，仍照例于南充县雇船装载转运回省。④

二 军饷的转运路线

（一）北路饷运

1. 京师—湖北路线

此路分为2条路线：其一，自京师顺天府起程，由陆路经大兴县、宛

---

① 《户部尚书禄康题为遵察嘉庆四年后达州剿匪军需第四十五案动碾常平仓谷运送各营支过水脚等项银两事》，嘉庆十一年五月十一日，中国第一历史档案馆藏内阁户科题本，档案号：02-01-04-18683-003。

② 《四川总督勒保题请核销达州嘉庆四年后军需第四案雇安各台站里夫等支过安家等项银两事》，嘉庆十一年四月初四日，中国第一历史档案馆藏内阁户科题本，档案号：02-01-04-18665-011。

③ 《户部尚书禄康题为遵察四川达州等处嘉庆四年后剿匪军需第六十八案拨运陕西军米用过水脚银两请销事》，嘉庆十一年六月二十三日，中国第一历史档案馆藏内阁户科题本，档案号：02-01-04-18686-005。

④ 《陕西巡抚方维甸题为奏销后案军需第二十二案内支过前赴川楚采买军米用过价脚等项银两事》，嘉庆十二年四月初七日，中国第一历史档案馆藏内阁户科题本，档案号：02-01-04-18744-011。

平县、良乡县、涿州、定兴县、安肃县、清苑县、满城县、望都县、定州、新乐县、正定县、栾城县、赵州、柏乡县、内丘县、邢台县、永年县、邯郸县、磁州至漳河北岸交河南省安阳县,再经卫辉府、开封府、许州、襄城县、叶县、裕州、南阳府、新野县等处运抵湖北省襄阳府。其二,开封府以下,经许州、临颍县、郾城县、西平县、遂平县、确山县、信阳州至湖北省应山县观音店驿,再经安陆县、云梦县、孝感县、黄陂县、汉阳县运抵武昌府。如嘉庆二年（1797）三月,直隶总督梁肯堂奉旨转解部拨楚省饷银300万两,照例于漳河北岸交河南省安阳县接替前进。① 但此时襄阳起义军已由湖北省蔓延至河南省南阳府地界,裕州、叶县一带驿路频繁受阻。巡抚景安遂饬令押运官员将饷银暂于许州、襄城县等处截留存储,随时察看新野、信阳两路,何处静谧即由何处解往。②

2. 京师—四川路线

此路分为3条路线:其一,自京师顺天府起程,由陆路经大兴县、宛平县、良乡县、涿州、定兴县、安肃县、清苑县、满城县、望都县、定州、新乐县、正定县、获鹿县、井陉县至山西省平定州甘桃驿,经榆次县、太原府、汾州府、霍州、平阳府、绛州、解州、蒲州府至陕西省潼关厅,经华阴县、华州、渭南县、临潼县、咸宁县、长安县、咸阳县、兴平县、武功县、扶风县、凤翔县、宝鸡县、凤县、留坝厅、褒城县、沔县、宁羌州至四川省广元县神宣驿,再经剑州、绵州等处运抵成都府。其二,褒城县以下,经南郑县、洋县、西乡县分运太平县。其三,自顺天府起程,沿"直隶—河南路线"经开封府、河南府、陕州、灵宝县运至陕西省潼关厅,可联通入川路线。如嘉庆二年（1797）正月,办理太平粮务川北道李鋐以该处军需紧急,恳请陕西省就近借拨饷银20万两以解燃眉之急。恰逢上年有部拨陕省饷银140万两陆续抵境,宜绵即飞饬布政使倭什布动拨饷银40万两,分别解赴成都、太平两地存贮。③ 又如

---

① 《直隶总督胡季堂为查核大兴宛平等州县垫付运送嘉庆二年三月份第五次部拨湖北兵饷用过车价银两数目事》,嘉庆三年四月初七日,中国第一历史档案馆藏内阁兵科题本,档案号:02-01-006-003329-0013。

② 庆桂:《钦定剿平三省邪匪方略》正编卷33,《续修四库全书》,第392册,第82页。

③ 《陕西巡抚秦承恩奏为动拨库银解往成都等处以济急需事》,嘉庆二年正月初四日,中国第一历史档案馆藏军机处录副奏折,档案号:03-1708-002。

同年闰六月，宜绵、福宁等奏请派拨饷银400万两来川，亦经直隶省所属各州县按站交替滚运至漳河北岸，经河南、陕西两省委员管解前进。①

3. 山东—湖北、四川路线

此路自山东省济南府起程，由陆路经禹城县、德州、阜城县、河间府、高阳县运抵直隶省清苑县，可分别联通入楚、入川路线。如嘉庆四年（1799）七月，陕西、甘肃两省战况胶着，各路官兵需用较多。上谕长芦盐政董椿就近传知长芦、山东两运司将本年商捐银24万两装鞘起运，交直隶省委员转解陕省应用。②又如嘉庆六年（1801）五月，因粮员办理军需失宜，湖北省后方粮饷无法按时接济。兼之两淮起解饷银仍未到境，致使兵丁枵腹，征战无从得力。遂经湖广总督吴熊光与山东巡抚惠龄商议，就近于该省藩库内派拨军饷15万两以备缓急。③

4. 陕西—甘肃路线

此路自陕西省汉中府沔县起程，由陆路经略阳县至甘肃省成县小川驿，再经西和县、礼县、巩昌府运抵兰州府。如嘉庆五年（1800）二月，因甘肃省大兵云集，陕甘总督长麟请将前次解送川、陕饷银内分拨甘省60万两以济要需。其中，二等侍卫车森保押解饷银30万两，已于二月二十五日运抵巩昌府。候补道府元福押解余下饷银30万两，于同日运抵兰州府，均经照数兑收，并无短少。④

（二）南路饷运

1. 江西—湖北—四川路线

此路自江西省南昌府起程，由陆路经建昌县、德安县、德化县至湖北省黄梅县孔垅驿，经广济县、蕲水县、黄州府运抵武昌府，沿"直

---

① 《兵部尚书庆桂为核销直隶大兴等州县嘉庆二年闰六月份运送第十次拨解四川兵饷应付过车价银两事》，嘉庆三年十月二十三日，中国第一历史档案馆藏内阁兵科题本，档案号：02-01-006-003332-0008。

② 《护理直隶总督颜检为题请核销嘉庆四年八月份运送拨解甘省长芦商捐兵饷银清苑满城等州县用过车价银两事》，嘉庆五年十月二十二日，中国第一历史档案馆藏内阁兵科题本，档案号：02-01-006-003426-0013。

③ 《山东巡抚惠龄奏报遵旨拨解银两迅速赴楚事》，嘉庆六年五月十九日，中国第一历史档案馆藏军机处录副奏折，档案号：03-1833-084。

④ 庆桂：《钦定剿平三省邪匪方略》正编卷159，《续修四库全书》，第395册，第231页。

隶—湖北路线"经开封府可联通河南省入川路线。如嘉庆二年（1797）九月，因湖北省军需浩繁，前次奏请拨发部饷300万两到境尚需时日。遂经江西巡抚张诚基奉旨于九江关税银及藩库项下协拨军饷50万两，已先后于本月初四日全数出境入湖北省黄州府界。① 又如嘉庆七年（1802）四月，陕西省南山建盖兵房需拨帑项。九江关监督阿克当阿即奉旨拨解税银20万两，经河南巡抚颜检委员转解陕西省收用。②

2. 湖南—湖北路线

此路分为2条路线：其一，自湖南省长沙府起程，由陆路经宁乡县、益阳县、龙阳县、常德府、澧州至湖北省公安县孙黄驿，再经荆州府、荆门州、宜城县运抵襄阳府。其二，由陆路经湘阴县、岳州府、临湘县至湖北省蒲圻县港口驿，再经咸宁县运抵武昌府。如嘉庆五年（1800）六月，将军明亮率兵于均州、房县一带搜剿达州起义军，广东、广西及黑龙江、吉林等省官兵先后奉诏前来。彼时湖北省兵数繁多，先前所请饷银亦将次告罄。湖南巡抚祖之望乃奉旨于藩库存款内挪借15万两先行接济，均照例由澧州、蒲圻两路解往。③

3. 安徽—湖北—四川路线

此路分为2条路线：其一，自安徽省安庆府起程，由陆路经怀宁县、潜山县、太湖县、宿松县至湖北省黄梅县亭前驿，再经广济县、浠水县、黄州府运抵武昌府，可联通河南省入川路线。其二，由陆路经桐城县、舒城县、庐州府、凤阳府、宿州至河南省永城县太邱驿，再经归德府、兰阳县运抵开封府可联通入川路线。如嘉庆四年（1799）七月，湖广总督倭什布奏湖北省边防经费不敷，上谕两江总督费淳于芜湖、凤阳两关及安徽藩库内协济饷银33万两迅速解往。④ 又如嘉庆八年（1803）六

---

① 《江西巡抚张诚基奏为筹解湖北军需银两全数出境事》，嘉庆二年九月十八日，中国第一历史档案馆藏军机处录副奏折，档案号：03-1708-036。
② 庆桂：《钦定剿平三省邪匪方略》正编卷312，《续修四库全书》，第398册，第551页。
③ 《大学士管理户部事务禄康题为察核湖北续案军需一案自嘉庆三年七月至九年四月止共收部库拨解等项银两事》，嘉庆十二年六月初九日，中国第一历史档案馆藏内阁户科题本，档案号：02-01-04-18749-009。
④ 《两江总督费淳奏为准咨筹拨湖北军饷银两事》，嘉庆四年八月初七日，中国第一历史档案馆藏宫中档朱批奏折，档案号：04-01-01-0473-028。

月,湖北、陕西、四川等省战事渐次底定,凤阳关监督德庆即奉旨将税银5万两解赴河南省藩库以备拨用。①

4. 江苏—湖北—四川路线

此路分为2条路线:其一,自江苏省扬州府起程,由陆路经江都县、仪征县、江宁县至安徽省当涂县驿,再经芜湖县、南陵县、青阳县、贵池县运抵安庆府,可联通入楚路线。其二,由陆路经江浦县至安徽省滁州滁阳驿,再经定远县运抵凤阳府,可联通河南省入川路线。如嘉庆六年(1801)春,两淮盐政书鲁先后奉旨于盐课项下协济陕西省20万两、湖北省30万两。均由安徽巡抚荆道乾派员于入境后沿途护送,已分别于四月二十九日、五月初七日全出皖境。②又如嘉庆七年(1802)八月,陕西省军营大功告成,一切善后事宜仍须源源接济,遂经朝廷降旨两淮盐政延丰如数提银60万两拨赴河南省。其头起10万两已于八月十四日由永城县入境,陆续运往开封府转解陕西省兑收。③

5. 浙江—湖北—四川路线

此路自浙江府杭州府起程,由陆路经石门县、桐乡县、嘉兴府至江苏省吴江县平望驿,再经苏州府、常州府、镇江府运抵江宁府,可联通河南省入楚、入川路线。如嘉庆五年(1800)十月,因陕西省善后事宜需用繁多,两浙盐政延丰奉旨将解京商捐银20万两转解陕西省。其头起6万两已于十月初三日运至镇江府丹徒县,遂经江苏巡抚岳起饬令委员改道,由仪征县向安徽、河南赴陕大路行走。④

6. 广东—湖北—四川路线

此路分为2条路线:其一,自广东省广州府起程,由水路经三水县、

---

① 《管理凤阳关税务德庆奏报遵旨解税银赴豫事》,嘉庆八年六月十一日,中国第一历史档案馆藏军机处录副奏折,档案号:03-1834-019。
② 《安徽巡抚荆道乾奏为护送陕西湖北军需趱出安徽境事》,嘉庆六年五月初九日,中国第一历史档案馆藏军机处录副奏折,档案号:03-1711-066。
③ 《河南巡抚马慧裕奏报遵旨转拨陕西饷银事》,嘉庆七年八月十九日,中国第一历史档案馆藏军机处录副奏折,档案号:03-1833-107。
④ 《江苏巡抚岳起奏报查明浙省解部银两头批委员已改道解往陕西事》,嘉庆五年十月十三日,中国第一历史档案馆藏宫中档朱批奏折,档案号:04-01-35-0937-019。

第三章 白莲教起义中清军的粮饷转运

高要县、肇庆府、德庆州、封川县至广西省苍梧县驿,再由陆路经贺县、富川县、平乐府、阳朔县、桂林府、灵川县、兴安县、全州至湖南省零陵县驿,经祁阳县、衡州府、衡山县、湘潭县运抵长沙府,可联通入楚、入川路线。其二,由水路经清远县、英德县、曲江县、韶州府、南雄州至江西省大庾县小溪驿,再由陆路经南康县、赣州府、万安县、泰和县、吉安府、吉水县、峡江县、新淦县、清江县、瑞州府运抵南昌府,可联通入楚、入川路线。如嘉庆五年(1800)十一月至嘉庆六年(1801)三月,广东省两次奉旨协济陕西省军饷共60万两。其头起30万两经广西、湖南、湖北各省挨次滚送,① 已于四月初五日自信阳州全数入河南境。② 后起30万两改由江西、湖北一路前进,已于四月十五日入江西境,至五月初三日交湖北省黄梅县接护前行。③

小 结

粮饷转运是军需供给最为关键的环节,其牵涉天时、地利、人力、物力等诸多因素,内容繁杂、变化颇大。需要各方人员的统筹协调、悉心配合方可源源接济。清廷在平定白莲教起义的过程中,十分关注前线粮饷的转运工作,并通过设置军需局、粮台等相应的组织机构进行筹划管理。军需局,是为统筹战时后勤保障工作设立的临时性领导机构。其建置沿革可追溯到清初的"饷司",至乾隆年间形成定例,此后历次战争均相沿办理。军需局主要负责战时粮饷、马匹、军火等项物资的收贮派发,兼及军需案牍的覆核造报。战后改为"报销局",重点办理军需奏销事宜。在白莲教起义中,清廷先后于湖北、河南、陕西、四川、甘

---

① 庆桂:《钦定剿平三省邪匪方略》正编卷233,《续修四库全书》,第397册,第60页。
② 《河南巡抚吴熊光奏报拨解陕省饷银事》,嘉庆六年四月二十日,中国第一历史档案馆藏军机处录副奏折,档案号:03-1833-079。
③ 《江西巡抚张诚基奏为广东解陕饷银过境日期事》,嘉庆六年五月初六日,中国第一历史档案馆藏军机处录副奏折,档案号:03-1711-065。

肃五省设立军需局，开设地点多选择省会或中心城市。各局的运行管理，由总督、巡抚总领其责，布政使、按察使、粮道等官从旁协助，并招募大量经承、贴写等基层工作人员。各自依照情势承担本地区内的军需事务，彼此之间并没有明确的层级统属关系。与此同时，军需局还于各路军营开设"粮务处"，委任知州、知县、典史等官担任"随营粮员"以经管军需。粮台，是具体负责战时粮饷转运工作的后勤保障机构，在清代前期即已出现。其职能主要体现在粮饷等军需物资的收储、转运。在白莲教起义中，湖北、河南、陕西、四川等省皆设有粮台，其运输系统虽然是在驿站的基础上建立的，但往往还会充分考虑到沿途地形等因素的影响，将站程缩短为40—70里。再者，各省粮台还因形势需要存在增设、裁撤的情况，实际数额一直处于变化之中。粮台的运行管理，由所在州县全权负责或委任官吏经办。基层工作人员则由书识、仓夫、斗级组成，多派自本地或就近雇募，均照例给予安家、工食银及口粮。再者，粮台存放粮饷的房屋多来源于州县仓廒及庙宇，或是租用民房，亦有临时搭盖者，具体视其收贮粮饷规模而定。

  承担粮饷转运工作的人员主要包括夫役、官员。夫役来源广泛，有里夫、客夫、所夫、扛夫、排夫诸名称，尤以里夫、客夫为主。前者由各州县按田亩摊派，解送粮台服役，期满后准其换班一次，后者则由远、近各州县雇募，统一交由押差、夫头进行管理。薪资待遇方面，除近处雇募之客夫不发给安家银外，其余里夫、客夫自原籍起程后均照例给予安家银及路费。抵站服役期间，分别口内、口外站程远近发给工价、口粮及回空银，并搭盖棚厂以供栖止。与此同时，在平定白莲教起义的过程中，清廷方面还因前线运务的实际需要，添设"随营长夫"沿途背运。此类长夫由附近州县负责招募，直接派拨各路军营服役，长夫数额参照官兵数量酌情搭配。而各省在具体办理军需事务的过程中，还时常因运力不敷另外加给长夫，致使浮支现象较为严重。再者，随营长夫的薪资待遇虽然同粮台里夫相差无几，但是其实际生存环境相较于后者要更为恶劣。而除承运夫役外，后路转运粮饷还须委任文、武官员负责押运,主要由各省州县官吏及副将、协领等绿营将弁组成,亦有经皇帝临时指派的特殊情况。各押运官员均依照其职衔品级分别口内、口外站程远近发给盘费及盐菜银,并另给跟役、骑骡若干以资驮运。

不仅如此,清廷方面对于牲畜、车辆、船只等粮饷转运工具的使用亦相当重视。牲畜作为传统农业社会中的重要劳力,其在清代历次战争中的运用皆相当广泛。后方转运粮饷,如遇到山路陡险、人力难以企及之处,便只能依凭骡、驴等牲畜飞挽。在白莲教起义中,清廷为满足前线转运粮饷的需要,先后向陕西、湖北、山西、山东、河南等省雇募、采买了大量的骡头、健驴等牲畜派拨各路粮台、军营服役,并分别给予草料及折色银以资喂养。车辆的来源,多系派拨驿站额车或是由沿途各州县自行雇备,形制以"四套大车"为主,每车给健骡4头、车夫1名。车辆在直隶、河南、山西、陕西、甘肃等省道路平坦之处应用较为频繁,转运军饷照例以每6000两装车一辆,分别口内、口外站程远近发给雇价、车价等项银两,健骡亦酌情发给脚价及草料等项银两。船只的来源,主要包括各州县额设渡船、截留漕船、商船以及雇用民船。各省动用船只转运粮饷,派拨州县渡船还须添设渡夫、水手,若系雇自民间,则径直交由原船户、水手负责押运,均照例分别顺水、逆水站程远近发给安家、工食、水脚、回空等项银两。除此之外,战时转运粮饷还须用到口袋、篓篓、芦席、油布、木鞘、包布等物料装盛,均视各省物价情形相机办理。

白莲教起义中各省粮饷的转运路线,可依据其地理方位划分为北路、南路两方面。具体而言,由于军粮系供给随征官兵、乡勇日食所需,沿途输送讲求时效性,故而其转运方式兼顾水运、陆运两种,路线亦更为多元。北路粮运方面,涉及河南、湖北、山西、陕西、甘肃、四川等省,先后借助黄河、汉江水运、陆运以及水陆联运等多种转运方式。南路粮运方面,涉及湖北、陕西、湖南、江西、安徽、四川等省,转运方式则以长江、汉江水运为主。再者,军饷作为前线要需,所关匪细,转运皆走驿站大路且沿途另有兵役护送。北路饷运方面,以山西、河南两省为

195

中心，依托"京师—湖北路线""京师—四川路线"两条主干驿路将华北、中原地区同河南、湖北、陕西、甘肃、四川等省战场循序连接，具体承运户部内库、内务府广储司派拨前线的军饷。南路饷运方面，以湖北、河南两省为中心，依托"浙江—湖北路线""广东—湖北路线"两条主干驿路将华东、华南地区同战场中心联通，具体承运各省藩库、关税、盐课以及捐监、商捐等项下协济前线的军饷。

第四章 粮饷供给困境及清廷的应对之策

第一节 粮饷供给的困境

军兴之际,兵行粮随,战时军需供给水平的高低在某种程度上直接决定了战场形势的发展走向。但正如前文所述,战时粮饷供给是一个需要各方人员统筹协调、悉心配合的系统性工程,其牵涉天时、地利、人力、物力、财力等诸多方面,任何环节出现偏差,对于整个供给系统的影响都将是灾难性的。在白莲教起义中,清廷十分注重对前线官兵的粮饷供给工作,但是仍然不可避免地受到交通运输条件、自然环境以及战场形势发展等客观性因素的制约,在粮饷转运的实际过程中出现困境。与此同时,长期以来被官方奉为圭臬的《钦定户部军需则例》在此次起义中暴露出了新的制度性缺陷,并由此导致了如"德楞泰案""明亮案""那山案""曹庠业案"与"胡齐仑案"等一系列军需案件的发生,使本就迟滞的粮饷供给工作愈显艰难。

一 限制粮饷转运的客观性因素

(一)运输条件落后

交通运输条件是决定战时军需供应能力强弱的关键因素。中国古代历朝统治者出于安全性和时效性的考虑,对于包括粮饷在内的各类军需物资的运输，多依靠由官方力量控制的驿路进行。清廷在平定白莲教起义的过程中，粮饷转运主要是通过在沿途设立不同规模的粮台实现的。但是粮台的设立基于驿站系统，在白莲教徒活动最为频繁的秦巴山区，官方驿路交通建设的水平仍较为滞后，其境内铺设有两条主干驿路，以此联通陕西、四川、湖北三省广大地区。其一是"川陕官道"，大致路线从西安府西南行，由宝鸡县进入秦岭北栈，再经褒城县进入秦岭南栈，其后过宁羌州入四川境，经剑门关至成都府，全长2220里，沿途共设有驿站41处。① 此外，亦有官道支线可将山内其余地方相连。如从褒城县开山驿分道东北，由汉中府南郑县抵兴安府安康县境，再北行过洵阳县入商州境，即可联通省城驿路，全长1755里，沿途共设有驿站13处。② 其二是"川鄂官道"，大致路线从成都府南行，经隆昌县分道东北，其后过巫山县入湖北境，由巴东县南行至荆州府。再向北入襄阳府境，全长3240里，沿途共设有驿站35处。③ 由襄阳府西行至郧阳府界，仅设有郧西县驿1处，与陕南地区并无驿路联通。施南府的情况也大体相同，附近州县碍于地形因素也并无驿路，仅配有专职递送文书军报的急递铺所，故而难以承担军需物资的转运工作。④

上述两条主干驿路沿途所经过的地貌特征多以高山邃谷、深林密菁为主，运输粮饷的车辆、马匹难以在崎岖山路中行走，只能改用驴、骡等牲畜甚或交由人力挽运，不仅运输效率低下，风险亦大为提升。并且有时因雨水过大，山内桥梁、道路多被冲塌，粮饷运送只能绕道翻山或扎筏凫水，境况异常艰难。虽然官方又在原有运输条件的基础上增设了部分粮台，但是战争期间仍会或多或少受此影响。其情形正如龚景瀚所言："贼所过掳掠民食，无地非民则无地非粮；而我兵之粮，必须转运。山径险阻，若阶州、五郎、孝义、鳌屋山中，即骡马亦不能行，人夫负重，日不能四、五十里。若由后路运送，则兵行迅速，势不能及；若由

---

① 刘文鹏：《清代驿站考》，人民出版社2017年版，第408页。
② 刘文鹏：《清代驿站考》，第414—416、426—434页。
③ 刘文鹏：《清代驿站考》，第531—535、546—549、369—372、377—380页。
④ 刘文鹏：《清代驿站考》，第372页。

第四章　粮饷供给困境及清廷的应对之策

前路运送，正当贼匪之来，未果兵腹，先赍盗粮。"①

除驿路交通外，清军在平定白莲教起义的过程中还充分利用黄河、长江水运。黄河发源于青海省巴颜喀拉山北麓，其中游河道流经陕西、山西、河南三省，全长1206.4公里。其中自禹门口至潼关段汇入渭河、汾河两条支流，河面开阔、水流平缓，通航条件较好，可借此联通陕西省西安府、同州府、山西省蒲州府、解州、绛州、平阳府、霍州、汾州府、太原府、忻州等地。②潼关以东河道可联通河南省陕州、河南府、怀庆府、开封府、卫辉府、归德府等地，但郑州段以上因有三门峡砥柱山阻碍，不能逆流行船。所以河南省历次协济军粮只能先经陆路运至陕州，然后再下河运往陕西省。③汉江是长江中下游的最大支流，发源自陕西省秦岭南麓，以北源沮水为正源。其干流流经陕西、湖北两省，自西向东联通陕西省汉中府、兴安府、湖北省郧阳府、襄阳府、安陆府、荆门州、汉阳府、武昌府等地，全长1577公里，其中陕西省境内干流长657公里，湖北省境内长920公里。汉江干流水量充足，通航条件较好。但位于陕西、湖北两省境内的中、上游江段，受地形因素影响水流湍急、礁滩密布，是全线航运最为困难的部分。④嘉陵江发源自秦岭北麓的陕西省凤县代王山，以东源为正源。其干流流经陕西、甘肃、四川三省，自北向南联通陕西省汉中府、甘肃省秦州、阶州、四川省保宁府、顺庆府、重庆府等地，全长1100公里，是长江上游流域面积最大的支流。其干流以四川省广元县为界可分为两段，广元县以上为上游段，此段江流曲折，穿行于秦岭、米仓山、摩天岭等山谷之间，河谷狭窄，水流湍急，颇多险滩礁石，不利于航运。广元县以下至合州为下游段，流域地形由

---

① 龚景瀚：《澹静斋文钞外篇》卷1《平贼议》，《清中期五省白莲教起义资料》，第5册，第169—170页。
② 陕西省地方志编纂委员会编：《陕西省志·水利志》，陕西人民出版社2020年版，第17—19页。
③ 《河南巡抚马慧裕奏为遵旨动碾仓谷就近协济陕省军需事》，嘉庆八年三月二十日，中国第一历史档案馆藏军机处录副奏折，档案号：03-1713-016。
④ 湖北省水利志编纂委员会编：《湖北水利志》，中国水利水电出版社2000年版，第107—109页。

盆地北部的深丘区过渡到浅丘区，河道逐渐开阔，经过盆东平行岭谷区形成峡谷河段。①嘉陵江于合州汇入长江后即为川江水运，干流流经四川、湖北两省，自西向东联通四川省叙州府、泸州、重庆府、忠州、夔州府、湖北省宜昌府等地，全长1040公里，流域内多为峡谷、丘陵地形，航道弯曲狭窄，滩多流急，航运难度较大。②

相较于驿路运输，水运方式具备无可比拟的时效性和便捷性，并且在一定程度上弥补了官方驿路建设的缺失。但是，水运航道极易受到地形和气候等因素影响，致使年际径流量变化较大，运输条件由此存在明显的季节性差异。如嘉庆三年（1798）春，因汉江流域降水增多，"上游汛水长发，处处逆流滩险，粮饷、军火挽运甚难"。遂经湖北巡抚高杞由襄阳至郧阳一路安设台站，雇集夫骡加紧运送。川江运道亦因年初水涨封峡，船户不能挽运前进，附近州县乃多加纤夫，昼夜趱行接济。③与此同时，汉江、嘉陵江及川江流域内水流湍急、险滩暗礁分布甚多，粮饷转运的安全性难以得到有效保障，米石沉失的情况较为常见。如嘉庆二年（1797）八月至十二月，四川省崇宁、宜宾、江安、合江等县陆续沉失米1908石。④嘉庆三年（1798）正月至五月，什邡、仁寿、青神、泸州、江安、合江、纳溪、乐山、夹江、遂宁、巴县、江津等州县亦沉失米5441.22石。⑤又如嘉庆五年（1800）六月，江西省协济陕西省兵米10万石俱由汉江运往，因洵阳等县水道滩高流急、乱石嶙峋，一遇风色不顺，人力实在不能支持。各起皆有碰坏船只，共计沉失米6444.5石。⑥嘉庆七

---

① 四川省地方志编纂委员会编：《四川省志·水利志》，四川科学技术出版社1996年版，第23—24页。
② 湖北省水利志编纂委员会编：《湖北水利志》，第101—107页。
③ 庆桂：《钦定剿平三省邪匪方略》正编卷75，《续修四库全书》，第393册，第184—185页。
④《四川总督勒保题请核销达州军需第六十三号案运米支过水脚银两沉失米石捐赔还款事》，嘉庆九年十二月二十日，中国第一历史档案馆藏内阁户科题本，档案号：02-01-04-18538-026。
⑤《户部尚书禄康题为遵察四川省各厅州县动碾常平仓运送各路军营支出夫工水脚等银事》，嘉庆九年七月初九日，中国第一历史档案馆藏内阁户科题本，档案号：02-01-04-18537-002。
⑥《江西巡抚金光悌题为奏销嘉庆五年南昌等县补运陕西军米用过水陆脚费等项银两事》，嘉庆十二年七月十五日，中国第一历史档案馆藏内阁户科题本，档案号：02-01-04-18751-005。

年（1802）二月，江西省义宁等州县碾运陕西省兵米8万石，又先后于湖北、陕西境内沉失米6128.1石。①

（二）粮饷受阻被抢

嘉庆朝白莲教起义与此前历次战争用兵攻围一处即再攻一处的情形不同，因为起义军队伍中的"流寇主义"思想较为浓厚，他们普遍没有建立合适、稳定的根据地，长期以来仍主要是在各省边界之间折冲奔袭。所以官兵往来剿捕多在深山穷谷之中，必须逐日移营、分路追击，粮饷转运工作亦要随之前进。但事实上后方不仅筹措粮饷即需部分时日，并且其后也仅能凭借畜力或人力负重入山运往各路军营，显然其供运速度较之军行已甚属迟缓。故此在大多数情况下，后方粮饷并不能及时供给前线。兼之战场形势瞬息万变，山中偏僻之处又文报不通，有时起义军迫于官兵追袭，突然由原路折返，致使运道受阻，官兵、粮饷前后无法兼顾。如嘉庆二年（1797）十一月，达州、东乡两股起义军先后于保宁、顺庆一带滋扰，并焚掠南部、营山、仪陇等处。此前川北运道总以保宁、达州为中心，营山、顺庆、南部、仪陇等地分设粮台承运。目下因军情紧急，粮饷皆不能前进。②又如嘉庆三年（1798）六月，有甘肃省奉旨协济四川省军粮10万石。彼时襄阳起义军余部已由马道、武关等处窜至两当、略阳一带滋扰，所有转运川省麦石遂于略阳境内暂行停运。③还有如嘉庆四年（1799）五月，有部拨四川省饷银250万两陆续运抵西安府，但因甘境起义军张映祥率所部由三岔窜至陇州赤沙、香泉地方，距宝鸡、汧阳一带仅百里。遂经陕西巡抚永保札饬凤邠道王文湧、凤翔府知府崇禄等俟饷银到境，即于宝鸡一带有城池地方暂为停顿。④

正是由于各路运道时通时塞，后方转输粮饷往往运至中途受阻，遂

---

① 《大学士管理户部事务庆桂题为遵察江西省嘉庆七年份义宁等三十州县碾运陕西军需米石等项用过挑运水脚等项银两事》，嘉庆十六年六月十四日，中国第一历史档案馆藏内阁户科题本，档案号：02-01-04-19176-021。
② 庆桂：《钦定剿平三省邪匪方略》正编卷56，《续修四库全书》，第392册，第531页。
③ 庆桂：《钦定剿平三省邪匪方略》正编卷74，《续修四库全书》，第393册，第158—159页。
④ 庆桂：《钦定剿平三省邪匪方略》正编卷96，《续修四库全书》，第393册，第528—529页。

只能攀山绕道、另觅它径。有时猝遇起义军队伍拦截，骡马、运夫等多被冲散，粮饷被抢失者亦复不少。如嘉庆四年（1799）三月，有四川省顺庆府拨解渠县麦船行至广安、渠县交界之泥滩子地方，适值东乡白号冷天禄等率众窜来将粮船焚烧、凿沉，损失小麦共计900余石。① 再同年五月，参赞大臣额勒登保、德楞泰两路官兵于太平县境内围剿张子聪、樊人杰、徐添德等股起义军，其时通江、巴州一带运道频繁受阻，各股起义军亡命逃窜，每与官兵前后错综，致使中途粮石多被抢失。此外，云阳县江口粮台亦遭起义军滋扰并伤毙夫役30余名。② 截至该年十一月，四川省太平、东乡、开县等处即有被起义军抢失粮石、夫骡之案4起，前后共计损失兵米460余石，且运夫、脚户多有被戕害者。③ 又如嘉庆六年（1801）三月，德楞泰率军追击太平黄号龙绍周部进入湖北省竹溪县境。因运道梗阻，当经竹溪、竹山二县分拨军粮，绕道冒险运送。不期猝遇起义军冲出，将运粮家丁王升及差役人夫等杀害，军粮亦多被抢失。其后起义军迫于官兵追袭窜回房县境内，该县知县李维本又先后拨发军粮500余石。其头起89石已经交收，而接续各起运至上龛马家沟、羊义河等处时，猝遭折回起义军哄抢，并将解粮贡生张泗秘及夫役等杀害，以致到营之粮未能足数。④ 显然，相较于运道受阻，粮饷被抢对于战时后勤补给造成了直接性的破坏，而这些损失最终基本上由承办官员负责赔偿。

（三）运夫雇佣困难

运夫是白莲教起义中粮饷供给的主要劳力，而运夫雇佣困难则是限制粮饷转运工作的又一重要因素。在此次起义中，清廷出于提升运输效率、节约军费开支的考虑，各路运夫多在战乱省份就地募集。但实际上这些地区因遭受战火摧残，致使常住人口流失严重难于雇佣。并且沿途

---

① 庆桂：《钦定剿平三省邪匪方略》正编卷97，《续修四库全书》，第393册，第532—533页。
② 庆桂：《钦定剿平三省邪匪方略》正编卷101，《续修四库全书》，第393册，第606页。
③ 庆桂：《钦定剿平三省邪匪方略》正编卷133，《续修四库全书》，第394册，第483页。
④ 庆桂：《钦定剿平三省邪匪方略》正编卷254，《续修四库全书》，第397册，第403—404页。

州县粮价飞涨,即使有人愿意受雇,所给雇价亦不敷日食所需。如嘉庆二年(1797)三月,据湖北巡抚汪新所奏:"查楚北自上年军兴至今,各营应需军储,均经安站设夫以资飞挽。又各营日需抬送粮饷、锅帐等项,并经另设随营长夫以资搬运。其应需夫价、口粮,前因例给不敷食用,酌定各站长夫守空之日给银一钱,行用之日给银二钱。随营长夫按日概给银二钱,仍各给口粮一升通饬一体照办。兹臣于抵襄后留心体察,如襄阳、安陆、德安各属,半年以来被贼往来滋扰,墟市零落。军行所至,食物昂贵。各夫日得雇价不敷果腹。随营、在站各夫奔驰日久,未免渐形疲惫。即另雇解送,以供挑换。近日官兵追剿多在随州、枣阳等境,山深地僻,无从觅食,各夫均须多带干粮。且贼踪倏忽无定,俱有戒心,必得酌增雇价,方能踊跃赴雇。但需费较多,不可不亟筹调剂。"① 又如同年六月,据陕西巡抚秦承恩奏言:"臣查由兴安而至川省几及千里,崇山峻岭,路窄而陡,夫苦登陟,马不能进。每夫负米二斗,攀援而上随兵行走,日食一升。一供兵一自赡,十日而二斗之粮即尽。官兵二万,肩运之夫即需二万。附近居民多已逃避太平一带,壮者充当乡勇,弱者不能负重。且时值农忙,每名日给银二、三钱亦无夫可雇。"② 除此之外,由于起义军出没无常,各省粮饷中途抢失、运夫被害之案频发,后方运夫一方面担心丢失粮饷后被追责,另一方面又有性命之忧,因此更加不敢受雇。

二 军需案所见粮饷供给的制度性缺陷

(一)"德楞泰、明亮案"所见夫骡问题

"夫骡"即指随营长夫、长骡,是白莲教起义中转运粮饷的重要劳力。因此次平定起义所需军需供应浩繁,各路军营遂皆用"夫骡"。但是,清廷方面对此却从未颁布定例。在清代的历次战争中,官兵搬运粮饷、军火等物资主要依凭所给夫役。根据《钦定户部军需则例》所载,满兵每百名例给跟役 50 名,绿营兵每百名例给跟役、余丁 30 名,无余

---

① 庆桂:《钦定剿平三省邪匪方略》正编卷30,《续修四库全书》,第392册,第31页。
② 庆桂:《钦定剿平三省邪匪方略》正编卷41,《续修四库全书》,第392册,第268页。

丁者准给长夫20名。若移营协剿路程较远，所给夫役不敷背运，则可于沿途再行雇募，仍令各州县照例马兵每百名给夫80名、步兵每百名给夫60名、守兵每百名给夫50名，均将原有跟役、余丁、长夫按数扣除报销。① 而各省在实际办理军需事务的过程中，又时常另外加给长夫，纷更成例。长骡一项此前亦无成案可稽，只因随营转运粮饷势所必需，官兵遂皆带有长骡。各省承办粮员均系权宜办理，未经奏准朝廷，由此便为"德楞泰、明亮案"埋下了伏笔。

1. 德楞泰案

嘉庆三年（1798）五月，副都统德楞泰领兵7000余名追蹑襄阳起义军由陕入川。同年七月，汉州知州覃光典赴德楞泰军营办理粮务，具禀其营中每月需饷银9万余两。嘉庆帝对此甚感诧异，即传谕军机大臣等曰："德楞泰一路，所带官兵七千余名，何至每月需银九万余两？现已据英善等咨查，德楞泰一路如此，各路亦大概可知……国家经费有常，军务一日不竣，不但需费不赀，即转输尤多烦扰。著将德楞泰军营如何滥用之处，据实速奏。"② 是年九月，德楞泰自行查奏，坚决否认覃光典关于其营中每月需银9万余两的说法，而是强调仅花费了5.4万余两。与此同时，针对饷银需用过多的质疑，德楞泰将其归结为满、蒙官兵分例优于绿营官兵所致，再三保证并无浮滥之项："盐粮各项均系照例支领，且系该省派令地方官随营办理，各营分自具印钤各领，该粮员按领核给。"③ 但显而易见的是，5.4万余两的数额同之前覃光典所报相差甚多，德楞泰此奏并未令嘉庆帝满意，当即严饬四川总督勒保再行查核。旋据勒保禀称，德楞泰军营每月所需饷银确为9万余两，前次所报5.4万余两仅是官兵盐菜需用。其余4万余两为乡勇雇价及粮员随带之夫骡等项，因与军需则例多有不符，德楞泰畏于事后问责，并未列入。④ 遂经户部议定只准其报销官兵盐菜银1.39万余两，此外与例不符之费于德

---

① 《呈川省军需动支各款清单》，嘉庆三年，中国第一历史档案馆藏军机处录副奏折，档案号：03-1709-070。
② 《清仁宗实录》卷32，嘉庆三年七月，第1册，第369页。
③ 庆桂：《钦定剿平三省邪匪方略》正编卷80，《续修四库全书》，第393册，第261页。
④ 庆桂：《钦定剿平三省邪匪方略》正编卷103，《续修四库全书》，第393册，第631页。

第四章　粮饷供给困境及清廷的应对之策

楞泰名下赔补,夫骡一项亦经勒保、福宁等奉旨裁汰。①

然而即便如此,德楞泰军营仍未能遵照办理。嘉庆四年(1799)三月,德楞泰带兵追剿达州青号徐添德部由奉节、大宁等处进抵太平县境内。是年四月,福宁具奏德楞泰军营本年正、二两月共拨饷银20万两,并有续拨饷银6万两在开县存贮。② 因上年办有成案,福宁所奏再次引起嘉庆帝警觉:"德楞泰一路军饷,上年七月内经英善等奏称每月需银九万两,当经谕令覆奏。据称伊等所带多系吉林、黑龙江官兵,分例较绿营本多,亦不过藉词搪塞。今伊一路军营正、二两月共拨过银二十万两,是每月竟至需银十万两,更属浮多……看来浮支滥用各路皆所不免,而德楞泰为尤甚,必有别项情节。著勒保密行确查,德楞泰如有捏款冒领、任意糜费,即行据实参奏。"③ 同年五月,经四川总督勒保查明,德楞泰自上年五月带兵入川后,陆续添拨兵勇已达1.2万余名。核计每月仅兵勇盐菜支出即将近6万两,而驮运军火、炮位、粮饷之夫骡等项尚不在内。"通盘牵算有缺无赢,且粮员经手支放皆有兵勇数目可稽,非德楞泰所能捏款浮冒。"④ 因此,德楞泰军营除雇募夫骡外,所领饷银并无浮滥供支。事实上,勒保曾于四月与福宁联衔汇奏,恳请将夫骡纳入军需正项报销,此时即欲以"德楞泰案"遵照新定章程办理:"德楞泰一路自应照此核算,庶足以折服其心。"⑤ 但嘉庆帝对此并没有表现出过多支持的意愿,尔后户部又以新定章程"浮冒太甚"为由未予批准,案件审理亦暂且搁置。⑥

嘉庆四年(1799)七月,因勒保、福宁等经管失宜,吏部尚书魁伦奉旨入川督办军需兼及审理旧案。故此,重启了对"德楞泰案"的审查

---

① 《大学士和珅奏为遵旨查议副都统德楞泰每月军需支用银两事》,嘉庆三年十月初三日,中国第一历史档案馆藏军机处录副奏折,档案号:03-2383-007。
② 庆桂:《钦定剿平三省邪匪方略》正编卷97,《续修四库全书》,第393册,第532页。
③ 庆桂:《钦定剿平三省邪匪方略》正编卷97,《续修四库全书》,第393册,第533页。
④ 庆桂:《钦定剿平三省邪匪方略》正编卷103,《续修四库全书》,第393册,第631—632页。
⑤ 庆桂:《钦定剿平三省邪匪方略》正编卷103,《续修四库全书》,第393册,第631页。
⑥ 《大学士庆桂呈外委跟役支给盐菜银两等款议清单》,嘉庆七年十二月二十七日,中国第一历史档案馆藏军机处录副奏折,档案号:03-1712-048。

工作。正如前文所述，"德楞泰案"的症结在于夫骡问题。夫骡一项支出已经朝廷谕令停止，但实际上各路均未能遵办，而这也正是最令魁伦感到困惑的地方："军营夫骡一项业经勒保、福宁于上年具奏，部驳不准，奉文停止，该员何得违例滥行支应？"① 同年十一月，魁伦传讯德楞泰军营前任粮员覃光典。据其供称："贼匪奔窜无常，官兵分别追击，逐日移营并无停住定所。每日行走百、数十里不等，遇贼即行打仗。而所行俱系深山密林，军装、粮石均须夫骡驮运。所以虽系奉文停止，而势所必须之处，承办粮员不敢拘泥成例，致误师行。"② 显然，在覃光典看来，军营夫骡问题难以得到根本解决的原因，在于"例所本无而势所必需"。正是由于战场形势瞬息万变，官兵、乡勇往来追剿日日移营，所有粮饷、军火等项必须源源接济。而原有夫役、余丁实难兼顾，必须酌量添募长夫、长骡以资协济。又因军务紧要，夫骡虽属例外支出，承办粮员亦只得权宜办理。并且此等情形在前线较为普遍："不但覃光典一人，各路粮员皆是如此办理，只求通行。"③ 经查，覃光典自上年五月间委办德楞泰军营粮务，均奉谕令满兵每百名给长骡25头，每头每月发给雇价银9两；绿营、屯土兵及乡勇，因骡价未经奏准不便一律给发，仍照长夫给价，每兵每百名给长夫40名，每名每月发给工价银3两；将领、员弁及跟役应得驮折，亦折算人夫，每名月支工价银3两。④ 以上所需夫骡俱系官兵自行雇觅，由粮台折给价值，并有钤墨领状为据，至本年七月共计发过骡价银22.696万余两，前后核算并无浮滥情形。⑤ 若就官方定例而言，上述款项显属违例滥支。但从其供词中，魁伦已逐渐意识到了"德楞泰案"背后的难言之隐，遂奏请朝廷先将此案搁置，俟大功告竣之日再行核实清算。

2. 明亮案

"明亮案"的爆发与"德楞泰案"约略同时，个中缘由亦与夫骡问

---

① 庆桂：《钦定剿平三省邪匪方略》正编卷133，《续修四库全书》，第394册，第476页。
② 庆桂：《钦定剿平三省邪匪方略》正编卷133，《续修四库全书》，第394册，第477页。
③ 庆桂：《钦定剿平三省邪匪方略》正编卷133，《续修四库全书》，第394册，第477页。
④ 庆桂：《钦定剿平三省邪匪方略》正编卷133，《续修四库全书》，第394册，第477页。
⑤ 庆桂：《钦定剿平三省邪匪方略》正编卷133，《续修四库全书》，第394册，第479页。

第四章 粮饷供给困境及清廷的应对之策

题密切相关。嘉庆三年（1798）七月，参赞大臣明亮统兵3000余名追剿襄阳蓝号张汉潮部自陕入川，这期间有四川省粮员田文煦随营承办粮务。至当年十月，副都统福宁奉旨清算本省军需旧款，旋据田文煦禀称，明亮军营在川期间共带有长骡1000余头、长夫2000余名。[①] 彼时嘉庆帝早已因各路征剿久未蒇功，愤懑不已。目下又添明亮军营夫骡滥支一案，顿时龙颜大怒："明亮等一路所带兵丁只三千余名，在川只二十余日……所带长骡、长夫，亦何须用至一、二千之多？若非任意多索，即系藉端开销……著勒保、福宁会同据实严查，将任意浮支各员即行严参！"[②] 同年十二月，明亮乃先行回奏："臣接准福宁来咨即面讯田文煦，以长路官兵仅三千余名何至需用夫骡如许之多？据田文煦禀称，因福宁札询月需夫骡若干，彼时未能实查数目。因此路日日移营，恐猝不及办。是以多开数目禀报，以便宽为预备等语。查臣一路合兴肇所带荆州满兵共只三千余名，计一切军火、案卷、抬运炮位以及合营官兵锅帐等项，需用夫骡均系按例给领，营员并无滥支等弊。即该粮员自用携带粮饷，亦断不致如许之多。"[③] 不难看出，明亮所奏意在凸显自己在本案中的无辜处境，不仅否认了夫骡滥支的存在，而且将全部责任归咎于粮员田文煦的肆意蒙蔽，主动与贪腐问题划清界限。彼时明亮已带兵入陕，田文煦亦已回川，案件遂就此不了了之。

直至嘉庆四年（1799）七月，吏部尚书魁伦奉旨入川接办军需，在核查"德楞泰案"的同时亦重启了对"明亮案"的审理进程。是年十一月，魁伦饬调明亮军营前任粮员田文煦到达州受审，并将随营支放各款逐一造册呈报。经查，田文煦自上年七月间管理明亮随营粮务，至十一月十三日止共领过饷银5.3万两。其中，在九月初二至十月初一期间，明亮军营共用过长夫2200余名、长骡1300余头。每夫一名月支工价银3两，每骡一头月支脚价银10.8—12两，前后共支过银15503两。[④] 值

[①] 庆桂：《钦定剿平三省邪匪方略》正编卷82，《续修四库全书》，第393册，第298页。
[②] 庆桂：《钦定剿平三省邪匪方略》正编卷82，《续修四库全书》，第393册，第298页。
[③] 庆桂：《钦定剿平三省邪匪方略》正编卷85，《续修四库全书》，第393册，第340页。
[④] 庆桂：《钦定剿平三省邪匪方略》正编卷133，《续修四库全书》，第394册，第478页。

得注意的是，这里罗列的夫骡数目与上年福宁所奏是基本相符的，并且自领队大臣以下至各官弁、兵丁均有钤墨领字为据。这就意味着明亮一路确有使用长骡1000余头、长夫2000余名的情况。而之前明亮在奏疏中却对此矢口否认，这不禁令魁伦深感困惑："何以明亮于覆奏折内称面讯该员田文煦，有多开数目以便宽为预备之语？该员既不据实回明，转肯自认多开数目禀报，甘居捏冒重咎，殊不可解！"①旋据田文煦辩称，其上年十一月十三日即已在陕西省洋县境内交卸粮务，而明亮奉旨回奏在后，因此并未询问过其夫骡数目。所谓"自称有意多开"之语，更是子虚乌有。至此，案情终于明了。明亮军营在川期间所用夫骡数目系属实情，但因该项支出与例不符，明亮恐获罪问责，遂转于奉旨回奏时借词粉饰、诿卸其咎。②后经魁伦奏请，将明亮就近交与陕西省督抚拿问。其余未清之款，则一体遵照"德楞泰案"俟功成后再行核办。

综上所述，夫骡问题是"德楞泰、明亮案"的关键。因白莲教起义同之前历次战争的情形不同，起义军奔窜无常，官兵追剿俱在深林密箐之中，粮饷难以源源接济。"且兵丁等各有随带器械、药铅，沿途遇敌即须打仗。其跟役、余丁人等尚不敷搬运军装、行李之用，未便再令裹带口粮。"③遂就彼时境况而论，实不能不用夫骡。但以嘉庆帝为代表的清廷方面，始终恪守军需旧例，罔顾战场实际，对此项支出在奏销程序上不予承认。一方面，是来自朝廷对办事不力、贻误军行的惩罚；另一方面，则是违例滥支、贪污浮冒的重罪。各路承办粮员夹杂在两种矛盾之间，时刻承受着问责、追赔的压力，无奈采取灰色手段折中办理。因为夫骡属于例外支出，不能在军需项下报销，所以最普遍的做法，便是挪借地方财政。而当每次朝廷饷银运到时，"领兵员弁以及粮务各员皆先行扣还垫借夫骡价值，转将正项兵饷悬欠，于下次请领之时补给。以致账目纠缠，不能即时划清确数"④。正是由于存在这样"拆东墙补西

---

① 庆桂：《钦定剿平三省邪匪方略》正编卷133，《续修四库全书》，第394册，第478页。
② 庆桂：《钦定剿平三省邪匪方略》正编卷133，《续修四库全书》，第394册，第478—479页。
③ 庆桂：《钦定剿平三省邪匪方略》正编卷130，《续修四库全书》，第394册，第414页。
④ 庆桂：《钦定剿平三省邪匪方略》正编卷133，《续修四库全书》，第394册，第479页。

墙"的制度性缺陷,不仅前线官兵应得粮饷无法按时领取,更加剧了军费支出在转运过程中的损耗。其情形正如大理寺卿窝星额所言:"是费用之靡不在军粮,而在运脚也。"①

(二)"那山、曹庠业案"所见平余问题

平余,又称余平,意即"库平之余银"。由于户部历次拨发饷银均以"库平"作为权量标准,而饷银在转运、兑收的过程中难免会出现参差,多出的部分即为"平余",主要作为军需局日常办公之用。根据《钦定户部军需则例》所载:"凡办理军需动用银两,除官兵俸饷、盐菜应给库平者毋庸扣除余平外,其余一切采买物料及商运脚价零星需用银两,每百两扣除平余银一两,俟事竣将各处拨归军需应用银两内应扣余平款项若干、不应扣余平款项若干、实扣过余平银若干分晰声明、汇册报部,其所扣之数作何动用另行随案题报核销。"② 不难发现,清廷方面对于平余银的审核主要集中在战后,而对于战争期间的使用详情则疏于掌握。并且官方亦尚未就此出台相应的政策进行监管,故而给予了地方官员极大的操作空间,而这样的制度性缺陷最终经由"那山案"和"曹庠业案"被完全暴露出来。

嘉庆三年(1798)十月,户部奉旨派拨饷银300万两入川。翌年八月,副都统福宁奏称该项饷银先后短平11.3万余两。嘉庆帝旋即降旨将银库郎中诚安等革职,严加究讯,并传询承领及监放各员,俱称抽兑足数,并无短缺。③ 彼时吏部尚书魁伦已抵达州接办军需,嘉庆帝乃命其迅速彻查此案。同年十月,魁伦密传总理达州局道员石作瑞,面加询问。并提取保宁、成都两局册案,札询总理成都局布政使林俊、总理保宁局道员李鋐、吉升保等。各局员同称上年部拨饷银来川时,系委任同知那山前赴广元县神宣驿守候接收,分拨各员管解。抵站后,三局各按分解银数用部颁砝码逐匣弹兑,各起均有短少,通计共短平113240两。遂经

---

① 庆桂:《钦定剿平三省邪匪方略》正编卷253,《续修四库全书》,第397册,第376页。
② 阿桂、和珅等纂修:《钦定户部军需则例》卷9《杂支·扣收平余》,《续修四库全书》,第857册,第127页。
③ 中国第一历史档案馆编:《嘉庆道光两朝上谕档》,第5册,第56页。

福宁、英善与勒保会商，定以发给兵饷则补足库平，其余各营夫骡价值及一切杂款，除照例每百两扣平1两外，均以原平发给，三局业经一体遵办。据布政使林俊禀称，前后共发过兵饷49.75万两，均系补足库平，于历次军需扣收平余归公项下借垫支发，共垫发过银20140两，尚未归款。复经魁伦详加查访，所有上年部拨饷银确系原平短少，各员所言属实，尚无影射、侵渔行径。①

然而，此案背后还另有隐情。嘉庆四年（1799）十一月，魁伦又令原在川、陕交界接收饷银的同知那山到达州接收讯问。经查，那山于上年十二月十三日起至二十二日止，共接收过陕西省管解部拨饷银250万两，尚有50万两被截留陕境。此项饷银经那山眼同解员等逐匣弹兑，俱与原来清册所注斤两相符。又于每起抽出十余匣验看锭件，零星成色九九，用库码比兑九六、七、八平不等，确系短平。随后那山将饷银管解前进，并将接收、抽兑情形通禀。又同年三月初一日，陕西省拨还前次截留饷银40万两，仍系那山前往验收。但当时神宣驿一带正有起义军滋扰，并且那山只带有省局100两砝码，并无零星小码。弹兑不及遂向附近铺户借用市平帮兑，仓促之间致有参差，共实收饷银380756.6两。然而铺商市平与户部库平之间亦有差距，因此当该项饷银运抵成都、保宁、达州三局兑收时，用部颁砝码弹兑，又于原平短少之外复短平银798.73两。按照惯例，此项短平银两本应交由那山赔缴归款。但福宁却并不向其索赔，反而将上年两次短平银数及陕西省截留10万两合并，统称部拨饷银300万两短少113244.24两，意图蒙混。魁伦遂奏请将福宁革职拿问，并敕下陕西、山西等省核查沿途押解官员，是否弹兑均有短少、侵盗情弊。②

如果说"那山案"短平一节尚属临时遇警，情有可原的话。那么，"曹庠业案"便是赤裸裸的枉法营私。嘉庆四年（1799）十一月，魁伦

---

① 庆桂：《钦定剿平三省邪匪方略》正编卷126，《续修四库全书》，第394册，第355—356页。

② 庆桂：《钦定剿平三省邪匪方略》正编卷132，《续修四库全书》，第394册，第460—462页。

第四章 粮饷供给困境及清廷的应对之策

奉旨查办前任总督勒保任内贪腐各案。密访得知有泸州知州曹庠业素为勒保优待，曾被委任总理奉节、巫山、大宁三县军需粮饷。魁伦遂饬令夔州府知府言朝标，就近访查曹庠业在任内有无劣迹。旋据言朝标禀称，曹庠业曾经手支发过各路饷银共计18万余两，其中有本年六月间达州局运到4万两。原平系九八五平，曹庠业却发以九四八平，每百两私扣3.7两，前后共扣银1480两。后经面询署奉节县令徐大椿、署巫山县令徐士林、大宁县令钟莲、经手家人吴升等，皆众口一词，证据确凿。因曹庠业历次所收饷银俱由达州局拨发，魁伦乃就近面询总理达州局道员石作瑞。经查，达州局向办章程均照例每百两扣存平余银1两，余下皆足平发给。但此次用九八五平发给，是于定例之外又多扣5钱，系该局员等侵蚀分肥。而这样的问题显然也并非个案："达州一局如此，则保宁、成都二局亦不免效尤。曹庠业承领、转发所属之三县如此，则各路粮员及州县所发粮饷更难保无侵扣情弊。"是月，魁伦即奏请将石作瑞、曹庠业等革职拿问，并严饬奉节、巫山、大宁等县将各员名下节次所领银数及有无短扣平色之处据实禀覆。①

综上所述，平余问题是"那山、曹庠业案"的关键。正是由于缺乏相应的监督机制，清廷方面对于战争期间平余银的掌控能力是相当薄弱的。故而给予地方省份裁决的自由度极高，各路承办粮员借此机会私行侵吞、刻意蒙蔽，致使账目彼此混乱纠缠，一时难以查明确数。虽然各路支发官兵俸赏、盐菜银两尚能补足库平，但夫骡价值等项除照例扣平1两外，仍以原平发给，并且这还是尚未考虑到承办粮员私扣平余的情况。夫骡本是前线转运军需物资的重要劳力，如若长夫、骡户等应得例价、草料等项缺斤少两、不能足数，则其日食所需难以果腹，驻足不前，对于粮饷供给效率的影响是可以想见的。

（三）"胡齐仑案"所见赏号、乡勇问题

"赏号"，即指战时发给官兵的各类赏赐。正如第　章所述，清代在

---

① 庆桂：《钦定剿平三省邪匪方略》正编卷131，《续修四库全书》，第394册，第440—441页。

继承前朝统治经验的基础上,已逐渐形成了较为完善的战时功赏制度。依据官兵所获军功的性质、等级划定赏格,酌量给予钱粮奖励。赏格划定的标准由朝廷掌握,最终经皇帝特旨批准,不在军需项下报销。然而到了乾隆朝中、后期,随着战争规模的不断扩大,朝廷对于增强官兵战斗力的诉求显著提升,特旨赏赐已难以起到激励军心的作用。因此,各路军营便开始在原有赏格之外,给予经常性的赏号。其划定标准由领兵大员自行掌握,遂称"私赏"。不仅未经朝廷议准,亦无相应的监督机制,往往任意于所过省份军需项下提取支用,致使流弊丛生。因为与军需则例多有不符,所以官方始终视其为"例外滥支",屡禁不止。由此相沿办理,兵丁竟误以为常例。① 时至嘉庆朝白莲教起义,各省违例给发赏号的情况仍未得以遏制,更有甚者借此贪污行贿,其中尤以"胡齐仑案"最为典型。

嘉庆三年(1798)十月,湖广总督景安参奏安襄郧荆道员胡齐仑贪冒军饷。是月,嘉庆帝即传谕先将胡齐仑革职拿问,查封其任内所有资财。同时命湖北巡抚祖之望主持案件的审理工作。② 经查,胡齐仑自嘉庆元年(1796)至嘉庆二年(1797)间,先后经手过湖北省军需银共计417.07万两,实际发银429万余两。其中多发银12万余两,系遵照本省向办章程扣存平余之项,当时因正值饷银不继,遂作为正项支发。③ 不仅如此,胡齐仑还私自扣存饷银13万余两,内除部拨饷银89万两内本就短平51078.91两不计外,实际共私扣饷银83966.6338两。④ 具体情形可参见表4-1。

---

① 庆桂:《钦定剿平三省邪匪方略》正编卷135,《续修四库全书》,第394册,第509—510页。
② 《湖广总督景安奏为特参安襄郧荆道胡齐仑声名狼藉请旨革职事》,嘉庆三年十月十二日,中国第一历史档案馆藏军机处录副奏折,档案号:03-1475-042。
③ 《湖北巡抚高杞奏报查明已革道员胡齐仑私扣饷银确数事》,嘉庆四年十月二十四日,中国第一历史档案馆藏宫中档朱批奏折,档案号:04-01-08-0115-035。
④ 《湖北巡抚高杞呈已革安襄郧荆道胡齐仑私扣饷银各细数清单》,嘉庆四年十月二十四日,中国第一历史档案馆藏军机处录副奏折,档案号:03-2384-021。

表 4-1　　　　　胡齐仑例外私扣湖北省平余银数额　　　　　单位：两

领银者	实际发银数	胡齐仑例外私扣
安陆府知府施奕学	79700	1100
武昌府知府张璿	2660293	80999.616
襄阳府知府张瑢	13000	260
郧阳府知府王正常	430000	13335.259
荆门州知州张琴	21000	420
候补同知虞友庆	87908.36	4586.6688
候补同知萧与洁	6500	130
前任钟祥县知县周季堂	44000	1192
前任钟祥县知县刘云卿	15200	244
署京山县知县李秉义	19000	1140
潜江县知县许恂	1000	100
天门县知县何溥	10000	520
前署天门县知县王澍	5500	110
前任均州知州周培	75200	3656
前署均州知州魏绍源	21300	600
署襄阳县知县陈宋赋	297000	6660
前任枣阳县知县王廷桂	29000	1280
前署枣阳县知县郭瑾	50500	2445
前署宜城县事沔阳州知州徐昱	120000	4975
宜城县知县屈樸	13000	1040
升任南漳县李芸经	57000	2720
原任光化县知县孙锡	87400	3472
谷城县知县谢士廷	61000	2160
前署谷城县知县谢王鹭	21000	1580
保康县知县杨开镜	8000	120
署郧西县知县孔继榭	1000	例扣八分发给，未再私扣
署远安县知县石爈	4000	120
候补同知徐昱	7500	例扣八分发给，未再私扣

213

续表

领银者	实际发银数	胡齐仑例外私扣
原任蕲州知州史纯义	2000	40
蒲圻县知县灵川	3000	例扣八分发给，未再私扣
效用主簿周枚	2000	40
各营	38028.143558	足平发给
合计	4291029.503558	135045.5438

资料来源：《湖北巡抚高杞呈已革安襄郧荆道胡齐仑私扣饷银各细数清单》，嘉庆四年十月二十四日，中国第一历史档案馆藏军机处录副奏折，档案号：03-2384-021。

正如前文所述，平余银系部拨饷银多出的部分，主要作为各省军需局办公之用。但在白莲教起义初期，湖北省军需供应紧张，采办军装物件例价不敷，各路官兵、乡勇年节俱要犒赏。遂经时任湖广总督毕沅行令各局，除额定扣除1两外，每百两再扣存平余银3两，以为例不准销之用。其后由于部拨饷银权量短少，复经毕沅行令各局再扣4两。而胡齐仑因任内差费浩繁，所扣饷银不敷支用。遂于规定扣除8两平余银外再扣2两。① 并且上述饷银胡齐仑也并不入库存贮，而是擅存于内署，俱系入己之赃。② 再者，胡齐仑历次扣存饷银除作为办公差费外，一部分被转交军营充入赏需，亦有部分用于行贿馈送之事。祖之望曾于胡齐仑寓所内搜得账簿一本，其中详细开列馈送款项及受馈之人，各路领兵大员如永保、庆成、鄂辉、明亮等皆牵涉在内。③

在胡齐仑馈送过饷银的各路领兵大员中，以永保、庆成所领数额最多。据统计，永保名下提用及收受军需银共计2.65万余两，④ 其中8000两系毕沅、胡齐仑私自奉送。永保侵吞入己，取用3000两购置住房，所

---

① 庆桂：《钦定剿平三省邪匪方略》正编卷127，《续修四库全书》第394册，第368—369页。
② 《湖广总督倭什布奏为查办原任安襄郧道胡齐仑冒滥军需并将册卷供情送部核审事》，嘉庆四年四月二十六日，中国第一历史档案馆藏军机处录副奏折，档案号：03-2178-011。
③ 庆桂：《钦定剿平三省邪匪方略》正编卷115，《续修四库全书》，第394册，第177页。
④ 庆桂：《钦定剿平三省邪匪方略》正编卷123，《续修四库全书》，第394册，第307页。

剩5000两亦陆续用去。① 余下1.85万余两，则为打造银牌、银锞发放军营赏号之用。与之类似，庆成节次收过军需银共计3900余两，又有军装银1.91万余两，数亦不少。② 据其供称："我受恩深重，于嘉庆元年带领直隶官兵驰抵湖北襄阳一带追击贼匪，将及一年。所有鼓励将备、奖赏兵勇，一切用过银牌、银锞及陆续犒赏银两，虽不能记忆细数，约计前后收过赏项与现在单开数目大概相符。"③ 显然，庆成所收饷银也主要是用于犒赏官兵、乡勇。并且在他看来，这样的做法并未违反军需定例："缘我带兵打仗，毕沅饬令胡齐仑供给赏需，意系例有之事所以收受。"④ 前文已述，清廷方面对于支发军营赏号始终未有定例，各省官员仅是根据实际需求发给，由此形成惯例。而正是由于存在这样的惯性思维，到白莲教起义期间，庆成仍在沿途经过地区频繁提取赏号，各省承办粮员亦皆遵照办理："且不独湖北一省，我带兵由河南、陕西到四川，景安、秦承恩、宜绵等亦俱送过赏兵银两。虽不能详记数目，节次送到赏银约计少者百两，多者一、二千两。"⑤ 其余如鄂辉、明亮等皆存在类似的情况，兴肇亦收过毕沅、汪新、胡齐仑等送过备赏银3400两。⑥

嘉庆六年（1801）正月，因考虑到战争初期各省经办军需多有失宜，其中浮冒情弊自所不免，"若统俟大功告竣一并题销，则牵连弊混必致确难稽核，自应截明年分、划出界限以清帑项"⑦。遂经嘉庆帝传谕各省督抚，可以"胡齐仑案"为界限，将嘉庆三年（1798）以前历次领发军需款项先行题销："务须逐款详悉核查，如有浮冒分肥情弊，即行据实严参治罪，并著落照数赔缴。"⑧ 赏号一节自然也包括在内。如表

---

① 庆桂：《钦定剿平三省邪匪方略》正编卷123，《续修四库全书》，第394册，第316页。
② 庆桂：《钦定剿平三省邪匪方略》正编卷123，《续修四库全书》，第394册，第307页。
③ 庆桂：《钦定剿平三省邪匪方略》正编卷129，《续修四库全书》，第394册，第400页。
④ 庆桂：《钦定剿平三省邪匪方略》正编卷129，《续修四库全书》，第394册，第400页。
⑤ 庆桂：《钦定剿平三省邪匪方略》正编卷129，《续修四库全书》，第394册，第400—401页。
⑥ 《湖广总督吴熊光奏报遵旨查询原任荆州将军兴肇收受备赏银两情形事》，嘉庆十年五月初六日，中国第一历史档案馆藏军机处录副奏折，档案号：03-1495-021。
⑦ 庆桂：《钦定剿平三省邪匪方略》正编卷229，《续修四库全书》，第396册，第661页。
⑧ 庆桂：《钦定剿平三省邪匪方略》正编卷229，《续修四库全书》，第396册，第661页。

4-2 所示即为嘉庆三年（1798）以前，湖北省馈送军营赏号银两的数额情况。具体而言，各路领兵大员自经略大臣以下至游击等绿营将弁均有收受过赏号银两，其数额自数十两至十数万两不等，各员前后在湖北省共计提用过赏号银 60371.4056 两。馈送者如总督毕沅、巡抚汪新、布政使祖之望以及道员胡齐仑、保定、崔龙见等官员皆牵涉在内，由此可知军营馈送赏号积习之深。

表 4-2　　白莲教起义中湖北省馈送军营赏号数额（截至嘉庆三年）　　单位：两

姓名	职衔	馈送者	数额
额勒登保	经略大臣	毕沅、汪新	5729.7336
德楞泰	参赞大臣	毕沅、汪新、胡齐仑	3110.518
明亮	将军	毕沅、汪新、祖之望、保定、崔龙见、胡齐仑	14008.518
恒瑞	将军	毕沅、胡齐仑	8009.05
成德	将军	毕沅、汪新	1215
舒亮	将军	毕沅、汪新、崔龙见、胡齐仑	7910.598
成德	副都统	毕沅、汪新	550
德福	副都统	毕沅、汪新	1000
伦布春	副都统	汪新	100
阿哈保	都统	汪新	345.518
惠伦	护军统领	汪新、胡齐仑	3500
文图	提督	毕沅、汪新	300
庆成	提督	毕沅、胡齐仑	3500.75
张廷彦	总兵	汪新	100
富森布	总兵	汪新	200
诸神保	总兵	毕沅、汪新	200
庆溥	总兵	毕沅、汪新	300
阿克东阿	总兵	毕沅	386.2
关腾	总兵	毕沅、汪新	390.8
明泰	总兵	汪新	300
徐昭德	总兵	毕沅、汪新、胡齐仑	750

第四章 粮饷供给困境及清廷的应对之策

续表

姓名	职衔	馈送者	数额
富成	总兵	毕沅、胡齐仑	550
德龄	总兵	毕沅、胡齐仑	1330
德光	总兵	毕沅	500
观祥	总兵	毕沅	400
马瑀	总兵	胡齐仑	250
彭之年	总兵	汪新	100
温春	头等侍卫	汪新、胡齐仑	400
丰绅布	翼长	毕沅、汪新	180
杨遇春	翼长	毕沅、汪新	180
德宁	翼长	汪新、胡齐仑	400
马瑜	翼长	汪新、胡齐仑	400
富廉	健锐营翼长	毕沅	493
乌什哈达	头等侍卫	毕沅、胡齐仑	480
特松额	蓝翎侍卫	毕沅	100
哲克	蓝翎侍卫	毕沅	100
莫新	蓝翎侍卫	毕沅、胡齐仑	400
富魁	荆州满营协领	汪新	60
百祥	副将	毕沅、胡齐仑	500
德楞	副将	祖之望、保定	200
明安占	副将	毕沅、祖之望、保定	277.7
樊雄楚	副将	祖之望、保定	200
满仓	副将	汪新	100
皂保	副将	毕沅	100
九十	参将	毕沅	200
花连布	参将	毕沅	50
蔡鼎	参将	毕沅	28.62
多尔济扎晋	参将	毕沅	95.4
马为锦	参将	毕沅	90
常格	游击	毕沅	200

217

续表

姓名	职衔	馈送者	数额
马斌	游击	毕沅	100
合计			60371.4056

资料来源：《湖北巡抚全保呈领兵各官用过银数员名清单》，嘉庆八年，中国第一历史档案馆藏军机处录副奏折，档案号：03-1713-064。

除此之外，胡齐仑还曾通过虚报乡勇名数的方式侵吞军饷。嘉庆二年（1797）七月，襄阳起义军自兴山、保康一带逃窜至南漳县境内。胡齐仑奉命雇募乡勇在章家坪打仗，先后伤亡297名。但其有意拖延，并不详请恤赏。旋即起义军西窜，胡齐仑却又禀请发银添雇乡勇3000余名，委员俞克振带赴南漳、保康两县交界地方抵御。但随后经湖北巡抚汪新核查并无其事，胡齐仑始以自行捐廉填补亏空。[①] 在平定白莲教起义的过程中，各省因战力不敷，多雇募乡勇以资征剿，但在起义初期对乡勇的管理却非常混乱。首先，由于乡勇并无名册，其来源有自州县招募者，亦有径赴军营报效服役者，各省往往是因需招徕，旋募旋散，故而数目也最易纠缠、难以稽核。如湖北省在嘉庆三年（1798）以前，即开报有乡勇36.67万余人。然而这个数字显然有浮冒之嫌："试思嘉庆三年以前，湖北邪匪只不过聂人杰、张正谟等数犯首先起事，其裹挟附从者亦尚有限。若彼时果实有乡勇三十六万余人，加以本省及征调邻省兵数万人，势已百倍于贼，又何难立时扑灭净尽？何致贼匪鸱张蔓延滋扰？湖北一省在三年以前其开报乡勇即多至此数，则其后贼匪阑及四川、陕西各省，地方辽阔直至嘉庆八年始经一律蒇事，此后各该省开报乡勇更不可凭信！"[②] 其次，在恤赏方面，乡勇也是被排除在官方则例之外的。因乡勇伤亡毋庸注册报部，可掩败为功。及战胜，则后队弁兵又攘以为功。"是以保奏皆满兵居多，绿营兵间有之，而乡勇见章奏百无一、

[①] 《湖广总督倭什布奏为查办原任安襄郧道胡齐仑冒滥军需并将册卷供情送部核审事》，嘉庆四年四月二十六日，中国第一历史档案馆藏军机处录副奏折，档案号：03-2178-011。

[②] 《清仁宗实录》卷172，嘉庆十一年十二月，第3册，第246页。

二。"① 由此，便为地方官员侵吞军饷大开方便之门。

综上所述，赏号、乡勇问题是"胡齐仑案"的关键。军营支发赏号由来已久，随着时间的推移，其在稳定军心、鼓舞士气方面的重要性愈加凸显。虽然官方对于此项支出始终未予承认，但实际上各路军营皆是如此办理。领兵大员于所过省份肆意提取赏号，承办粮员为避免贻误战机，亦只能如数给发。由于赏号系属"例外滥支"，无法在军需项下报销。所以不敷之处，承办粮员只能通过增扣平余的方式发给，反而导致军需正项缺斤少两。再者，各路领兵大员支取赏号也缺乏相应的监督机制，赏号是否真正发到兵丁手中，事实上难以得到有效的保障。嘉庆帝对此亦深有感触："带兵大员皆踵福康安、和琳习气，在军营中酒肉声歌相为娱乐。以国家经费之需供伊等嬉戏之用，此等积弊朕闻之熟矣。"②

与之同理，乡勇问题的症结也在于监管制度的缺失。因各省缓急情形不同，所募乡勇盈千累万，数目难以彻底查核。地方官员借此浮冒侵吞，而于军需项下挪移添补，以致款项彼此牵混、乱象丛生："带兵大员藉词取索，漫无限制。而地方局员亦不免以购备为名浮滥多靡，甚或舞弊营私、取肥己橐、交结见好。及至报销帑项时，又复多方设法，希图掩饰。"③

嘉庆四年（1799）十一月，胡齐仑依律被处以绞刑，其余涉案人员如永保、庆成、鄂辉、明亮等均被籍没家产。与此同时，清廷方面对于粮饷供给制度的修正也逐渐提上日程。

第二节　清廷对于粮饷供给制度的修正

落后的交通运输条件、瞬息万变的战场形势，是限制粮饷转运工作

---

① 魏源：《圣武记》卷9《教匪·嘉庆川湖陕靖寇记四》，第400页。
② 庆桂：《钦定剿平三省邪匪方略》正编卷90，《续修四库全书》，第393册，第417页。
③ 中国第一历史档案馆编：《嘉庆道光两朝上谕档》，第10册，第33页。

的客观性因素。"德楞泰、明亮案""那山、曹庠业案"与"胡齐仑案"所反映出的夫骡、平余、赏号及乡勇问题,更暴露出了官方粮饷供给的制度性缺陷,由此导致巨额的军费开支在转运过程中被浪费。后方粮饷无法源源接济,前线官兵忍饥受冻难以振奋军心,供给工作已然陷入难以名状的困境之中。面对此等情形,以嘉庆帝为代表的清廷方面立即着手对粮饷供给制度进行修正,以期能够迅速扭转颓势,确保战时粮饷转运工作的高效率运转。故此,本节将具体从转运方式、夫骡数额、赏号、平余以及乡勇管理四个方面,就清廷对于粮饷供给制度的修正进行论述。

一 变通转运方式

清廷对于粮饷供给制度的修正首先体现在转运方式的变通上。军饷方面,以"化整为零"的思路应对突发情况。如嘉庆三年(1798)七月,襄阳黄号起义军由太平县城口一带进入四川省,并逐渐蔓延至东乡县境内。因该县所属前河、中河、后河等处为川北地区粮运要道,此时运道受阻,势难再安设粮台转输军需。遂经四川总督英善与副都统福宁会商,先行于临近州县内挑雇精壮乡勇100名,将1万两军饷送至太平县军营:"令每名手持军器各怀元宝二锭,由山僻间道翻山夺路而进。即路遇零星窜匪,亦可并力格斗,共相保护。"截至月底,饷银均已如数交收。① 又如嘉庆四年(1799)四月,参赞大臣德楞泰统兵追剿达州青号起义军徐添德部,由奉节、大宁等处进抵太平县境内。彼处跬步皆山,地势极其险峻,官兵往来搜剿总在开县、大宁、太平交界山林之中,后路运道频繁遭遇起义军滋扰。本月初六日曾有达州军需局拨解德楞泰军营6万两饷银行抵开县之温汤井地方,即因道路梗塞转解回县。迫于形势,福宁乃再拨军饷4万两。按100两为1封,每封用布包裹。挑选壮健人夫400名,每名各携银100两,又令各执刀矛探路运往,"夫役众

---

① 庆桂:《钦定剿平三省邪匪方略》正编卷76,《续修四库全书》,第393册,第207—208页。

第四章　粮饷供给困境及清廷的应对之策

多，分带饷银翻山绕道均属便捷，可期直达军营，不至再有迟误"①。虽然通过"人力分运"的方式的确在一定程度上缓解了军饷供给的压力，但是由于临时雇募的民夫存在极大的不确定性，即便他们不会携银逃逸，也难免会在中途遭遇起义军洗劫。因此，这样的转运方式显然也只能是权宜之计。

军粮方面，被各省普遍采纳的转运方式为"预先分贮制"，即预先在军队可能经过的州县地区存贮军粮，官兵随到随食，故而可以较大程度地节省运输成本。不仅如此，由于各省督抚逐渐开始推行"坚壁清野"的策略，晓谕居民团练壮勇、结寨自保，所以这些寨堡也可以成为官方存贮军粮之所在。如嘉庆四年（1799）年初，因巴州白号首领罗其清、通江蓝号首领冉文俦相继被擒，四川省境内各路起义军闻风震慑，往返折窜迄无定向。官兵追剿紧急，各路运送军火、粮饷皆络绎在途，"迎头则截掠堪虞，尾随又行缓难继。且粮台甫经安设即须改撤，辗转迁移深为未便"。彼时官兵往来搜剿集中在川东北一带，达州又系兵粮总汇之区。遂经副都统福宁饬令承办各员，速将达州粮石预先分拨川东北各州县存贮，如道路疏通，则各路仍照常滚运。若稍有梗阻，则各属皆有储备，一遇官兵抵境，何处较为便捷，即可就近解送以资接济。②又如陕西省南部地区，在嘉庆五年（1800）以前各州县并无寨堡寄放兵粮。是年三月，陕西巡抚台布即奏请于宝鸡县之黄牛铺、凤县之草凉驿、三岔驿、留坝厅之南星、武关、褒城县之马道、宁羌之大安、黄坝等驿劝谕居民赶筑大堡存贮军粮。③再者如湖北省，截至嘉庆六年（1801）三月，有江西筹拨米 8000 石，皆已解赴兴山、归州一带存贮。襄阳、郧阳二郡所收军粮 31060 余石，也已陆续设站分解竹溪、竹山、房县、保康四县存贮，供支各路军营。恰逢此时参赞大臣德楞泰追捕太平黄号起义军龙绍周部进入竹溪县境内，沿途经过竹山、房县、兴山、保康等处，

---

① 庆桂：《钦定剿平三省邪匪方略》正编卷 97，《续修四库全书》，第 393 册，第 531—532 页。
② 庆桂：《钦定剿平三省邪匪方略》正编卷 90，《续修四库全书》，第 393 册，第 415 页。
③ 庆桂：《钦定剿平三省邪匪方略》正编卷 162，《续修四库全书》，第 393 册，第 281 页。

皆由各州县、寨洞随地接济军粮，并无缺乏。① 由此，"预先分贮制"的供给效率可以概见。

除在转运方式上进行变通外，清廷对于涉及粮饷转运工作的饷鞘、粮单等制度亦相当重视。如嘉庆四年（1799）五月，陕西巡抚永保即奏请将部拨饷鞘改为每1000两为1匣进行装运。此前历次户部拨发军饷，饷鞘均以每3000两盛贮1匣，必须用大杆2根、长骡2头驮载。直隶、河南、山西等省境内道路平坦，运输自然无碍。然而行至陕西、四川交界地区，栈内道路逼仄崎岖，每遇山势盘曲之处，必须多用人夫帮助转折而过。纵使免于蹉跌，亦多有迟滞。但若改为1000两为1匣，则1头长骡即可驮运2000两军饷。不仅物资运输更加简便，并且每运饷银30万两即可节省长骡50头。若将此项多余骡头留为沿途官兵乘骑或更换疲乏之用，行走则更为迅速。② 又如同年十一月，新任陕西巡抚那彦成奏请施行"粮单"制度。因彼时官兵追捕起义军移营频繁，后路粮台设置亦无定所。有时仓促发兵，造册不及，承办粮员无法得知随营官兵实数，但粮饷又不能不即时给发，遂导致冒领、浮滥诸弊丛生。故此，那彦成建议朝廷仿照西路军营章程，给发官兵"粮单"，具体做法是将领兵大员及兵丁数目于调派时即先于粮单内注明，准其持往粮台，各按应得分例、路程、日期预支粮饷。战后报销时，即可据此核算有无长支、短领等问题。与此同时，各路军营亦须将支领钱粮数目出具印领交粮台收执查对，"如此立定章程，不特官兵无从冒销，节省糜费实为不少"③。

二 厘定夫骡数额

针对"德楞泰、明亮案"所暴露出的夫骡问题，清廷方面的制度修正主要体现在对于夫骡数额的厘定，其中又以四川省为先声。四川省的夫骡问题起于嘉庆二年（1797），初因总统宜绵、尚书惠龄等带领官兵

---

① 庆桂：《钦定剿平三省邪匪方略》正编卷254，《续修四库全书》，第393册，第402—403页。
② 庆桂：《钦定剿平三省邪匪方略》正编卷100，《续修四库全书》，第393册，第587页。
③ 庆桂：《钦定剿平三省邪匪方略》正编卷131，《续修四库全书》，第394册，第430—431页。

追捕襄阳起义军由陕入川，各兵皆带有长骡。彼时每兵百名可领长骡50头，每日发给骡价银每头5—6钱。四川省官员接办之初，因军务紧急，只能一面照数给发，一面咨询陕西省是否办过成案。旋据陕省官员覆称系属权宜办理，并无成案可稽。遂经川省司道筹议，因长骡一项所费较大且数目最易纠缠，"以二万官兵计算即用长骡一万头。以行坐脚价牵匀计算，每日即需银四千两，为数不少"。请酌减每兵百名给长骡10头，其本无长骡者，每百名给长夫20名。但宜绵以"官兵移营追贼，军装之外尚须裹带数日之粮，每兵十名给骡一头或夫二名不敷应用"为由予以批驳，严饬该司道再行商议。[①] 后经宜绵札行各属，除例给跟役、余丁外，定以满兵每百名给长夫50名、绿营兵每百名给长夫40名；其自湖北、陕西等省来川本系带有长骡者，满兵每百名给长骡25头、绿营兵每百名无论马、步、战、守均给长骡20头；本无长骡者，每百名给长夫30名；随征乡勇亦照征兵一体给予，留守地方官兵则仍照军营例给长夫20名造报。其长夫价值每月给银3两，每日给口粮米1升；长骡雇价每月给银9两，骡夫不给口粮。[②] 彼时川省督抚并未奏明有案，各路承办粮员均即遵照办理，由此相沿成例。

时至嘉庆三年（1798）二月，副都统福宁接管四川省军需事宜，因夫骡一项需费浩繁，乃一面咨商总督勒保，一面通饬各路粮员将此项支出暂为停止，俟奏明户部后再行遵办。当时和珅主政户部，即援引"征兵过站例"对四川省夫骡数额逐条议驳："驮马系应付征兵过站之例，至到营后已有乘骑马匹，不过移营搬运军装、行李。或需抬送，满兵每百名例给跟役五十名，绿营兵每百名例给余丁三十名，又拨给随营夫二十名。如移营数里及十余里者，自应即令随带之跟役、余丁、长夫轮番搬运，尽足敷用。倘乘胜长驱日行百十里至数十里，另拨站夫应付，亦应将所带跟役、余丁、长夫按数扣除报销。又何必另给长夫五十、三十

---

① 庆桂：《钦定剿平三省邪匪方略》正编卷126，《续修四库全书》，第394册，第350—351页。

② 《呈川省军需动支各款清单》，嘉庆三年，中国第一历史档案馆藏军机处录副奏折，档案号：03-1709-070。

并改给长骡二十及二十五头,纷更成例?"① 遂于同年十月接准部文通行,无论川省官员此前如何办理,均于接到部文后将夫骡概行裁汰以归覆实。但即便如此,四川省军营夫骡滥支的问题仍未能依例办理,如本年九月,即有粮员谷煊等违例滥支夫骡脚价一案。翌月,又有川东道李宪宜禀请将夫骡脚价减半支给。② 类似案件还有很多,其情形正如勒保所言:"第从前定例与目下情形有万分不能援照者,如官兵终岁奔驰,背负锅帐不能不酌给夫骡等事。是以列款具奏,嗣奉部驳。臣又通行各路一律遵照,无如数月以来留心察看,实有窒碍难行之处。"③ 言念及此,嘉庆四年(1799)六月,勒保、福宁乃再次联衔会奏,恳请朝廷将夫骡纳入军需正项报销,但户部仍以"浮冒太甚"为由未予批准。④

嘉庆四年(1799)七月,吏部尚书魁伦奉旨入川督办军需。在经过初步调查后,魁伦就已认识到夫骡问题对于四川省军需供给的重要影响。立即将目下情形奏陈朝廷:"臣查宜绵所办只顾一时权宜,不行通盘筹核,以致所费不资,固属颟顸浮滥。但各路官兵追剿贼匪,因该匪奔窜无常,必须逐日移营、分路追击。每日行走百余里或数十里,遇贼即须打仗。而所在深林密箐,随处更须侦探搜捕以防伏匪,实与历次用兵攻围一处再攻一处情形不同。所有军装、粮石兵力实难兼顾,而荒山僻路一时复不能雇觅夫骡。是长夫、长骡一项现虽奉文停止,但势所必需之处未能拘泥成例,致误军行。"⑤ 显然,魁伦对于夫骡问题的看法是相当透彻的。不仅如此,魁伦还意识到夫骡滥支对于军费的影响:"是以每次所发饷银,各路承领或三万或五万。在福宁以为足支正项数月之用,而领兵之员及台站粮员则皆以此先行扣还垫供夫骡价值,转将正项兵饷悬欠于下次请领之时补给,此军需款项不能即时划清确核之缘由也。"⑥

---

① 庆桂:《钦定剿平三省邪匪方略》正编卷126,《续修四库全书》,第394册,第351页。
② 《呈抄福宁通饬革除浮费等各案据单》,嘉庆三年十一月二十一日,中国第一历史档案馆藏军机处录副奏折,档案号:03-1709-057。
③ 庆桂:《钦定剿平三省邪匪方略》正编卷89,《续修四库全书》,第393册,第400页。
④ 《大学士庆桂呈外委跟役支给盐菜银两等款议部清单》,嘉庆七年十二月二十七日,中国第一历史档案馆藏军机处录副奏折,档案号:03-1712-048。
⑤ 庆桂:《钦定剿平三省邪匪方略》正编卷126,《续修四库全书》,第394册,第351—352页。
⑥ 庆桂:《钦定剿平三省邪匪方略》正编卷126,《续修四库全书》,第394册,第352页。

第四章 粮饷供给困境及清廷的应对之策

并且各地夫骡雇价也参差不一："有每夫日给银八分者，又有日给一钱者；有每骡月给银九两者，又有月给十二两者。既无准数，焉能一律划清？而体察情形，实有不能悉照定例办理之势。"① 魁伦乃奏请朝廷将夫骡纳入军需正项报销。然而在嘉庆帝看来，此次战事起于内地，非苗疆及边徼外地可比。况且军需报销俱有定例，例外开支自难准行，兼之夫骡一项业经户部议驳，遂否决了其奏疏。更认为魁伦甫经到任，对该处情形未经谙悉，不免为属员所愚："自系办理粮运官员藉词开销，以图从中冒滥并为弥补从前亏缺地步。"②

嘉庆四年（1799）十一月，四川省对于"德楞泰、明亮案"的复审工作告一段落，借此机会，魁伦再次向嘉庆帝提出了关于夫骡问题的修正方案。起初，魁伦对各路军营的夫骡款项均进行了调查，发现唯有经略大臣额勒登保一路最为节省。因此，奏请朝廷参照额勒登保军营，自本月起重新厘定夫骡数额。③ 具体而言，绿营兵除例给跟役、余丁外，每百名再给长夫40名，照每名每日给银8分计算，共折价每月给银96两，雇骡、雇夫听兵自便；满兵则照"征兵过站例"减半给予马乾银两，驮折银两全支，不领夫价，每月得银8两以资用度。此外，乡勇每百名给长夫20名，亦系折给价值雇夫、雇骡。④ 虽然魁伦所定数额相较于部定长夫20名尚多，但比勒保、福宁所定长骡20头已属节省。若与宜绵任内支给长骡50头比较，则更为悬殊。故此，魁伦再次奏请朝廷将夫骡纳入军需正项报销："臣等具有天良，宁敢任属员从中冒滥，惟其中有不得不用者。若因格于成例而不办，势必贻误军行。或以违例之事恐干圣明指斥，仍事颠顸不奏。将来必至于报销时，将无作有以假乱真，多方设法捏款造报，亦非核实办公之道。况从前军需积习，大率皆误于

---

① 庆桂：《钦定剿平三省邪匪方略》正编卷133，《续修四库全书》，第394册，第480—481页。
② 庆桂：《钦定剿平三省邪匪方略》正编卷130，《续修四库全书》，第394册，第416页。
③ 庆桂：《钦定剿平三省邪匪方略》正编卷133，《续修四库全书》，第394册，第480—481页。
④ 《四川总督魁伦奏为酌定满汉屯土官弁兵勇等月支饷项章程事》，嘉庆五年二月初九日，中国第一历史档案馆藏军机处录副奏折，档案号：03-1711-011。

事竣筹销一语,以致百弊丛生。今臣等现须另立章程,亦当彻底厘剔,按照实数奏报。断不敢稍涉欺蒙,转启属员滋弊之渐。"① 也许是眼见情势所需,抑或是魁伦所奏条款尚属妥帖,嘉庆帝最终批准将夫骡纳入军需正项报销,并指示:"凡有军营万不可少之项,而与定例不符者,该督等不妨核实具奏。总之,可省者全数删除,必须者据实造报,断不可稍有牵混也。"②

表4-3 白莲教起义中四川省夫骡制度更迭情况

时期	随营长夫	随营长骡
宜绵时期	①满兵每百名给长夫50名 ②绿营兵每百名给长夫40名 ③无长骡者,每百名给长夫30名 ④随征乡勇照征兵一体给予 ⑤留守地方官兵给长夫20名	自湖北、陕西等省来川本系带有长骡者,满兵每百名给长骡25头、绿营兵每百名给长骡20头
勒保时期	尽数裁汰,但仍参照宜绵时期办理	
魁伦时期	①绿营兵每百名给长夫40名,折价雇夫、雇骡 ②满兵减半给予马乾,驮折全支,不领夫价 ③乡勇每百名给长夫20名,折价雇夫、雇骡	

但值得注意的是,清廷对于夫骡制度的修正仅限于四川一省,未曾触及外地,并且各省彼此之间的制度设计也迥然不同。如湖北省旧办章程,向参照官方定例,绿营兵每百名给长夫20名。如遇移营,仍照例分别马、步、守兵加给站夫50、30、20名不等,皆折给夫价听其自行雇备。随后接到四川省奏定条款,绿营兵丁无论马、步、守兵,均以长夫40名折给夫价,雇夫、雇骡听兵自便。四川省新定章程相较于湖北省旧章有减无增,兼觉简便。遂经湖广总督吴熊光奏请改照四川省章程给发长夫雇价,以归节省。然而户部却以"避少就多"为由予以驳斥,令仍照旧章办理。但湖省此时遵行新章已久,且战事紧急未便复有更易,

---

① 庆桂:《钦定剿平三省邪匪方略》正编卷133,《续修四库全书》,第394册,第482—483页。

② 庆桂:《钦定剿平三省邪匪方略》正编卷133,《续修四库全书》,第394册,第486页。

第四章 粮饷供给困境及清廷的应对之策

吴熊光乃饬令各路照旧支应以免掣肘。① 由此，新定章程在四川省以外的实际情形已可概见。但即便是四川本省，新定章程在军需报销程序上也存在时间限制。如嘉庆七年（1802）十二月，四川总督勒保奏请将本省自军兴以来的夫骡雇价均参照新章报销。但户部认为魁伦奏定条款是在嘉庆四年（1799）十一月，此前夫骡款项自然难以仿照，仍令该督查照户部原议赔补。② 故而我们可以认为，虽然清廷最终承认了夫骡雇价作为军需正项的地位，但对于该项制度的修正却仅限于一地、限于一时，其意在于整顿军需、保障供给，而于官方定例则没有动摇分毫。

三 赏号、平余统一规划

针对"胡齐仑案"所暴露出的赏号问题，清廷方面的制度修正主要体现在将赏号核定的标准重新收归中央，统一规划管理。其实在胡齐仑案发后不久，清廷方面对于军营赏号的态度就已有所松动。如嘉庆四年（1799）二月，四川总督勒保即奉上谕："国家经费，惟期实用实销，如果军营情形实有难照常例报销之处，原不惜多费帑金。"③ 又同年七月，陕甘总督松筠奏称陕西省剿捕为时已久，官兵衣敝履穿，并有用牛皮裹足者，几同乞丐。嘉庆帝当即批示："军需动支款项有一定则例，原不许额外滥用。但亦不可因例难销，过事苛刻。今从征者前有锋镝之危，后有饥寒之困，何以使之效命疆场克敌制果耶？军营一切常需自应略为宽裕，加之体恤。使士马饱腾、人思敌忾而发扬蹈厉之气，更可壮军容而寒贼胆矣。此时京中大臣断无人敢掣军营之肘，惟军需报销一事，部中不得不按例核算。然果大功速竣，即有例外动用之项。朕自当酌核情节、特加恩准。与其费省而藏事稽延，无宁费多而成功迅速。"④ 纵观嘉庆帝所言，透露出两个层面的意思：其一，肯定了赏号的特殊性和必要

---

① 《湖广总督吴熊光奏为楚省防剿兵勇粮饷请改照陕省章程支给事》，嘉庆八年四月初三日，中国第一历史档案馆藏宫中档朱批奏折，档案号：04-01-01-0488-045。
② 《大学士庆桂呈外委跟役支给盐菜银两等款议部清单》，嘉庆七年十二月二十七日，中国第一历史档案馆藏军机处录副奏折，档案号：03-1712-048。
③ 庆桂：《钦定剿平三省邪匪方略》正编卷89，《续修四库全书》，第393册，第402页。
④ 庆桂：《钦定剿平三省邪匪方略》正编卷108，《续修四库全书》，第394册，第42页。

性，但并不考虑将其纳入军需正项报销。其二，允许各省酌量给发赏号，但必须经朝廷特旨批准。换句话说，就是在不动摇官方定例的前提下，将赏号的核发权重新收归中央，而赏号"例外滥支"的属性则并未得以改变。

由于赏号系属例外支出，不能在军需正项下报销，故而历次特旨给发赏号，均于地方财政内支领。如嘉庆四年（1799）十一月，参赞大臣那彦成、陕西巡抚台布率兵于秦岭山中搜捕起义军，因兵勇赏项不敷，两人奏请预支养廉以备应用。嘉庆帝念及那彦成家中寡母、妻子尚需养赡，遂加恩另行给银6000两作为赏号之用，而台布则照所请预支养廉二年，均于陕西省藩库内支领。① 同月，又降旨发给经略大臣额勒登保银1万两、参赞大臣德楞泰银5000两以充赏需，均于四川省藩库内支领。但即便如此，嘉庆帝对于赏号的使用仍然相当谨慎："额勒登保等总须留心察看，择弁兵中打仗最为出力及实在贫乏者，酌加奖赏。不可因有此赏项即行滥赏，遇有格外出力者转无可酬其劳绩。"②

不仅如此，朝廷对于赏号的监管亦十分严格。各路领兵大员奉旨领到赏银后，皆须再将营中支用详情恭呈御览。如嘉庆四年（1799）十二月，经略大臣额勒登保接到前月朝廷特颁备赏银1万两，即奉旨将支用赏项开单呈览。③ 又如嘉庆五年（1800）十一月，陕甘总督长麟奉旨转交额勒登保军营备赏银1万两，以为兵丁添补衣履之用。嘉庆帝即传谕额勒登保务必委派随营粮员实心经理，并将动支数目造册报部查核，令兵丁等均沾实惠。④ 除此之外，倘若赏银用完，之后有向附近军需局提支正项者，则必须将支领事由以及行用之处禀明军需总局。若实系必应加赏之项，方准支应。若所用不得其当甚或滥行花费，则交由该省督抚据实参奏，候旨核办。⑤ 至此，通过将军营赏号的核发权收归中央，清

---

① 庆桂：《钦定剿平三省邪匪方略》正编卷133，《续修四库全书》，第394册，第471—473页。
② 庆桂：《钦定剿平三省邪匪方略》正编卷135，《续修四库全书》，第394册，第509页。
③ 庆桂：《钦定剿平三省邪匪方略》正编卷140，《续修四库全书》，第394册，第590页。
④ 庆桂：《钦定剿平三省邪匪方略》正编卷218，《续修四库全书》，第396册，第486页。
⑤ 庆桂：《钦定剿平三省邪匪方略》正编卷138，《续修四库全书》，第394册，第561页。

第四章 粮饷供给困境及清廷的应对之策

廷方面得以时刻掌握前线赏号的支用情况，不仅实现了对于军需款项的统一规划，还成功地将各省官员纳入中央的监管之下，有效防止了类似"胡齐仑案"的再次发生。

再者，各省粮员馈送赏号多在平余项下扣存，因此对于平余银的监管，亦成为粮饷供给制度修正的重要一环。清廷针对平余问题的处理，主要体现在两个方面。首先，各省督抚在接收部拨或邻省协拨饷银时，均须及时报告平余详情。由于此前平余银系各省自行管理，漏洞极大。目下通过掌握平余细数，即可最大限度地减少私扣平余的弊病，并为中央统一筹划奠定坚实的基础。如嘉庆四年（1799）十一月，四川省奏报接收山西省拨解军饷40万两，除收足库平外，共计长平4152两。① 又如嘉庆五年（1800）正月，四川省奏报接收部拨饷银200万两，除收足库平外，共计长平1.1096万两。②

其次，将平余银的核发权收归中央，各省若需动用平余银，必须经特旨批准。并且行用之处也仅限于办公，不准再同赏号有所牵混。如嘉庆四年（1799）十二月，副都御史广兴奉旨入川督办军需，因无廉俸可支，奏请于平余项下每月动支300两以作办公之用。③ 翌年正月，副都统托津入川接办军需，仍照广兴之例每月赏给200两以资办公。④ 又如嘉庆七年（1802）十月，陕西巡抚陆有仁复奏请将赏号于平余项下报销，即遭到嘉庆帝降旨申斥："朕于军营士卒轸念时殷，每遇打仗得胜未尝不优加赏赉。并节次颁发银两交经略、参赞等随时恤赏，然皆特给内帑，并不令于军需正项支销，原以杜其牵混。如果军营内有必须赏项之处，亦当据实奏明请旨，何以率请立款报销？即云所请动之款系属军需平余，然余平一项独非国帑乎？著通谕现在办理军需报销各督抚，均不得将赏项一款滥行添入军需，以符定例。"⑤

---

① 庆桂：《钦定剿平三省邪匪方略》正编卷131，《续修四库全书》，第394册，第442页。
② 庆桂：《钦定剿平三省邪匪方略》正编卷141，《续修四库全书》，第394册，第610—611页。
③ 庆桂：《钦定剿平三省邪匪方略》正编卷137，《续修四库全书》，第394册，第543页。
④ 庆桂：《钦定剿平三省邪匪方略》正编卷142，《续修四库全书》，第394册，第632页。
⑤ 庆桂：《钦定剿平三省邪匪方略》正编卷344，《续修四库全书》，第399册，第366页。

四　健全乡勇管理制度

乡勇问题的根源在于监管制度的缺失，主要表现为各省乡勇的薪资待遇不能划一、实际招募的数量不明，故而清廷的制度修正也重点集中在这两个方面。因为乡勇属于临时雇佣的武装力量，所以其薪资待遇自然与八旗、绿营等经制兵不同。具体而言，各省招募乡勇每名每月发给雇价银3—4两，不支口粮。[1] 但是由于乡勇还存在官雇、民雇之分，征勇、防勇之别，有经附近州县招募者，亦有径赴军营服役从征者。兼之前线局势亦瞬息万变，因此各省在实际办理的过程中，彼此间的差异往往颇为悬殊。如在嘉庆三年（1798）以前，湖北、河南、陕西等省雇募乡勇，每名每日发给口粮银1钱。四川省曾于嘉庆二年（1797）经总统宜绵奏请，各州县防守城卡及派令打仗之乡勇，每名每日发给钱60—80文。其后又酌定随征乡勇每名发给安家银3两，每日发给口粮米8合3勺、盐菜银3分。嘉庆三年（1798）四月，再经西安将军恒瑞、直隶提督庆成奏请，将乡勇安家银一项剔除，每名每日改给盐菜银6分以示鼓励。[2] 与此同时，各省乡勇的赏恤制度也是颇为混乱的："地方官藉乡勇之力以御贼，战胜则冒为己功，乡勇转不得与。即有阵亡、被害者，以其非在伍之兵，匿不呈报，无由上闻。"[3] 各省办理乡勇雇价、赏恤未能划一，导致军费账目纠缠不清。更有官员借此机会损公肥私，为前线粮饷供给工作埋下了巨大的安全隐患。

有鉴于此，清廷方面着手核定各省乡勇雇价、赏恤。嘉庆四年（1799）八月，额勒登保奉旨接任经略大臣后，即饬令各省先将冗余乡勇陆续裁撤并核定乡勇雇价："其留余前敌者，均覆定每名每月给予盐菜、夫价银一两三钱八分，口粮一分。其在地方防守，有由各省督抚司

---

[1] 庆桂：《钦定剿平三省邪匪方略》续编卷28，《续修四库全书》，第400册，第351页。
[2] 《刑部右侍郎英善为驳查恒瑞庆成等骤马供支浮费事致四川总督勒保咨稿》，嘉庆三年四月初三日，中国第一历史档案馆藏军机处录副奏折，档案号：03-1708-067。
[3] 明亮、纳苏泰等纂修：《钦定中枢政考·绿营》卷21《议功·乡勇阵亡据实报明议恤》，《续修四库全书》，第855册，第164页。

第四章 粮饷供给困境及清廷的应对之策

道招募者，每名月给银三两，令其自行买食，不给口粮。"① 但值得注意的是，额勒登保所定之数仅是就目下办理乡勇雇价的情形而言的，各省在后续办理的过程中依然存在参差。如额勒登保自嘉庆七年（1802）年初率师入陕后，即将陕西省乡勇安家银两概行裁去，每名每月发给盐菜、夫价银1.3两，每日发给口粮米1升。或月给银3两，不给口粮。② 又如湖北省在嘉庆八年（1803）以前，奏定乡勇每名每月发给盐菜、夫价银2.4两，不支口粮。同年四月，经湖广总督吴熊光奏请参照陕西省章程："按月给银一两四钱六分，日支口粮米一升。"③ 翌年六月，额勒登保又奏请将各省乡勇的盐菜、夫价银在1.38两的基础上加给0.62两，以足2两之数。④ 虽然各省办理乡勇雇价仍然未能划一，但是彼此间的数额已十分接近，支领项目也具备统一的核定标准，相较于此前混乱无章、反复更易的局面已经有了较大改善。

赏恤方面，嘉庆四年（1799）八月经朝廷传谕各省督抚："嗣后各乡勇倘有打仗阵亡，俱照松筠所奏一体议恤。"⑤ 并参照绿营兵赏恤制度议定："乡勇随同官兵打仗杀贼立功，续经打仗阵亡、伤亡者，照步兵例议恤。如并未杀贼立功，及因公差遣遇贼戕害者，照步兵例减半议恤。打仗受伤者，按其受伤等第，照兵丁打仗受伤例减半给赏。立功后病故者，亦照兵丁例减半议恤。"⑥

针对乡勇招募数量不明的问题，清廷方面主要采取的是"改乡为团"和征召乡勇入伍两种办法。在白莲教起义初期，由于双方的主要战场尚局限于湖北省，波及范围不大，所需乡勇往往在附近州县直接招募，临事随营从征，事后裁撤归农，组织管理较为自由。如嘉庆二年

---

① 庆桂：《钦定剿平三省邪匪方略》续编卷28，《续修四库全书》，第400册，第351页。
② 庆桂：《钦定剿平三省邪匪方略》正编卷328，《续修四库全书》，第399册，第115页。
③ 庆桂：《钦定剿平三省邪匪方略》续编卷10，《续修四库全书》，第399册，第706页。
④ 庆桂：《钦定剿平三省邪匪方略》续编卷28，《续修四库全书》，第400册，第352页。
⑤ 明亮、纳苏泰等纂修：《钦定中枢政考·绿营》卷21《议功·乡勇阵亡据实报明议恤》，《续修四库全书》，第855册，第164页。
⑥ 明亮、纳苏泰等纂修：《钦定中枢政考·绿营》卷21《议功·乡勇民壮恤赏》，《续修四库全书》，第855册，第165页。

(1796)十月，因襄阳起义军已由郧阳府一带窜入陕境，湖北省宜昌、荆门、安陆等府所属州县俱属宁贴又正值播种麦田，遂经湖北巡抚汪新饬令地方官将原设乡勇裁撤归农。① 同年十二月，又因襄阳起义军已进抵陕西省汉中府境，距离湖北省较远。汪新即札会河南巡抚景安，将均州以东原设防江乡勇全数裁撤归农。② 而随着前线局势的不断发展，涉战地区已由此前的一省逐渐蔓延至陕西、甘肃、四川等多个省份。且不说官方对于乡勇的需求显著提升，短时间内无法裁撤。即便可以，也还有大量的乡勇属于离乡远征，无法安置于当地。长此以往，乡勇已与营兵无异，而官方对其又缺乏完善的组织管理制度，致使乡勇问题的弊端愈发凸显。

所谓"改乡为团"，是指将乡勇改为团勇，令其自保村庄、自筹口食。如四川省于嘉庆三年（1798）二月，经按察使先福筹议改乡勇为团勇："无事之时归团自赡，一闻邻封有警，即刻点齐按名支给盐粮，驰赴各要隘堵御，贼退仍即归农。"③ 这种办法的实质是将乡勇的管理托付于基层。由此，官方不仅在粮饷供给方面减轻了压力，同时又可以在一定程度上掌握乡勇的具体数量。但是战场形势倏忽不定，团勇自然无法尽数应对，故而收效并不明显。"有此处方议裁撤而彼处又禀添募者，有甫经饬令归团旋复派调堵御者。现在办理情形不能预定，即难以彻底查核。"④

征召乡勇入伍是清廷方面最为推崇的办法。如山东道监察御史梁上国就曾于嘉庆四年（1799）建议将乡勇编为营兵："应将各处所募乡勇，敕下统帅，分饬有司、将弁，悉心考核。其情愿随征勘以备战者，即予以名粮，配以器械，编为额兵，有功与各标营一体赏拔；其未习技艺不谙行阵者，亦另编之为新兵，拨与无事之各标营将弁管辖，以时操练学

---

① 庆桂：《钦定剿平三省邪匪方略》正编卷52，《续修四库全书》，第392册，第462—463页。
② 庆桂：《钦定剿平三省邪匪方略》正编卷59，《续修四库全书》，第392册，第580页。
③ 庆桂：《钦定剿平三省邪匪方略》正编卷126，《续修四库全书》，第394册，第352页。
④ 庆桂：《钦定剿平三省邪匪方略》正编卷126，《续修四库全书》，第394册，第352页。

习，备军营中退病出缺者替换填补之用。"① 到嘉庆五年（1800）以后，随着各省战事逐渐进入尾声，官方对于征召乡勇入伍以资钤束的呼声愈发强烈。如嘉庆五年（1800）正月，陕西巡抚台布即奏请于五郎地区设镇，并按照总兵营制分左、右、城守三营，以现有乡勇编充入伍。② 又如嘉庆七年（1802）三月，四川省城口都司营兵缺额严重，即经总督勒保饬令先行挑补乡勇 200 名，不敷之数再于太平营就近拨补，其余大昌、徐家坝、竹峪关、黄杨堡等处均照此办理。③ 但正如前文所述，由于乡勇的薪资待遇到起义中、后期已逐步赶超绿营，甚或逼近八旗，各省百姓往往"乐当乡勇"。兼之乡勇来去自由，不受营制约束，是以"招集乡勇较易，而召募兵丁转难"④。实际效果仍有局限。

小　结

在此次平定白莲教起义的过程中，虽然清廷方面十分关注对于前线各路官兵的粮饷供给工作，但仍然不可避免地受到客观和主观方面因素的制约，致使粮饷供给在实际过程中普遍存在着虚耗、浪费以及转运迟滞等问题。后方粮饷无法源源接济，前线官兵缺粮少饷、忍饥受冻，粮饷供给工作由此陷入难以名状的困境之中。具体而言，客观因素方面，首先，在白莲教徒活动最为频繁的秦巴山区，官方驿路建设的水平相当滞后，境内除铺设"川陕""川鄂"两条主干驿路外，其他区域碍于地形因素并无驿路联通，故而难以承担军需物资的转运工作。与此同时，驿路沿途所经过的地貌特征多以高山邃谷、深林密菁为主，转运粮饷只能改用驴、骡等牲畜或交由人力挽运，不仅运输效率低下，风险亦大为

---

① 贺长龄辑：《皇朝经世文编》卷 89《兵政二十·剿匪》，《论川楚教匪事宜疏》，第 10 页。
② 庆桂：《钦定剿平三省邪匪方略》正编卷 142，《续修四库全书》，第 394 册，第 629—630 页。
③ 庆桂：《钦定剿平三省邪匪方略》正编卷 308，《续修四库全书》，第 398 册，第 483 页。
④ 庆桂：《钦定剿平三省邪匪方略》正编卷 169，《续修四库全书》，第 395 册，第 405 页。

提升。而军粮转运主要依凭黄河、长江水路，虽然其具备驿路运输无可比拟的时效性和便捷性，但极易受到地形和气候等因素的影响，导致运输条件出现明显的季节性差异，沉失米石的情况较为常见。其次，因为起义军队伍中的"流寇主义"思想较为浓厚，他们普遍没有建立合适、稳定的根据地，所以长期以来主要是在数省边界之间折窜奔袭。有时迫于官兵追捕，突然由原路折返，致使运道受阻，粮饷被抢失者亦复不少，对于战时军需供给造成了直接性的破坏。最后，由于涉战地区常住人口流失严重，沿途州县粮价飞涨，所给运夫雇价不敷日食所需，兼之各省粮饷中途被抢、运夫被害之案频发，因此后方雇佣运夫亦甚为困难。

  主观因素方面，长期以来被官方奉为圭臬的《钦定户部军需则例》在此次白莲教起义中又暴露出新的制度性缺陷，并由此导致了如"德楞泰、明亮案""那山、曹庠业案"与"胡齐仑案"等一系列军需案件的发生，使本就迟滞的粮饷供给工作愈显艰难。首先，"德楞泰、明亮案"的症结在于夫骡问题。因为嘉庆朝白莲教起义与此前历次战争用兵攻围一处即再攻一处的情形不同，各路起义军奔窜无常，官兵往来追剿，移营频繁。例给跟役、余丁等不敷搬运，遂只能再于沿途添雇长夫、长骡。而清廷方面始终恪守军需旧例，罔顾战场实际，对于此项支出在奏销程序上不予承认。承办粮员为避免贻误战机，只得先行挪借地方财政，而于下次请领之时补给，转将正项兵饷悬欠。不仅前线官兵应得粮饷无法按时领取，更加剧了军费支出在转运过程中的损耗。其次，"那山、曹庠业案"的症结在于平余问题。平余银系部拨饷银之盈余，本为留作各省军需局日常办公之用。但由于清廷方面对于战时平余银的使用详情疏于掌握，同时亦缺乏相应的监管机制，故而为地方官员刻意蒙蔽、侵吞军饷大开方便之门。最后，"胡齐仑案"的症结在于赏号、乡勇问题。赏号系属"例外滥支"，官方对此屡禁不止。时至白莲教起义期间，各路领兵大员仍然于所过省份肆意提取赏号，承办粮员亦只能通过增扣平余的方式发给，反而导致军需正项缺斤少两。乡勇问题主要表现为各省乡勇的薪资待遇不能划一、实际招募的数量不明。而监管机制的缺乏亦促使地方官员得以借此机会贪污行贿、中饱私囊，为前线粮饷供给工作埋下了巨大的安全隐患。

　　针对粮饷供给工作所存在的诸项问题，以嘉庆帝为代表的清廷统治阶层立即着手从四个方面对粮饷供给制度进行修正。其一，变通转运方式。军饷方面，以"化整为零"的思路应对突发情况。通过将饷银分批交由人夫带往军营，在一定程度上缓解了因运道阻塞导致的军饷供给压力。军粮方面，被各省普遍采纳的方式为"预先分贮制"，即在军队沿途可能经过的地方预先储存军粮，官兵随到随食，不仅可以大幅度地节省运输成本，供给效率亦有所提升。与此同时，清廷方面对于涉及粮饷供给工作的饷鞘、粮单等制度也相当重视。其二，重新厘定夫骡数额。即在奏销程序上肯定了夫骡作为军需正项的地位，重新划定了前线官兵、乡勇可领夫骡的数额及雇价，一改此前拆东补西、账目纠缠的弊病。其三，对赏号、平余进行统一规划。主要表现为将各省赏号、平余银的核发权重新收归中央，统一规划管理。赏号改于地方藩库内领取，各款支用详情亦须开单呈报。平余银则仅限于办公，不再同赏号有所牵混。其四，健全乡勇的管理制度。薪资待遇方面，正式确立了各省乡勇的雇价和赏恤制度，促使支领项目具备了统一的核定标准。招募数量方面，清廷主要采取的是"改乡为团"和征召乡勇入伍两种办法。通过将乡勇的组织管理交于地方民团，抑或纳入军营以资钤束，即可以较为有效地掌握乡勇的具体数量。虽然清廷上述的各项举措的确在一定程度上改善了粮饷供给的困境，但值得注意的是，这些所谓的制度创新仅是针对此次起义的粮饷供给工作临时通过的，具有极大的限制性、条件性。如夫骡制度即仅限于四川一省，未曾触及外地，在报销程序上也存在时间限制。赏号、平余银制度的更易看似超前，但其实质乃是恢复到此前例定的状态，例外滥支的属性并未改变。乡勇制度亦是如此，只能算作小修小补，而对于官方长期以来遵循的军需定例却没有丝毫动摇。因此，只能称其为"修正"而非"改革"。

第五章 粮饷供给的社会影响

第一节 对国家财政的影响

孙子曰："国之贫于师者远输，远输则百姓贫。"① 在嘉庆朝白莲教起义中，经由中央与地方财政拨给的饷银占据了绝大部分，尤以前者比重最为突显。巨额的军费开支不仅对中央财政储备形成了巨大压力，更对地方本就支绌的财政状况造成了冲击。与此同时，由于中央与地方之间"不完全财政体制"的存在，各自所受影响的表现也有较大差异。对此，本节将具体从中央与地方财政两个方面着手，就白莲教起义中粮饷供给对国家财政的影响进行论述。

一　中央财政方面

清代中叶以后，随着国家综合实力的显著提升，社会经济进入迅猛发展阶段。最为标志性的特征，便是中央财政收入的大幅度增加。据统计，乾隆元年（1736）的户部银库存银数约为3396万两，到乾隆三十六年（1771）已有7894万两的规模，乾隆四十二年（1777）更增长至

---

① 中国人民解放军军事科学院战争理论研究部《孙子》注释小组：《孙子兵法新注》，第16页。

8182万两的历史峰值。彼时清廷已逐渐摆脱准噶尔、金川、回部等战役的历史阴霾，国力日趋强盛，经济发展，税收充裕，银库存银数不断增加。虽然乾隆朝晚期稍有下降，但是仍有近7000万两的结余。① 而嘉庆朝白莲教起义爆发后，中央财政支出急剧增加。嘉庆元年（1796）约为1854万两，二年（1797）约为3517万两，三年（1798）约为2515万两，四年（1799）约为1795万两，五年（1800）约为1312万两，到嘉庆七年（1802）下降到897万两。② 与此同时，户部银库存银数也从乾隆六十年（1795）的6939万两，骤跌至嘉庆三年（1798）的1919万两，③ 到嘉庆六年（1801）则仅存约1693万两，前后减少近75.6%。④ 如此程度的亏损，在乾隆朝历次战役中无有能比肩者，是有清一代除康熙朝平定三藩之乱、咸同年间镇压太平天国运动之外军费开支最大的一场战争，几乎耗尽了乾隆朝留下来的巨额库存。并且在此后的道光年间，再也无力恢复到彼时的库存规模，对清王朝的中央财政能力造成了沉重的打击。（参见图5-1）。

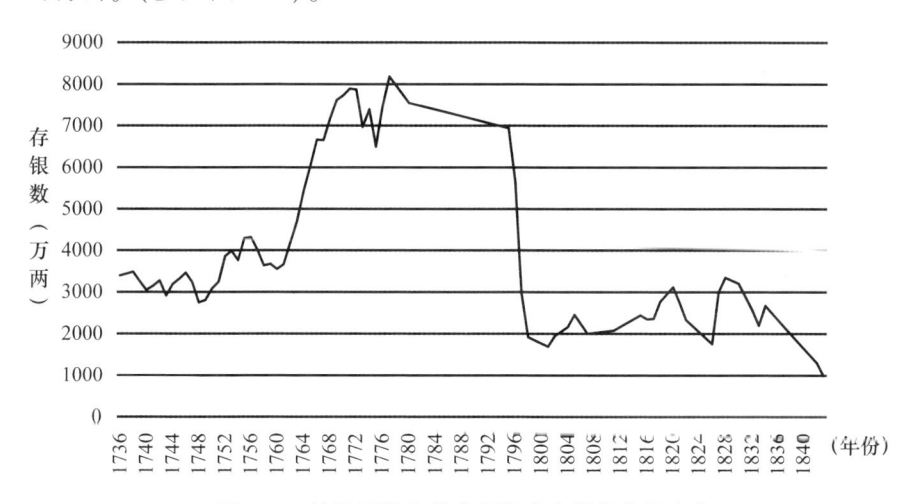

图5-1 乾隆至道光朝户部银库存银数年际变化

① 史志宏：《清代户部银库收支和库存统计》，福建人民出版社2009年版，第104页。
② 史志宏：《清代户部银库收支和库存统计》，第78页。
③ 史志宏：《清代户部银库收支和库存统计》，第260页。
④ 史志宏：《清代户部银库收支和库存统计》，第104页。

不仅如此，中央财政的税收结构也发生了相应的变化，这主要表现在捐监银地位的显著提升。相较于"维正之供"的田赋、盐课及关税等项，"捐监"系清廷在非常时期通过充分调动社会经济资源以平衡财政收支的治理策略。清代前期，捐监多系临时而设、随事启闭，官方对此的态度亦较为谨慎。但在白莲教起义爆发后，面对巨额的军费开支和财政亏损，清廷只能通过开捐的方式筹措饷银及弥补财政缺口。并且这样的选择也确实收效明显，据统计，白莲教起义中各省收捐高达3000万两，为清代捐例规模最大、入银最多的一次。① 由此促使嘉庆九年（1804）的户部银库存银数在经历了前期的连续下跌后，又小幅回增至2165万两。② 然而各省捐监并未就此停止，清廷在"川楚善后筹备事例"外又加开"豫东河工事例"，捐期亦不断展限，捐额日积月累，几近7000余万两。无怪乎魏源尝言："自嘉庆至今四十余年，惟川、楚军需用帑逾万万。然以屡次开捐所收七千余万两抵之，尚不及新疆、金川两次之数。"③ 频繁地开捐，虽然能够在一定程度上填补财政缺口，但是对于王朝统治无异于"饮鸩止渴"。因为捐监的本质是通过出卖国家名器换取财政收入，亦即所谓"卖官鬻爵"。而官吏借捐纳之便，通同舞弊、贿赂公行，尤为数见不鲜。④ 嘉庆以后，朝堂贪腐之风盛行，政治生态严重恶化。这些问题的出现，都与白莲教起义后中央财政收支渠道的变化有着密切的联系。

二 地方财政方面

嘉庆朝白莲教起义中，地方财政受到的影响尤为严重，具体表现为藩库封贮、地丁银的巨额亏空。前文已述，封贮、地丁银是地方财政体系中最主要的组成部分，两者支存比例的变动，在一定程度上直接决定了地方财政状况的好坏。例如湖北省向来有封贮银40万两留备军需，但

---

① 魏源：《圣武记》卷11《武事余记·兵制兵饷》，第474页。
② 史志宏：《清代户部银库收支和库存统计》，第104页。
③ 魏源：《圣武记》卷11《武事余记·兵制兵饷》，第474页。
④ 许大龄：《清代捐纳制度》，第142—151页。

第五章 粮饷供给的社会影响

截至嘉庆元年（1796）二月，即因拨供本省兵饷动用无存，缺额100%。① 又如陕西省藩库向来有地丁各项存银110万两，但嘉庆元年（1796）十月，因备供本省军需兼及拨解甘肃省兵饷，仅存剩10余万两，缺额90.9%。② 四川省截至嘉庆二年（1797）五月，藩库存项亦因陆续支放兵勇粮饷所存无几。③ 额定封贮、分贮银110万两同样于嘉庆四年（1799）全数用尽，缺额100%。④ 由此，地方财政状况的败坏已可概见。

再者，频繁的钱粮蠲免也令地方失去了填补财政亏空的税源。清廷在平定白莲教起义的过程中，常因沿途省份久遭兵燹或供应军需，遂蠲免当年钱粮以示赈恤。据统计，先后蠲免陕西省银108.6万两、粮8万石；湖北省银367.06万两、米15.41万石；四川省银63.6万两；甘肃省银42.8万两、粮71.7万石、草201.5万束；河南省银20.7万两。尚有未造报及缓征、带征者，不在此数。⑤ 大规模地钱粮蠲免看似惠政，但实际上却阻塞了地方财政自我修复的渠道。面对巨额的军费开支，涉战各省只能完全仰赖中央财政和寻求外省协济，抑或左右腾挪勉强支持。

与此同时，为筹补各省封贮亏空而设立的捐监银亦未能充分发挥效力。嘉庆四年（1799）十二月，户部奏请援照乾隆朝成案，开办外省捐监，并酌定各省封贮银归补政策："至各省报捐，原以筹备封贮银两。著各该抚查明报捐后，无论何省，一俟封贮银两足数，先行具奏停止，仍令赴京报捐以符旧例。"⑥ 显而易见的是，此时清廷对于外省捐监的态

---

① 《湖广总督毕沅奏请酌拨军需银两事》，嘉庆元年二月三十日，中国第一历史档案馆藏军机处录副奏折，档案号：03-1707-005。
② 《陕西巡抚秦承恩奏为陕省协办湖北军需等库银不敷动用请拨兵饷事》，嘉庆元年十月二十九日，中国第一历史档案馆藏军机处录副奏折，档案号：03-1707-043。
③ 庆桂：《钦定剿平三省邪匪方略》正编卷37，《续修四库全书》，第392册，第173—174页。
④ 何永智：《经费筹济与财政汲取：清嘉道两朝外省捐监窥探》，《中国社会经济史研究》2022年第2期。
⑤ 石香村居士：《戡靖教匪述编》卷12《附述》，《清中期五省白莲教起义资料》，第4册，第131页。
⑥ 中国第一历史档案馆编：《嘉庆道光两朝上谕档》，第4册，第532页。

度仍较为谨慎,使用去向也仅限于填补封贮亏空。而随着各省报捐渐次取得巨额收益,清廷面对白莲教起义中居高不下的军费开支,逐渐选择将捐监银的用途转变为供给军需:"令凑至成数,随时解京,俟军务完竣后补足封贮原额,将外省捐监一并停止。"① 与此同时,户部银库库存亦亏损严重。为了优先充实中央财政,嘉庆帝又先后谕令各省将捐监银"收足十万两,即行解部"②。由此,各省捐监收益虽然良莠不齐,但是被频繁拨供前线兵饷兼及归补中央库储,平均支用率高达约90%。而用于归补地方封贮者却寥寥无几,藩库平均存余率仅约为10%(参见表5-1)。不难发现,此时的捐监银已经完全偏离了其筹补封贮亏空的原始设计,不仅沦为清廷平衡军费收支的财政工具,亦成为"不完全财政体制"下中央对地方的又一次变相掠夺。而随着捐监银用向的此消彼长,中央与地方财政之间的利益分歧不断积聚,为日后各省封贮银体系的全面瓦解埋下了伏笔。③

表5-1　　　　嘉庆五年至十三年外省捐监收入及用项情况　　　单位:万两

省份	总数	解部	协济	军需	其他	藩库存余
山东省	145.33	39.98	41.7	51.4	4.15	8.16
河南省	134.21	33.2	72.07		20.79	8.15
陕西省	76.38	—	—	54.7	16.5	5.18
甘肃省	18.65	—	—	—	14.34	4.31
安徽省	86.32	40	20	—	18	8.32
江苏省	265.94	148	—	—	111.12	6.82
浙江省	246.48	150	91.76			4.72
湖北省	106.75	30	—	60.03	8.35	8.37

① 中国第一历史档案馆编:《嘉庆道光两朝上谕档》,第6册,第28页。
② 中国第一历史档案馆编:《嘉庆道光两朝上谕档》,第6册,第323页。
③ 何永智:《经费筹济与财政汲取:清嘉道两朝外省捐监究探》,《中国社会经济史研究》2022年第2期。

续表

省份	收捐银数及用项					藩库存余
	总数	解部	协济	军需	其他	
湖南省	176.67	40	85	—	42.99	8.68
云南省	20.7	2.89	—	13.14	—	4.67
贵州省	14.48	9.44	—	—		5.04
广东省	321.69	103.45	206.92			11.32
广西省	59.19	40.59	15.66			2.94
福建省	94.09	63	15	9.43	—	6.66

资料来源：何永智：《清代直省封贮银制度及其嬗变》，《清史研究》2019年第4期，格式略有修改。

除此之外，巨额军需开支中的"例不准销"之项，只能通过"摊捐"的方式予以弥补，更加重了地方财政的负担。摊捐又称"捐款"或"摊廉"，是清代地方政府为了弥补因"例外支项"造成的财政亏空，强制摊扣官员养廉银以筹措经费的方式。根据周健的研究，清代摊捐的款目大致可以分为年例摊捐、遇事摊捐和另案摊捐三类。前两类系地方固定的行政摊捐，区别仅在于办理频次的差异，普遍占比并不多。而后者随军需、河工、亏空等案开设，实为摊款之大宗，普遍占到各省额设养廉银的50%以上。如嘉庆初年河南、湖北、陕西、四川等省仅因川楚教案军需便摊捐养廉银达30%。具体而言，河南省摊派金额5264786两，自嘉庆五年（1800）起，每年通省扣廉三成；湖北省摊派金额3937000两，自嘉庆十三年（1808）起，每年通省扣廉三成；陕西省摊派金额1400000余两，亦每年通省扣廉三成。四川省的摊捐比例大致类似，但情况更为严重。由于该省自乾嘉以来迭遭兵事，频繁摊捐以致"州县以上正印各官几至全无养廉"[①]。众所周知，清初设立养廉银制度的本意在于解决地方官员的生计问题，使其不至于因俸禄低微而克扣百姓，并于地方性公务亦有裨益。但随着清代中期以后军需事务的不断增多，摊捐

[①] 周健：《维正之供：清代田赋与国家财政（1730—1911）》，北京师范大学出版社2020年版，第38—47页。

养廉银逐渐成为地方政府弥补"例不准销"之项主要的经费来源。州县官员因此生计无着、办公竭蹶，财政负担加重，只能依靠收受陋规将压力转向基层百姓，成为吏治世风败坏的直接诱因。

第二节　对地方社会的影响

嘉庆朝白莲教起义中的粮饷供给对地方社会亦产生了深刻的影响。而湖北省西北部、陕西省南部、四川省东北部等地位于此次起义的中心区域，不仅频遭战火蹂躏，沿途州县承运粮饷的负担亦相当繁重，因此所受到的影响尤为突显，具体表现为：粮价和银价波动、仓储体系遭到破坏以及战后因饷制问题引发的新兵起义等。

一　粮价、银价波动

正所谓"近于师者贵卖"[①]，在白莲教起义中，湖北、陕西、四川三省涉战地区的粮价均有明显上涨。具体来看，湖北省襄阳、宜昌、郧阳所属地区在战争期间的平均粮价约为 2.2 两/石，峰值约为 2.81 两/石，相较于乾隆五十五年（1790）的 1.54 两/石，上涨约 82.5%。陕西省汉中、兴安、商州所属地区因位于战场中心，故而战时粮价波动最为明显，平均粮价约为 3.42 两/石，峰值约为 6.06 两/石，相较于乾隆五十五（1790）年的 1.62 两/石，上涨约 274%。四川省保宁、达州、夔州所属地区的战时粮价波动平缓，仅有小幅度上涨。平均粮价约为 1.65 两/石，峰值约为 1.9 两/石，相较于乾隆五十五年（1790）的 1.6 两/石，仅上涨 18.75%（参见图 5-2）。不仅如此，大规模的军粮采买势必也会对当地市场的粮价造成影响。例如频繁采买军粮的江西、湖南两省以及陕西省关中地区在战争期间的粮价即呈上涨态势。其中，江西省的战时粮价平均约为 1.77 两/石，峰值约为 2.6 两/石，相较于乾隆五十九年

[①] 中国人民解放军军事科学院战争理论研究部《孙子》注释小组：《孙子兵法新注》，第16页。

第五章　粮饷供给的社会影响

（1794）的 1.31 两/石，上涨约 98.5%。湖南省的战时粮价平均约为 1.71 两/石，峰值约为 1.99 两/石，相较于乾隆五十五年（1790）的 1.36 两/石，上涨约 46.3%。陕西省西安、同州、凤翔三府采买的军粮种类均为小麦，战时平均粮价约为 1.65 两/石，峰值约为 2.28 两/石，相较于乾隆五十五年（1790）的 1.19 两/石，上涨约 91.6%（参见图 5-3）。

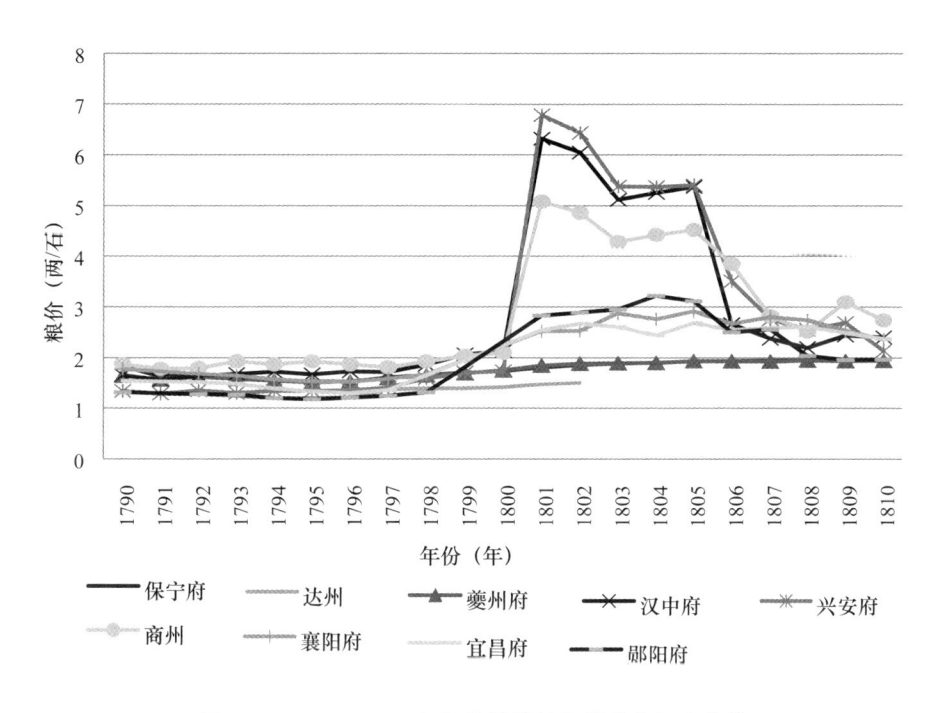

图 5-2　1790—1810 年部分涉战地区粮价年际变化①

除粮价外，战争期间因通货膨胀引发的银价波动亦十分显著。正如前文所述，清廷在平定白莲教起义的过程中，先后向湖北、陕西、四川三省投放了大规模的饷银，由此造成了该地区内大量白银充斥货币市场。兼之兵勇购买衣食多依赖铜钱，两者频繁兑换，故而货币的流通速度是加快的。随着货币供应量与流通速度的不断增长，货币效率的降低直接导致了通货膨胀的形成，促使银价急速贬值。如嘉庆五年（1800）十

---

① 本图依据台湾"中央研究院"近代史研究所"清代粮价资料库"绘制而成。

嘉庆朝战时粮饷供给研究

月，据陕西巡抚台布奏称："窃照陕省用兵以来，节年奉发帑银千数百万，领银虽属戎行，易钱总由市肆。因之银价日贱，钱价日昂。而汉南州县中隔栈道，钱文更艰于流通。民间所用市平转比库平为大，每银一两仅核钱七百数十文及八百文不等。"彼时前线支放兵勇盐菜及夫役口食等项需钱孔殷，而零星易换，市侩不免居奇，于兵役大为不便。遂经台布奏请于宝陕局提钱 5000 串，照搭饷之例，每钱一串作银一两，于军需项下提银归款，"以期市价渐就平减，兵役均沾利益"①。

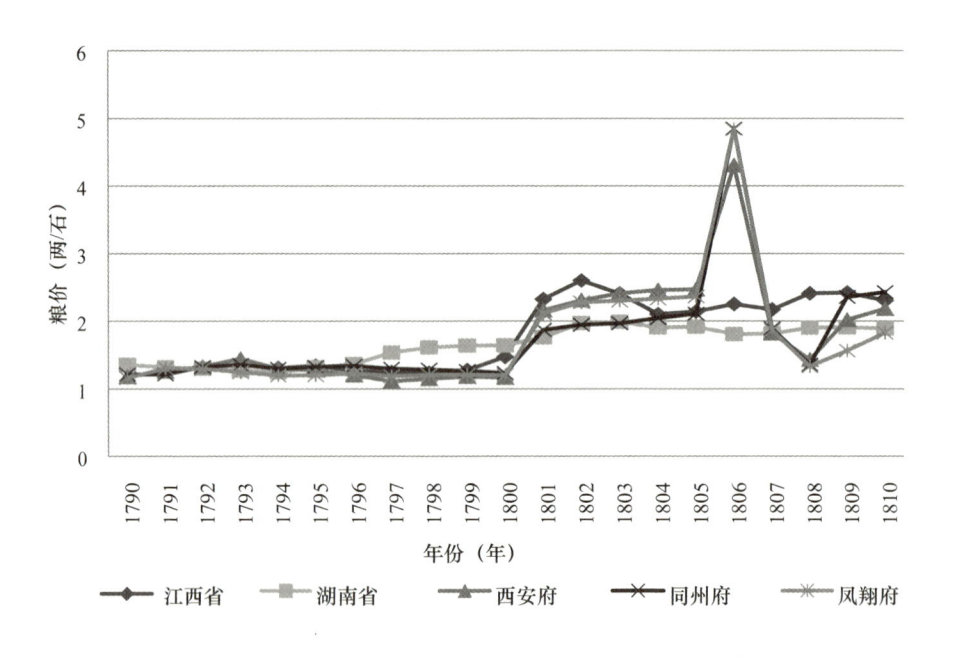

图 5-3 1790—1810 年采买军粮地区粮价年际变化②

二 仓储体系遭到破坏

作为中国古代社会保障制度的重要组成部分，湖北、陕西、四川三省的常平仓、社仓等地方仓储体系为白莲教起义中清军的粮食获取提供

---

① 庆桂：《钦定剿平三省邪匪方略》正编卷 208，《续修四库全书》，第 396 册，第 330—331 页。

② 本图依据台湾"中央研究院"近代史研究所"清代粮价资料库"绘制而成。其中，江西省粮食种类为大米，湖南省为上米，陕西省西安、同州、凤翔三府均为小麦。

244

第五章 粮饷供给的社会影响

了有力保障。然而各省频繁地动用仓粮供给军需，事后又不及时买补，导致仓粮所剩无几。兼之白莲教徒四处焚掠，对各省仓储体系的破坏较为严重。

如湖北省郧县"城乡社仓旧贮本息谷七千一百三十一石四斗七升二合，嘉庆初被贼焚掠谷九百四十四石五斗四升九合一勺，实存谷六千一百八十七石九斗二升二合九勺"。房县"城乡社仓旧贮本息谷八千六百二十六石一斗一合一勺，嘉庆初经贼焚掠无存"。竹山县"城乡社仓旧贮本息谷六千七百一十九石五斗五升七合三勺，嘉庆元年毁于贼"。竹溪县"城乡社仓旧贮本息谷一万四千九百六十六石一斗九升九合八勺，嘉庆初被贼焚掠，并拨济勇粮、借给民食计谷一万一千七百四石一斗六升八合四勺，实存谷三千二百六十二石三升一合四勺"。保康县"城乡社仓旧贮本息谷三千一百九十五石四斗二升五合，嘉庆初年焚毁无存"[①]。

又如陕西省褒城县"社仓四所，原额贮谷六千余石，于嘉庆三年被贼焚掠二所，余军需动用并民欠奉文豁免外，止实在贮谷五十八石九斗一升，实在贮麦七十五石六斗一升"[②]。留坝厅"社仓三所，原额贮谷石，俱于嘉庆四年四月内，被贼连仓焚烧"。城固县"社仓六所，原额谷石于嘉庆五年五月内被贼焚掠一所，余军需动用并民欠，奉文豁免，无存"。西乡县"社仓五所，原额谷石于嘉庆四年被贼焚掠一所，余军需动用民欠，奉文豁免外，现存谷一白二十八石六斗四升"。凤县"社仓五所，原额谷石于嘉庆五年五月内被贼焚掠一所，余俱军需动用，无存"。宁羌州"社仓六所，原额谷石于嘉庆三年五月及四年二月内被贼焚掠三所，余军需动用外，实存京斗谷一百五十石二斗九升"。沔县"社仓四所，原额谷石于嘉庆四年六月内被贼焚掠一所，余俱散给难民奉文豁免讫"。略阳县"社仓六所，原额谷石于嘉庆四年六月内被贼焚

[①] 吴葆仪修，王严恭纂：同治《郧阳志》卷4《田赋志·仓储》，《中国地方志集成·湖北府县志辑》，江苏古籍出版社2013年影印本，第58册，第246—247页。

[②] 光朝魁纂修：道光《褒城县志》卷7《食兵志·仓储》，《中国地方志集成·陕西府县志辑》，凤凰出版社2007年影印本，第51册，第435页。

掠一所，余俱散给贫民，奉文豁免讫"①。汉阴厅"常平仓原贮京斗稻谷一万二千一百一十三石，续因扑灭教匪及拯济难民共动用仓谷一万一千六百一十五石九斗六升一合五勺，实存贮京斗稻谷四百九十七石三升八合五勺……社仓六所……共贮本息京斗稻谷八千一百一十三石七斗五升零。嘉庆元年以来，军需动用及被贼匪焚掠共京斗稻七千九百九十四石零，止存京斗稻二百一十九石七斗零。所有廒房历年已久，多半坍塌，兼被贼毁"②。白河县"社仓三处……共贮京斗谷二千六百九十二石四斗二升二合、麦二百八十九石六斗九升六合五勺，内于嘉庆元年二月因湖北竹山县、郧县等处贼匪滋事……计自三月十三日开仓起至六月初三日撤卡停给止，共借过京斗谷二千四百二十石零六合九勺、麦二百八十三石六斗九升六合五勺"，皆未归还。③

还有如四川省达州"义仓，乾隆十九年五乡绅士共捐义谷二万九千余石，分贮各乡。嘉庆元年被贼焚毁并碾支各团寨口粮，全数无存"④。大宁县"社仓，自乾隆三年于敬筹社仓等事案内，六次共捐储仓斗谷二千三百六十六石二升零，分储四乡，计社仓三十一处，交正、副社长经管。嘉庆二年被匪焚烧通城坝等处社仓十一处，三年被匪焚烧小溪山社仓一处，六年被匪焚烧二郎坝等处社仓三处，八年被水冲失盐厂等处社谷四百二十九石零，余存社仓仓斗谷一千一百三十三石六斗七升零"⑤。云阳县"南、北两岸原贮仓社谷三千一百八十四石三斗三升六合五勺。除嘉庆二、三等年北岸被贼焚烧、被水冲失外，实存南岸仓斗社谷九百

---

① 严如熤主修，郭鹏校勘：嘉庆《汉中府志校勘》，三秦出版社2012年点校本，第393—419页。
② 钱鹤年修，董诏纂：嘉庆《汉阴厅志》卷4《食货志·积贮》，《中国地方志集成·陕西府县志辑》，第54册，第456—457页。
③ 严一青纂修：嘉庆《白河县志》卷8《食货志·常平仓》，《中国地方志集成·陕西府县志辑》，第55册，第340—341页。
④ 鲁凤辉等修，王廷伟等纂：嘉庆《达县志》卷14《公署志》，清嘉庆二十年刻本，第2—3页。
⑤ 高维岳修，魏远猷等纂：光绪《大宁县志》卷3《食货志·仓储》，《中国地方志集成·四川府县志辑》，巴蜀书社1992年影印本，第52册，第85页。

四十八石四斗六升五合五勺"①。

三 宁陕新兵暴动

宁陕镇设于嘉庆五年（1800），是清廷为了重新整合秦巴山区内的镇戍体系，以强化其军事管控能力的关键举措，同时亦成为乡勇安置的重要去向。是年三月，陕甘总督长麟奏言："查五郎厅地处万山之中……贼匪奔窜率皆出没其中，尤宜亟议添兵扼要路以资堵御。且自用兵以来，又招集五郎一带无赖之徒充当乡勇。将来剿灭贼匪大功告竣后，若辈性本强悍又各予器械令其日习战斗，剿捕事竣一旦概行遣散，该乡勇等顿失生计，难保其不别生事端。自不若即于五郎设镇，令将此项乡勇入伍充兵绳以纪律。目下既藉资防堵，将来亦可渐就约束，于扼要控制之中，寓化莠为良之法，不惟于该处形势洵属一举两得，且亦与现在钦奉谕旨招募乡勇入伍充兵之意相符。"遂经嘉庆帝批准，专设宁陕镇，任命刘之仁为总兵驻扎五郎厅，永资镇守以为西安省城屏障。② 宁陕镇额设新兵酌定为6000名，先据都司黄瑞于五郎厅守城乡勇内挑得600名。其余兵额经长麟、陆有仁奏请，俟凯旋之日再以各路乡勇酌量充补。③

宁陕镇新兵以招募乡勇入伍者居多，而官兵、乡勇之间存在较大的饷制差距，这便为日后新兵起义的发生埋下了伏笔。正如前文所述，在嘉庆朝白莲教起义中，清廷方面对于乡勇的俸饷管理十分混乱，不仅官兵、乡勇之间有较大差距，各省之间的乡勇雇价也截然不同。但可以肯定的是，乡勇所得分例要明显优于绿营甚至接近八旗。因此，在宁陕镇新兵的饷制问题上，官方也充分考虑到了这点。按照旧例，陕西省兴安、汉中等营官兵，原在例饷之外还有米折银3—4钱。宁陕镇系属新营，自应照例发给。但彼时各路搜剿事宜尚未告竣，山中物价昂贵，实不敷用。

---

① 江锡麒修，陈昆纂：咸丰《云阳县志》卷3《仓储》，清咸丰四年刻本，第2—3页。
② 庆桂：《钦定剿平三省邪匪方略》正编卷159，《续修四库全书》，第395册，第236—238页。
③ 庆桂：《钦定剿平三省邪匪方略》正编卷242，《续修四库全书》，第397册，第210页。

遂由经略大臣额勒登保于嘉庆八年（1803）奏请，加增米折银5钱。"三年后停止，嗣后仍给米折银四钱，永远为制。"但户部认为，宁陕新兵饷制"不宜就现在情形定永远之例，俟三年期满后再行具奏"①。不难发现，官方对于宁陕新兵饷制从一开始就没有给予明确安排，在具体的米折银问题上也是不置可否，而这样的不稳定因素直接导致了兵变的发生。

嘉庆十年（1805）七月，有宁陕左、右两营兵丁200—300名，因六月内加增米折银两已届三年停止之期，而官方尚无展限动向，遂于初六日在宁陕厅旧城、新城一带聚集抢掠，其后又蔓延至洋县、镇安县和孝义厅等地。②嘉庆帝急命德楞泰为钦差大臣驰往镇压，陕西巡抚方维甸、西安提督杨遇春亦率抚标、军标兵2500名协剿。新兵暴动虽然很快便被扑灭，但其所带来的影响却是较为严重的，尤其是对陕南地区在白莲教起义平息后本就满目疮痍的社会生态，再次造成了冲击。而这场起义的本质，则是由于乡勇饷制问题积聚已久的社会矛盾的一次总释放。

小　结

嘉庆朝白莲教起义中的粮饷供给，对国家和地方社会均产生了深远影响。在国家财政方面，首先，随着白莲教起义的爆发，中央财政支出急剧增加，户部银库亏损严重，几乎耗尽了乾隆年间留下来的巨额库存，对清王朝的财政能力造成了沉重的打击。由此，中央财政的收支渠道也发生了相应的变化，捐监银地位显著提升，到嘉庆以后，更成为清廷弥补财政缺口的重要税源，但为官吏借捐纳之便，行贿赂之事大开方便之门，朝堂贪腐之风盛行，政治生态严重恶化。其次，地方财政受到的影响亦尤为严重，具体表现为封贮、地丁银的巨额亏空。而频繁的钱粮蠲免阻塞了地方财政自我修复的渠道，为筹补封贮亏空设立的捐监银亦转

---

① 庆桂：《钦定剿平三省邪匪方略》附编卷1《续修四库全书》，第400册，第498页。
② 庆桂：《钦定剿平三省邪匪方略》附编卷1《续修四库全书》，第400册，第499—501页。

第五章　粮饷供给的社会影响

向供给军需，未能充分发挥应有的作用。面对巨额的军费开支，涉战各省只能完全仰赖中央财政和寻求外省协济，抑或左右腾挪勉强支持。而开支中的"例不准销"之项，只能通过"摊捐"的方式予以弥补，不仅加重了地方财政的负担，更造成了吏治世风的败坏。

　　在地方社会方面，首先，由于湖北省西北部、陕西省南部、四川省东北部等地位于白莲教起义的中心区域，屡遭战火蹂躏，沿途州县供应军粮亦相当繁重，因此粮价均有明显上涨。并且累次的军粮采买，亦促使江西、湖南两省以及陕西省关中地区的战时粮价呈上涨态势。不仅如此，战争期间因通货膨胀引发的银价波动也十分显著。其次，湖北、陕西、四川三省的常平仓和社仓因频繁动用仓粮供给军需，事后又不及时买补，导致仓粮所剩无几。兼之白莲教徒四处焚掠，对各省仓储体系的破坏较为严重。最后，宁陕镇新兵以招募乡勇入伍者居多，与八旗、绿营等经制兵之间存在较大的饷制差距。而官方对此从一开始就没有给予明确安排，尤其在具体的米折银问题上也是不置可否，而这样的不稳定因素为日后新兵起义的发生埋下了伏笔。

结语

嘉庆元年（1796）爆发的白莲教起义，作为清代中期规模最大、影响最为深远的一次农民战争，强烈地撼动了清王朝的封建统治根基。这场起义的爆发，有其特殊的社会背景。在白莲教徒活动最为频繁的秦巴山区，外来人口的迁入为山区经济开发提供了充足的劳动力和先进的技术支持，极大地改变了此前"地旷赋轻"的状态。而伴随着山内人口密度的不断提升，农业集约化生产的程度逐渐加深。时至乾、嘉之际，秦巴山区的移民集聚已渐成规模，由此引发的各类社会问题，导致山内局势动荡不安。兼之保甲制度与宗族力量的缺失，亦难以为基层社会治理提供帮助，各派白莲教势力得以借此机会不断壮大。与此同时，山内的军事防御体系也同样孱弱，不仅镇戍兵力单薄，城防建设更是形同虚设。而苗民起义的爆发则进一步削弱了秦巴山区的军事防御力量，最终激化了山内积蓄已久的社会矛盾，导致了起义的爆发。在这场历时九载的较量中，双方的主要战场由起初的湖北一省，逐渐蔓延至河南、陕西、四川、甘肃等省广大地区。清廷为平定此次起义，先后任命永保、惠龄、宜绵、勒保、额勒登保等总摄军务，并且从全国各省征调八旗、绿营兵近15万名，又就近于湖北、陕西、四川三省招募约55万名乡勇参战。这场起义最终在清军不断地镇压之下，以白莲教队伍的彻底失败而宣告结束。由此，清军的粮饷需求也是巨大的。据估算，在此次白莲教起义中，清军的粮饷需求至少已达到军饷1.31184亿两、军粮327.186万石

结　语

的规模，而实际上的粮饷需求将更为庞大。

从整体上来看，清军的粮饷来源大致可以分为官方筹办和民间帮办两种方式，尤以官方力量为主。军粮方面，获取来源主要包括仓储拨给和市场采买两种途径，间或涉及截留漕粮、因粮于敌、沿途采食、商人捐献等多种渠道。军粮种类以大米为主，小麦、小米居次，并有部分包谷、豆类等杂粮佐食。各省军粮供应情形同仓储建设、粮价以及战场形势发展息息相关。具体而言，湖北省的军粮供应集中于起义前、后阶段。其中，仓储拨给主要来自本省及安徽、江西两省，采买主要来自江西、湖南两省。陕西省的军粮供应集中于起义中、后阶段。其中，仓储拨给主要来自本省及江西、山西两省，采买主要来自本省及湖南、四川两省。四川省的军粮供应集中于起义前、中两个阶段，但是与湖北、陕西两省不同的是，其仓储拨给有很大一部分来自本省，间或涉及陕西、甘肃两省，采买则均来自本省川东、川西、川南等地。军饷方面，获取来源主要包括中央派拨和地方借拨两种途径，前者指来自户部银库和内务府广储司，后者则指来自各省藩库封贮、地丁银及盐课、关税等项。此外还涉及捐纳、报效、加派里民津贴、官员捐廉充饷、借贷商银等多种渠道。各省军饷供应的情形同国家财政体系和战场形势发展紧密相关，具体以嘉庆四年（1799）为界可以分为前、后两个阶段。在嘉庆四年（1799）以前，湖北、陕西、四川等省以中央派拨的军饷占比较大。地方协济的数额则相对有限，涉及安徽、河南、江西、山西等省，尚未形成全国范围内的影响。而到了嘉庆四年（1799）以后，由中央派拨的军饷占比逐渐降低，军饷供应转而以地方协济为主，除封贮、地丁银外，还包括盐课、关税等项，四川省则另有加派里民津贴，构成更为繁复。再者，借拨的省份也逐渐由近及远，涉及山东、江苏、浙江、广东、福建等省，已形成了全国范围内的影响。不仅如此，随着"川楚善后筹备事例"的颁布，捐纳、报效两项收入的重要性开始愈加凸显。到起义后期，已成为官方军饷最主要的来源。

而当各省筹集的粮饷物资到位之后，接下来便要面对如何转运前线的问题。清廷在平定白莲教起义的过程中，十分关注前线粮饷的转运工作。组织架构方面，通过在湖北、河南、陕西、四川、甘肃五省设立军需局、粮台等职能部门进行筹划管理，以实现粮饷转运工作的高效率运转。承担粮饷转运工作的人员主要包括夫役、官员。前者以里夫、客夫为主，由各州县按田亩摊派或就近雇募。后者由各州县官吏及副将、协领等绿营将弁组成，亦有经皇帝临时指派的特殊情况。承运夫役、官员均照例给予盘费、工食等项银两。不仅如此，清廷对于牲畜、车辆、船只等粮饷转运工具的使用也相当重视。先后向陕西、湖北、山西、山东、河南等省雇募、采买了大量的骡、驴等牲畜派拨各路粮台、军营服役。车辆多系派拨驿站额车或是由沿途各州县自行雇备，在直隶、河南、山西、陕西、甘肃等省道路平坦之处应用较为频繁。船只则主要来自各州县额设渡船、截留漕船、商船以及雇佣民船等。此外，还须用到口袋、篾篓、芦席、油布、木鞘、包布等物料装盛。粮饷的转运路线，可依据其地理方位划分为北路、南路两方面。具体而言，军粮转运兼顾水运、陆运、水陆联运等多种方式。北路涉及河南、湖北、山西、陕西、甘肃、四川等省，南路涉及湖北、陕西、湖南、江西、安徽、四川等省。军饷转运则主要依托驿站大路，北路联通华北、中原地区，承运户部、内务府派拨前线的军饷。南路联通华东、华南地区，承运各省藩库协济前线的军饷。

然而巨额粮饷的转运是一个需要团结协调各方力量的系统性工程，任何环节的疏漏，都将对整个粮饷供给工作产生严重影响。在平定白莲教起义的过程中，虽然清廷已竭尽全力地筹划各省的粮饷供给工作，但是仍然不可避免地受到客观和主观等方面因素的影响，导致在实际的转运过程中普遍存在着粮饷的虚耗、浪费以及转运迟滞等问题，供给工作由此深陷难以名状的困境之中。客观因素方面，囿于自然环境和战场形势发展，主要体现为运输条件落后、粮饷受阻被抢以及运夫雇佣困难等问题。主观因素方面，长期以来被官方奉为圭臬的《钦定户部军需则例》在此次起义中又暴露出新的制度性缺陷，具体表现为"德楞泰、明亮案""那山、曹庠业案"与"胡齐仑案"所反映出的夫骡、平余、赏号及乡勇问题。针对粮饷供给工作所存在的诸项问题，以嘉庆帝为代表

结 语

的清廷统治阶层立即着手从四个方面对粮饷供给制度进行修正。首先，采取"化整为零"和"预先分贮"的方式转运粮饷，以应对客观条件的限制，并且对于饷鞘、粮单等制度亦有涉及。其次，厘定随营夫骡的数额及雇价，一改此前拆东补西、账目纠缠的弊病。再次，将赏号、平余银的核发权收归中央，统一规划管理，彼此不再牵混。最后，确立各省乡勇的雇价和赏恤制度，并采取"改乡为团"和征召乡勇入伍的办法掌握乡勇的具体数量。但值得注意的是，上述各项举措对于清廷长期以来遵循的军需定例并没有丝毫更改。其实质只能算作修正，局限性十分明显。

嘉庆朝白莲教起义中的粮饷供给，还对国家和地方社会产生了深远影响。在国家财政方面，巨额的军费开支导致中央财政支出急剧增加，户部银库亏损严重，极大地削弱了清政府的财政能力。由此，中央财政的收支渠道也发生了相应的变化，捐监银逐渐成为清廷弥补财政缺口的重要税源。部分官吏借此机会，徇私舞弊、赃秽狼藉，朝堂贪腐之风盛行，政治生态严重恶化。而各省封贮、地丁银的巨额亏空，促使地方财政状况进一步恶化。频繁的钱粮蠲免又阻塞了其自我修复的渠道，为筹补封贮亏空设立的捐监银亦未能充分发挥效力。只能完全仰赖中央财政和寻求外省协济，抑或左右腾挪勉强支持。而各项军需开支中的"例不准销"之项，只能通过"摊捐"的方式予以弥补，不仅加重了地方财政的负担，更造成了吏治世风的败坏。在地方社会方面，首先，由于湖北省西北部、陕西省南部、四川省东北部等地临近战场中心，沿途州县军需索取相当频繁，因此粮价均有明显上涨。而累次的军粮采买，亦使江西、湖南两省以及陕西省关中地区的粮价呈上涨态势。并且战争期间因通货膨胀引发的银价波动也十分显著。其次，湖北、陕西、四川三省的常平仓和社仓因频繁动用仓粮供给军需，事后又不及时买补，导致仓粮所剩无几。兼之白莲教徒四处焚掠，对各省仓储体系的破坏较为严重。最后，宁陕镇新兵构成以乡勇为主，与官兵之间存在较大的饷制差距。而官方对此从一开始就没有给予明确安排，尤其在具体的米折银问题上也是不置可否，而这样的不稳定因素直接导致了日后暴动的发生。

客观地讲，嘉庆朝白莲教起义中清军的粮饷供给工作有其优越之处，亦有其缺失之点。优越之处主要体现在四个方面：其一，体制完备、分工明确。各涉战省份的后勤组织架构，自上而下分别为军需局、粮台和随营粮务处。军需局驻扎省会或中心城市，统筹战时一切后勤保障工作；粮台依托驿站系统，承运军需局拨往前线的粮饷；随营粮务处则直接面对前线官兵，具体负责粮饷的提取和发放。正是由于各机构彼此间的悉心配合，前线粮饷尚能无虞缺乏，供给较为有效，战事的最终底定亦有赖于此。其二，有章可循。清代在汲取前朝统治经验的基础上，逐渐发展并形成了较为成熟的军事后勤管理制度。特别是《钦定军需则例》的颁布，成为后世办理军需事务的准绳。在白莲教起义中，各省采买粮秣、牲畜及供应官兵分例、运夫脚价等项皆依则例而行，不致临事周张，办理较为划一。其三，军需独立。各省的粮饷供给工作均由朝廷指派专员进行督理，如湖北省之毕沅、汪新、陕西省之松筠、陆有仁以及四川省之福宁、魁伦、广兴等。如此则前线领兵大员不负粮饷之责，可以专心征讨，彼此职权分明，于战事更为有益。其四，粮饷的获取来源较为广泛。军粮的来源除仓储拨给和市场采买外，还包括截留漕粮、因粮于敌、沿途采食、商人捐献等多种渠道。并且发放军粮也并不仅以大米为主，而是因地制宜灵活配搭小麦、小米及包谷、豆类等佐食。军饷的来源除中央、地方派拨外，还包括捐纳、报效、加派里民津贴、官员捐廉充饷、借贷商银等多种渠道，皆以源源接济为先，以军事胜利为最高准则。

嘉庆朝白莲教起义中清军的粮饷供给工作亦有其缺失之点，主要体现在以下三个方面：其一，扰累民间。战时后方转运粮饷所需人力，多按田亩摊派或就近雇募，均由当地百姓直接负担。而官方所给运费普遍偏低，夫役背运粮饷已属艰难，又不敷日食所需，更添性命之忧，故而易造成累民之举。再者，如四川省加派里民津贴，本是为了缓解巨额军费开支的压力。然而由于地方官吏的肆意需索，实际上却加重了百姓的负担，更造成了较坏的社会影响。不仅如此，官兵、乡勇沿途行军，有时因长期难以获粮、食不果腹，亦会出现骚扰百姓、抢掠民食的情况。其二，卖官鬻爵。清廷方面于嘉庆三年（1798）颁布"川楚善后筹备事

结 语

例",传谕各省督抚开设捐项以补给军需。此次开捐持续时间长、涉及范围广,为清代捐例规模最大、入银最多者。但还应注意到的是,各省在办理捐项的过程中,随着报捐人数的不断增多,逐渐解除了捐纳人员的出身限制,俊秀附生亦能捐纳道、府、知州、知县等正印。以致名器滥授、政风败坏,实非善法。其三,墨守成规、监管缺失。因为嘉庆朝白莲教起义与此前历次战争用兵攻围一处即再攻一处的情形不同,正所谓"时移势易",粮饷供给工作自然也要有所变通。但是清廷方面在具体办理的过程中,却僵化地遵照军需定例,罔顾战场实际,对于"势所必需"之项在奏销程序上不予承认,由此催生出"拆东墙补西墙"等一系列制度性问题。与此同时,针对赏号、平余银的监管制度的缺失,亦为各省承办粮员刻意蒙蔽、中饱私囊提供了可乘之机。而乡勇管理制度的先天不足,则加剧了军费开支的大规模损耗和浪费。

诚然,囿于所见所识,本书在撰写方面还存在一些不足之处。例如研究仅限于粮饷问题,未能涉及其他如马匹、武器、弹药等战时物资,后者的相关史料虽然分散,但是同样属于军需供给的重要内容。与之类似,受限于史料原因,本书在粮饷来源部分重点关注湖北、陕西、四川三省,对于河南、甘肃两省的情况则论述不足,这些都有赖于日后进一步的研究和完善。

参考文献

一 档案

中国第一历史档案馆藏嘉庆朝内阁题本。

中国第一历史档案馆藏宫中档朱批奏折。

中国第一历史档案馆藏军机处录副奏折。

中国社会科学院历史研究所清史室、资料室编：《清中期五省白莲教起义资料》第5册，江苏人民出版社1981年版。

中国第一历史档案馆编：《清代档案史料丛编》第9辑，中华书局1983年版。

中国人民大学历史系、中国第一历史档案馆编：《清代农民战争史资料选编》第5—7册，中国人民大学出版社1984年版。

中国第一历史档案馆编：《嘉庆道光两朝上谕档》，广西师范大学出版社2000年影印本。

中国第一历史档案馆编：《嘉庆帝起居注》，广西师范大学出版社2006影印本。

二 古籍

阿桂、和珅等纂修：《钦定兵部军需则例》，《续修四库全书》史部第857册，上海古籍出版社2002年影印本。

阿桂、和珅等纂修：《钦定户部军需则例》，《续修四库全书》史部第

857 册，上海古籍出版社 2002 年影印本。

龚景瀚：《澹静斋文钞外篇》，《清中期五省白莲教起义资料》第 5 册，江苏人民出版社 1981 年版。

贺长龄辑：《皇朝经世文编》，清光绪十二年思补楼重校本。

嵇璜、刘墉等纂修：《清朝通典》，《万有文库》第 2 集，商务印书馆 1935 影印本。

嵇璜、刘墉等纂修：《清朝文献通考》，浙江古籍出版社 1988 影印本。

勒保：《平定教匪纪事》，《清中期五省白莲教起义资料》第 4 册，江苏人民出版社 1982 年版。

明亮、纳苏泰等纂修：《钦定中枢政考》，《续修四库全书》史部第 853—855 册，上海古籍出版社 2002 年影印本。

《清仁宗实录》，中华书局 1985 影印本。

庆桂等纂：《钦定剿平三省邪匪方略》，《续修四库全书》史部第 391—395 册，上海古籍出版社 2002 年影印本。

盛昱：《意园文略》，《续修四库全书》集部第 1567 册，上海古籍出版社 2002 年影印本。

石香村居士：《戡靖教匪述编》，《清中期五省白莲教起义资料》第 4 册，江苏人民出版社 1982 年版。

王庆云：《石渠余纪》，北京古籍出版社 1985 年影印本。

魏源：《古微堂集》，《清代诗文集汇编》第 585 册，上海古籍出版社 2010 年版。

魏源：《圣武记》，中华书局 1984 点校本。

严如熤：《乐园文钞》，《清中期五省白莲教起义资料》第 5 册，江苏人民出版社 1981 年版。

允裪、纪昀等纂修：《钦定大清会典则例》，《景印文渊阁四库全书》史部第 621 册，台湾商务印书馆股份有限公司 1986 影印本。

载龄等修，福趾等纂：《钦定户部漕运全书》，《续修四库全书》史部第 836—837 册，上海古籍出版社 2002 年影印本。

赵尔巽等撰：《清史稿》，中华书局 1977 年点校本。

中国人民解放军军事科学院战争理论研究部《孙子》注释小组：《孙子兵法新注》，中华书局1977年版。

诸葛亮：《诸葛亮集》，中华书局2012年点校本。

三　地方志

蔡毓荣等修，钱受祺等纂：康熙《四川总志》，清康熙十二年近卫本。

常毓坤修，李开甲等纂：光绪《孝义厅志》，《中国地方志集成·陕西府县志辑》第32册，凤凰出版社2007年影印本。

陈仅、吴纯修，施鸣銮、张濂纂：道光《紫阳县志》，《中国地方志集成·陕西府县志辑》第56册，凤凰出版社2007年影印本。

陈庆门纂修，宋名立续纂：乾隆《直隶达州志》，《中国地方志集成·四川府县志辑》第59册，巴蜀书社1992年影印本。

范启源纂修，薛韫订正：乾隆《洛南县志》，《中国地方志集成·陕西府县志辑》第30册，凤凰出版社2007年影印本。

复成修，周绍銮、胡元翔纂：同治《新宁县志》，《中国地方志集成·四川府县志辑》第60册，巴蜀书社1992年影印本。

高维岳修，魏远猷等纂：光绪《大宁县志》，《中国地方志集成·四川府县志辑》第52册，巴蜀书社1992年影印本。

光朝魁纂修：道光《褒城县志》，《中国地方志集成·陕西府县志辑》第51册，凤凰出版社2007年影印本。

何树滋纂修：嘉庆《山阳县志》，清嘉庆元年刊本。

湖北省水利志编纂委员会：《湖北水利志》，中国水利水电出版社2000年版。

江锡麒修，陈昆纂：咸丰《云阳县志》，清咸丰四年刻本。

李国麒纂修：乾隆《兴安府志》，《中国地方志集成·陕西府县志辑》第54册，凤凰出版社2007年影印本。

梁廷枏总纂：《粤海关志》，《续修四库全书》第834册，上海古籍出版社2002年影印本。

刘子敬修，贺维翰纂：民国《万源县志》，《中国地方志集成·四川府县志辑》第 60 册，巴蜀书社 1992 年影印本。

鲁凤辉等修，王廷伟等纂：嘉庆《达县志》，清嘉庆二十年刻本。

罗文思纂修：乾隆《续商州志》，《中国地方志集成·陕西府县志辑》第 30 册，凤凰出版社 2007 年影印本。

钱鹤年修，董诏纂：嘉庆《汉阴厅志》，《中国地方志集成·陕西府县志辑》第 54 册，凤凰出版社 2007 年影印本。

陕西省地方志编纂委员会编：《陕西省志·水利志》，陕西人民出版社 2020 年版。

四川省地方志编纂委员会编：《四川省志·水利志》，四川科学技术出版社 1996 年版。

松林、周庆榕修，何远鉴、廖彭龄等纂：同治《增修施南府志》，《中国地方志集成·湖北府县志辑》第 55 册，凤凰出版社 2013 影印本。

汪承烈修，邓方达等纂：民国《宣汉县志》，《中国地方志集成·四川府县志辑》第 61 册，巴蜀书社 1992 年影印本。

吴葆仪修，王严恭纂：同治《郧阳志》，《中国地方志集成·湖北府县志辑》第 58 册，江苏古籍出版社 2013 年影印本。

熊启咏纂修：同治《建始县志》，《中国地方志集成·湖北府县志辑》第 56 册，凤凰出版社 2013 年影印本。

徐陈谟纂修：嘉庆《东乡县志》，清嘉庆二十年尊经阁藏本。

严如熤辑，张鹏翂继辑：《三省边防备览》，清道光十年来鹿堂藏本。

严如熤主修，郭鹏校勘：《嘉庆汉中府志校勘》，三秦出版社 2012 年点校本。

严一清纂修：嘉庆《白河县志》，《中国地方志集成·陕西府县志辑》第 55 册，凤凰出版社 2007 年影印本。

叶世倬纂修：嘉庆《续兴安府志》，《中国地方志集成·陕西府县志辑》第 54 册，凤凰出版社 2007 年影印本。

周士桢修，黄子遂纂：同治《竹山县志》，《中国地方志集成·湖北府县志辑》第 61 册，凤凰出版社 2013 年影印本。

邹溶修，周忠纂：康熙《洋县志》，《中国地方志集成·陕西府县志辑》

第 45 册，凤凰出版社 2007 年影印本。

四　中文文献

(一) 专著

曹树基：《中国移民史》第 6 卷，福建人民出版社 1997 年版。

陈锋：《清代财政政策与货币政策研究》，武汉大学出版社 2013 年版。

陈锋：《清代军费研究》，武汉大学出版社 1992 年版。

陈锋：《清代盐政与盐税》，武汉大学出版社 2013 年版。

陈振汉：《清实录经济史资料·农业编》第 4 册，北京大学出版社 2012 年版。

费孝通：《乡土中国·生育制度·乡土重建》，商务印书馆 2017 年版。

关文发：《嘉庆帝》，吉林文史出版社 1993 年版。

郭沫若主编：《中国史稿地图集》下册，中国地图出版社 1990 年版。

胡恒：《皇权不下县？——清代县辖政区与基层社会治理》，北京师范大学出版社 2015 年版。

黄鸿寿：《清史纪事本末》，上海书店 1986 年版。

贾大泉、陈世松：《四川通史》第 6 卷，四川人民出版社 2010 年版。

蒋维明：《川楚陕白莲教起义》，四川人民出版社 1985 年版。

蒋维明：《川湖陕白莲教起义资料辑录》，四川人民出版社 1980 年版。

赖福顺：《乾隆重要战争之军需研究》，台北"故宫博物院"1984 年版。

李治廷、杨东梁主编，张立程著：《清代战争全史》第 8 卷，中山大学出版社 2021 年版。

廖德清：《中国古代军事后勤史》，金盾出版社 1999 年版。

凌惕安：《咸同贵州军事史》，《续黔南丛书》第 2 辑，贵州人民出版社 2012 年版。

刘文鹏：《清代驿站考》，人民出版社 2017 年版。

罗尔纲：《绿营兵志》，中华书局 1984 年版。

罗尔纲：《湘军兵志》，中华书局 1984 年版。

孟森：《清史讲义》，岳麓书社 2010 年。

南炳文、白新良主编，林延清撰：《清史纪事本末》第 6 卷，上海大学出版社 2006 年版。

倪玉平：《清朝嘉道关税研究》，科学出版社 2017 年版。

秦宝琦：《中国地下社会》第 1 卷，学苑出版社 2009 年版。

秦辉、韩敏、邵宏谟：《陕西通史》第 7 卷，陕西师范大学出版社 1997 年版。

史志宏：《清代户部银库收支和库存统计》，福建人民出版社 2009 年版。

童超：《中国军事制度史·后勤制度卷》，大象出版社 1997 年版。

王宏志：《左宗棠平西北回乱粮饷之筹划与转运研究》，正中书局 1973 年版。

王兆祥：《白莲教探奥》，陕西人民教育出版社 1993 年版。

吴昌稳：《晚清协饷制度研究》，社会科学文献出版社 2018 年版。

夏家骏：《清代中叶的白莲教起义》，中华书局 1974 年版。

萧公权：《中国乡村——论 19 世纪的帝国控制》，张皓、张升译，联经出版社 2014 年版。

萧一山：《清代通史》，华东师范大学出版社 2006 年版。

谢天佑、简修炜：《中国农民战争简史》，上海人民出版社 1981 年版。

许大龄：《清代捐纳制度》，燕京大学哈佛燕京学社 1950 年版。

杨国安：《明清两湖地区基层组织与乡村社会研究》，武汉大学出版社 2004 年版。

杨先国、贾之惠：《清中期川东北白莲教起义始末》，四川民族出版社 1991 年版。

张华腾：《清末新军》，人民出版社 2019 年版。

张建民：《湖北通史·明清卷》，华中师范大学出版社 1999 年版。

张建民：《明清长江流域山区资源开发与环境演变——以秦岭—大巴山区为中心》，武汉大学出版社 2007 年版。

周健：《维正之供：清代田赋与国家财政（1730—1911）》，北京师范大学出版社 2020 年版。

(二) 期刊论文

白钢：《论清代中期白莲教起义的社会后果》，《中国农民战争史论丛》第 4 辑，河南人民出版社 1982 年版。

陈锋：《清代前期奏销制度与政策演变》，《历史研究》2000 年第 2 期。

陈诗启、郑全备：《试论清代中叶白莲教大起义》，《厦门大学学报》（社会科学版）1956 年第 3 期。

陈小强：《清代对西藏的军事管理与支出》，《中国藏学》2003 年第 4 期。

狄鸿旭：《论嘉庆朝白莲教起事中的湖北基层社会士绅角色》，《理论界》2014 年第 4 期。

董蔡时：《试论川楚白莲教农民大起义》，《文史哲》1958 年第 7 期。

方行：《清代陕西地区资本主义萌芽兴衰条件的探索》，《经济研究》1979 第 12 期。

傅衣凌：《清代中叶川陕湖三省边区手工业形态及其历史意义》，《明清社会经济史论文集》，中华书局 2008 年版。

邰耿豪：《论经制兵制度下的传统粮台》，《军事历史研究》2004 年第 4 期。

郭松义：《清代粮食市场和商品粮数量的估测》，《中国史研究》1994 年第 4 期。

何平：《论不完全财政体制对清代社会的破坏机制》，《学术研究》2004 年第 6 期。

何永智：《经费筹济与财政汲取：清嘉道两朝外省捐监究探》，《中国社会经济史研究》2022 年第 2 期。

何永智：《清代户部军需房续考》，《清史研究》2022 年第 2 期。

何永智：《清代直省封贮银制度及其嬗变》，《清史研究》2019 年第 4 期。

胡昭曦、霍大同、杨光：《试论清中期白巾军起义四川战区的几个问题》，《中国农民战争史研究集刊》第 2 辑，上海人民出版社 1982 年版。

贾天农：《一七九六年白莲教的反清斗争》，《新史学通讯》1955 年第

11 期。

江田祥：《客民、地方社会与白莲教空间扩散——以清乾嘉之际鄂西南来凤县为中心》，《江汉论坛》2007 年第 6 期。

江田祥：《清乾嘉之际白莲教"襄阳教团"的地理分布与空间结构》，《宗教学研究》2008 年第 3 期。

江田祥：《爪牙与叛逆：胥吏与清中期白莲教起义——以乾嘉之际白莲教"当阳教团"为中心》，《历史教学问题》2007 年第 3 期。

蒋致洁：《左宗棠收复新疆战役军饷问题探讨》，《中国社会经济史研究》1988 年第 2 期。

黎邦正：《四川白莲教起义与社会经济的关系》，《历史教学问题》1984 年第 1 期。

李健民：《清嘉庆元年川楚白莲教起事原因的探讨》，《中央研究院近代史研究所集刊》第 22 期，1993 年。

李景林：《从〈三省边防备览〉一书看十八世纪至十九世纪二十年代陕、川、鄂三省交界地区社会关系的一些特点》，《史学集刊》1956 年第 1 期。

李尚英：《白莲教起义和天理教起义的比较研究》，《中国社会科学院研究生院学报》1988 年第 3 期。

李蔚：《清乾嘉年间南巴老林地区的经济研究》，《兰州大学学报》1957 年第 1 期。

刘如仲：《张汉潮领导白莲教起义及其发布的告示》，《史学月刊》1980 年第 2 期。

刘增合：《左宗棠西征筹饷与清廷战时财政调控》，《近代史研究》2017 年第 2 期。

鲁西奇、江田祥：《传统中国秘密社会的"核心集团"与核心区——以白莲教"襄阳教团"的形成为中心》，《厦门大学学报》（哲学社会科学版）2011 年第 6 期。

茅海建：《鸦片战争清朝军费考》，《近代史研究》1996 年第 6 期。

朴永子：《土家地区的白莲教起义》，《民族论坛》1983 年第 1 期。

秦晖：《传统中华帝国的乡村基层控制：汉唐间的乡村组织》，《中国乡村研究》第 1 辑，商务印书馆 2003 年版。

王钰欣：《清代中叶白莲教起义军的阶级阶层分析》，《中国农民战争史论丛》第 1 辑，山西人民出版社 1978 年版。

萧正洪：《清代陕南的流民与人口地理分布的变迁》，《中国史研究》1992 年第 3 期。

许檀、经君健：《清代前期商税问题新探》，《中国经济史研究》1990 年第 2 期。

许曾重：《论川楚陕农民起义军的两件告示》，《中国农民战争史论丛》第 4 辑，河南人民出版社 1982 年版。

尹居诚：《清嘉庆元年白莲教起义初步研究》，《兰州大学学报》1958 年第 1 期。

张兴伯、张革非、杨田、秦宝琦：《谈谈白莲教襄阳起义军的布告与口号》，《文献》1980 年第 2 期。

赵圣涛：《白莲教起义失败原因探析》，《理论界》2010 年第 10 期。

赵思渊、申斌：《明清经济史中的"地方财政"》，《中山大学学报》（社会科学版）2018 年第 1 期。

赵伟洪：《乾隆时期长江中游米谷市场的空间格局》，《中国经济史研究》2017 年第 4 期。

周琳：《白莲教起事与巴山老林附近地区乡村防御体系》，《佳木斯大学社会科学学报》2004 年第 1 期。

周忠庆：《嘉庆年间白莲教在汉水流域的反清斗争》，《汉中师范学院学报》（社会科学版）2001 年第 1 期。

朱庆薇：《内务府广储司六库月折档》，《近代中国史研究通讯》2002 年第 34 期。

［美］刘广京：《从档案材料看一七九六年湖北省白莲教起义的宗教因素》，《明清档案与历史研究》，中华书局 1988 年版。

（三）学位论文

杜金玲：《十八世纪末川楚陕地区的民生和社会状况——白莲教起义背景

分析》，硕士学位论文，东北师范大学，2008年。

高晓阳：《清代嘉陵江流域历史军事地理初步研究》，硕士学位论文，西南大学，2013年。

高新雨：《嘉庆巴蜀寨堡研究》，硕士学位论文，西华师范大学，2016年。

龚仕明：《川楚白莲教起义下的川楚人口社会变动研究》，硕士学位论文，四川师范大学，2021年。

刘锦增：《平定准噶尔战争中的军粮供应问题研究》，博士学位论文，陕西师范大学，2018年。

陆保生：《清兵战时生活状况研究——以"三藩之乱"与嘉庆白莲教起义为个案》，硕士学位论文，武汉大学，2004年。

马宝童：《清代广储司库银及其收支研究》，硕士学位论文，黑龙江大学，2017年。

钱猛：《嘉庆白莲教起义背景下的基层社会——以秦巴山区为中心》，硕士学位论文，武汉大学，2018年。

秦平：《白莲教暴动与清廷对川东北的管控》，硕士学位论文，西华师范大学，2017年。

汪宁：《明清时期关中地区旱荒关系研究》，硕士学位论文，陕西师范大学，2016年。

尤思妤：《历史时期秦巴山区农业开发与环境演变》，硕士学位论文，西北农林科技大学，2018年。

岳精柱：《清代巴山移民土著化研究》，硕士学位论文，西南大学，2006年。

张建斌：《康熙朝平准援藏战争中军粮保障问题研究》，硕士学位论文，中国人民大学，2008年。

张连银：《雍正朝西路军需补给研究——以粮食、牲畜为中心》，博士学位论文，厦门大学，2007年。

朱林：《清代四川粮食贸易运销研究》，硕士学位论文，四川师范大学，2013年。

五　外文文献

（一）中译著作

［朝］柳得恭：《燕台再游录》，《清中期五省白莲教起义资料》第 5 册，江苏人民出版社 1981 年版。

［法］阿德雷昂·勒·克莱尔：《关于在中国及东印度传教会传教通信新集》，《清中期五省白莲教起义资料》第 5 册，江苏人民出版社 1981 年版。

［美］韩书瑞：《千年末世之乱：1813 年八卦教起义》，陈仲丹译，江苏人民出版社 2012 年版。

［美］孔飞力：《中华帝国晚期的叛乱及其敌人：1796—1864 年的军事化与社会结构》，谢亮生、杨品泉、谢思炜译，中国社会科学出版社 1990 年版。

［日］山田贤：《移民的秩序——清代四川地域社会史研究》，曲建文译，中央编译出版社 2011 年版。

（二）外文著作

Blaine C. Gaustad, Religious Sectarianism and the State in Mid Qing China: Background to the White Lotus Uprising of 1796-1804, Ph. D Dissertation, University of California, Berkeley, 1994.

Cecily M. McCaffrey, Living through Rebellion: A Local History of the White Lotus Uprising in Hubei, China, Ph. D Dissertation, University of California, San Diego, 2003.

DaiYingcong, *The White Lotus War: Rebellion and Suppression in Late Imperial China*, Seattle: University of Washington Press, 2019.

Ulrich Theobald, *War Finance and Logistics in Late Imperial China: A Study of the Second Jinchuan Campaign (1771 – 1776)*, Leiden Boston: Brill, 2013.

后记

呈现在各位读者面前的这本书，是以我的博士学位论文为基础修改而成的，亦是我承担延安大学博士科研启动项目"嘉庆朝白莲教起义中清军粮饷供给问题研究"（YDBK2023-52）的成果。

2016年9月，我考入陕西师范大学历史文化学院明清史专业，先后跟随梁志胜、萧正洪两位导师攻读历史学硕士、博士学位。由于我是跨专业考研，此前并未系统学习过历史学研究的理论与方法，故而常自觉认知粗浅、难窥法门。但恩师们不以我愚钝，每逢求教，皆耐心指导。谆谆教诲，实不敢忘。唯憾我学疏智浅，领悟不及万一。两位导师长期深耕于明清史研究，有各自擅长的领域。梁老师专于明代军事史，主要从事明代卫所武官的研究。萧老师专于清代经济史，主要从事农业技术以及历史经济地理的研究。也正因于此，我同时对明清军事史和经济史产生了浓厚的兴趣，有意将两者结合起来形成自己独特的研究主题。而这正是我的博士学位论文最初的灵感来源。

2020年7月，我开始构思博士学位论文的题目，并计划将军需问题作为自己的研究方向。在充分梳理国内外学者的相关论述之后，我发现，既有成果虽然已对清代军需问题做过较为深入的探讨，但囿于研究视角与文献资料等原因，在时间与区域上均呈现出冷热不均的态势。如时间多集中于清前期或晚清时期，区域多关注新疆、西藏等边疆地区。对于清代中期内地省份的情况则关注不够。显然，这不利于全面、系统地认识清代的军需制度设计与运行。而嘉庆初年爆发的白莲教起义是清代中期规模最大的农民战争,军费开支仅次于"三藩"之乱和太平天国运动,正好可以成为观察清代中期内地省份军需问题的一个窗口。因此,我决定将"白莲教起义中的军需供给"作为自己的研究主题。但"军需"牵涉甚广,粮饷、武器、车马、医药等皆要顾及。不仅史料分散,还有叙述不全之忧。我遂在萧老师的建议下,选择以"粮饷"为切入点,确定题目为"嘉庆朝白莲教起义中清军粮饷供给问题研究"。

提出一个好的研究问题固然重要,但如何能够恰如其分地解决问题则显得更为关键。而我的论文写作面对的第一个难题,便是文献资料的搜集和整理。这部分工作耗时颇多,大约用了两年时间方才完成。基础史料方面,我首先对《钦定剿平三省邪匪方略》中的相关内容进行摘录、分类和整理,夜以继日地在电脑桌前敲击键盘。露往霜来,日月逾迈。历时三个月,最终形成了共149页、约14万字的史料集。除此之外,我又于2021—2022年,先后两次赴北京中国第一历史档案馆查阅相关档案。彼时正值新冠疫情,馆内机位紧张,预约查档犹如春运抢票。且因我外地来京,时间有限,每天为了赶进度就简单吃几口面包果腹。终日半饥半饱,窘迫异常。但好在有阶柳庭花、红墙碧瓦与我相伴,虽觉困乏,亦已消去不少了。功夫不负有心人,我最终查得相关档案512件,涉及内阁题本、军机处录副奏折、宫中档朱批奏折等。这些档案目前尚未整理出版,史料价值非常珍贵,为我的论文写作奠定了坚实基础。

我的博士学位论文在撰写和修改的过程中得到了诸多师友的帮助。萧老师不仅指导我确定了论文选题,同时在篇章设置上亦对我助益良多。如文中第二章第三节"粮饷来源的结构性特征"、第五章"粮饷供给的社会影响"均是在萧老师的建议下增加的。更改后的内容论而有据,逻辑更为完整,增色不少。高升荣、僧海霞两位师姐在预答辩和正式答辩的过程中对论文的研究内容、逻辑结构和图表绘制等方面都提出了建设性的看法和意见,对我后续修改论文很有启发。王浩远师兄在我搜集史料的过程中提供了很大帮助,让我得以集中精力于论文写作。诚然,囿于学力和天赋,文中如有疏漏、错误之处,责任完全在我。拙文在通过

后　记

答辩后，虽然已初具模样，但我仍惴惴不安，一直在做修改，未敢轻易付梓。此次有幸出版，既要感谢各位评审专家的肯定，也要感谢中国社会科学出版社的刘芳老师，还要感谢我的博士生导师萧正洪教授为本书作序。高山仰止、景行行止，在学期间耳濡目染恩师的学术精神和人格魅力，得入斯门，幸甚至哉！

最后，我要感谢家人们一直以来对我的理解、关心和支持。我成长在一个普通的城市家庭，我的父母同大多数父母一样，赚着微薄的收入，操心着家长里短。拼尽全力为我提供一个舒适、安逸的学习环境，而不必困扰于生活的琐碎。在论文撰写期间，我有时两三个月未能回家探望。他们也总是表示理解，还询问我是否遇到了困难，这更让我感到愧疚。如果说今天我能够在学术道路上取得微不足道的成就，全然要归功于双亲无私的付出。现在小妹已经步入理想的大学，父母的压力减轻了许多。唯愿他们今后身体康健，得空多出去旅游，享受属于自己的时间。我还要感谢我的妻子，在我最焦虑、受挫的日子里给予我的温暖和鼓励。她与我相识于大学校园，比我年纪小但先于我工作。四年的异地时光里，她不仅要承受繁重的工作压力，还要疏解、开导我的焦虑情绪。但无论遇到何种困境，她都会选择坚定地支持我。也正是她不离不弃地陪伴，给了我无限的勇气走出阴霾。如今我们组建了自己的小家庭，终于不用再整日隔着屏幕互诉衷肠。余生很长，未来很长，幸福也很长。

方　超

2024 年 5 月 20 日